짐 로저스의 **상품시장에 투자하라**

HOT COMMODITIES

짐 로저스의

상품시장에
투자하라

Hot Commodities

How Anyone Can Invest Profitably in the World's Best Market

짐 로저스 지음 / 박정태 옮김

굿모닝북스

차례

H o t   C o n

아직 주식이나 채권은 가지고 있지 않지만
상품은 갖고 있는
나의 어린 딸에게 이 책을 바친다.

서문

아무도 상품시장에 관심을 갖지 않는다.

꽤나 똑똑하다는 투자자들도 여유 자금을 주식과 채권, 부동산에 나눠 투자하고 있으면 분산 투자를 했다고 생각한다. 좀 더 영리한 투자자라면 일부를 외화나 목재에 투자한 것으로 충분하다고 생각할 것이다. 그러나 이들의 레이더망에 상품이 걸리는 경우는 거의 없다.

하나의 투자 자산 군(群)을 통째로 빼놓고 분산 투자를 생각한다는 것은 말이 되지 않는다. 특히 이 자산은 지금까지 오랫동안 매우 높은 투자 수익률을 기록해왔다. 모든 사람들이 위험한 자산으로 바라보는 것과는 정반대다. 이들은 상품에 투자한다는 것이 매우 위험하고, 변동성이 크며, 아주 복잡하고, 대단히 무모하다는 잘못된 고정관념을 갖고 있다. 성공적인 투자자는 가치 있는 자산을 싸게 살 수 있는 기회를 찾아내 장기간 보유한다. 다른 투자자들의 생각은 괘념하지 않는다. 그런 점에서 상품이라는 투자 자산을 처음 접한다 해도 아무 관계

없다. 혼자서 조금만 공부하면 그것으로 충분하다. 열심히 공부하기 위해서는 앞으로 돈을 벌 수 있다는 생각만큼 좋은 자극제도 없다. 우선 한 투자자에 대한 이야기를 들려주겠다. 그는 상품은 물론 다른 투자 자산에 대해서도 전혀 아는 것 없이 시작해서 마침내 아주 훌륭한 투자 성과를 거두었다.

1964년 여름 방학 때 나는 별 생각 없이 월 스트리트의 한 회사에서 일했다. 그 때 내가 월 스트리트에 대해 알고 있는 지식이라고는 이곳이 뉴욕 시의 어딘가에 있으며, 1929년 이곳에서 뭔가 대단히 불행한 일이 있었다는 게 전부였다. 솔직히 말해 당시 나는 주식과 채권의 차이조차 알지 못했다. 그러나 월 스트리트에서 돈을 벌고 있는 것은 분명해보였다. 앨라배마 주 데모폴리스 출신의 이 가난한 청년은 예일 대학교에 진학한 것만으로도 이미 상당히 운이 좋은 편이었다. 하지만 나는 돈을 벌어 자유를 만끽하고 싶었다.

금융 세계에 대해서는 너무나도 무지했지만 나는 늘 역사와 시사 문제에 관심이 많았다. 특히 칠레에서 혁명이 벌어지면 구리 가격이 오를 것이라는 사실을 미리 파악한 대가로 월 스트리트에서 나에게 돈을 준다는 사실이 정말 하늘의 계시처럼 여겨졌다. 나의 행운은 옥스포드 대학교에 장학금을 받고 유학을 가는 데까지 이어져 나는 옥스포드에서 정치학, 철학, 경제학을 공부했다; 나는 여름방학 때 일하면서 배운 지식을 활용해 옥스포드의 발리올 칼리지에 입학금을 낼 때까지 장학금으로 받은 돈을 투자해보기도 했다. 옥스포드에서 돌아온 뒤에는 미국 육군에서 복무하면서 부대 사령관의 돈을 주식에 투자했는데 꽤 괜찮은 수익률을 올려주었다. 군에서 제대한 1968년에 나는 마침내 뉴욕으로 돌아와 투자의 세계에 본격적으로 뛰어들었다. 당시 내 수중에는 600달러가 전부였다.

나중에야 알게 됐지만 내가 월 스트리트에 뛰어든 시점은 우연히도 제 2차 세계대전 이후 20년 넘게 지속됐던 주식시장의 강세장이 마지막 고비를 맞은 때였다. 하지만 그 무렵 1968년이 강세장의 끝이 되리라고 과연 누가 알았겠는가? 물론 나도 몰랐다. 나는 시장을 움직이는 것을 하나씩 배워가느라 정신이 없었다. 시장이라는 큰 그림을 그려보는 데 나의 모든 관심을 기울였다. 사실 나는 지금도 배워야 할 것이 너무 많다.

월 스트리트에 첫 발을 내딛은 초보자라는 점이 나에게는 매우 유리하게 작용했다. 나는 투자의 가장 기본적인 가르침, 즉 가치 있는 투자 대상을 싸게 사야 한다는 것을 배우자 곧장 시장을 뒤져보기 시작했다. 어떤 시장이 됐든 저평가된 자산을 찾아 나선 것이다. 당시 월 스트리트에서 나보다 훨씬 오랜 경력을 쌓은 친구들 대부분은 주식시장을 쉽게 외면할 수 없었다. 주식시장은 이들에게 10년 이상이나 너무 좋은 대접을 해주었기 때문이다. 나는 이들과는 달리 여기저기 기웃거리며 모든 기회를 탐문해보았다. 주식시장은 객관적으로 볼 때 내 눈길을 끄는 종목이 그리 많지 않았다. 1970년대로 접어들며 주식시장이 약세장으로 돌아서자 나는 상품시장에 엄청난 기회가 숨어있다는 사실을 알게 됐다. 내가 정확히 언제부터 상품시장에 대해 진지하게 공부하기 시작했는지는 기억하지 못하지만 내 서가를 보면 대충 알 수 있다. 상품시장의 트레이더들이 바이블처럼 여기는 상품연구소(CRB)의 상품 연감(CRB Commodity Yearbook)을 내가 처음 산 게

1971년이고, 그 이후 해마다 발간된 CRB 상품 연감이 책꽂이에 가지런히 놓여있기 때문이다.

CRB 상품 연감에 나오는 여러 원자재의 차트를 하나씩 보면서 공부했던 기억이 희미하게 남아있다; 어떤 상품의 가격이 급등하면 왜 그렇게 갑자기 오르게 됐는지 그 원인을 분석했다. 나는 수요와 공급의 추세를 연구했다; 오래된 정유 생산시설과 여기서 나오는 제품들을 살펴봤고, 새로운 광물자원을 찾아내려는 탐사 작업이 시도되고 있는지 확인했다. 기상 관측 보고서도 관심 대상이었다: 날씨가 추워지면 난방유와 천연가스의 가격이 오른다; 플로리다의 겨울철 기온이 올라가면 다음해 오렌지주스의 가격은 떨어질 것이다. 역사와 정치 문제에 관심이 많았던 나는 세계 곳곳에서 벌어지는 사건들이 월 스트리트에서 결정되는 가격에 영향을 미친다는 사실을 알게 됐다. 1860년대에 남북전쟁이 벌어지자 영국으로의 면화 수출이 중단됐고, 이로 인해 면화 가격이 치솟자 영국 정부는 경작 가능한 땅에다 전부 면화를 심게 했다. 이런 역사적 사실을 이해함으로써 나는 그로부터 100여 년 뒤 세계 상품 가격이 왜 다시 상승하게 됐는지 그 이유를 파악할 수 있었다.

원자재에 대해 이렇게 혼자 공부한 것은 한참 전의 일이다. 그 시절 내가 어떻게 해나갔는지 아주 자세하게는 기억하지 못한다. 하지만 내가 깊은 향수까지 느끼면서 분명하게 기억할 수 있는 것은 당시 나로서는 처음으로 맞이할 강세장의 한가운데에 서있었다는 점이다. 그것도 다름아닌 상품시장의 강세장이었고, 나는 이로부터 10년간이나 이어질 강세장에 들어선 것이었다. 알다시피 강세장과 약세장이 번갈아가면서 반복되는 곳은 주식시장만 있는 것은 아니다.

사실 상품 투자에 대해 일찌감치 공부해둔 것은 내가 역외 헤지 펀드에서 공동 대표로 일하면서 성공을 거두는 데 결정적인 역할을 했다. 나는 이 헤지 펀드에서 세계적인 자금 흐름과 원자재 및 각종 제품들의 교역 동향, 그 밖의 온갖 정보들을 분석했다. 그렇게 해서 나는 1980년 말 나이 서른일곱에 직장에서 은퇴할 수 있었다. 그러나 이 기간 동안 주식시장은 재앙에 가까웠다: 다우존스 산업평균 주가는 1966년 말 995.15에서 1982년에는 800선으로 후퇴했다. 16년이 지났는데 주가는 20%나 떨어진 것이다.(더구나 이 16년 동안 미국 역사상 최악의 인플레이션이 계속됐고, 이를 감안하면 실질적인 주가 하락률은 훨씬 더 클 것이다.) 미국에서는 실제로 뮤추얼 펀드의 대규모 환매 사태까지 벌어졌다. 1979년에는 〈비즈니스위크Business Week〉의 그 유명한 커버스토리가 실리기도 했다. "주식시장은 죽었다!(Equities Are Dead!)"가 이 표지 기사의 제목이었다.

나는 그렇게 생각하지 않았다. 1982년에 내가 주식시장의 약세장은 이제 끝났으며, 아마도 지금이 주식에 다시 투자해야 할 시점일 것이라고 공개적으로 입장을 밝히자 사람들은 내가 돌았다고 여겼다. 그것은 아주 좋은 신호였다. 그 때까지 내가 번 돈의 대부분은 다른 사람들이 투자하지 않은 데 투자해서 벌어들였다는 사실을 나는 잘 알고 있었다. 그리고 그 무렵 모두들 마치 오래된 상식이나 되는 것처럼 주식을 매우 두려운 대상으로 받아들였다. 다른 길로 가야 할 때가 온 것이었다. 다우 지수는 1983년에 1200까지 상승해 불과 1년 만에 50%이상 올랐다. 그러자 전문가들이 경고하기 시작했다. "당장 파는 게 낫다. 이건 정신 나간 장이다. 너무 높이, 너무 빨리 올랐다." 그리고 역사상 최고의 강세장이 펼쳐졌다. 다우 지수는 마침내 1999년 1만1000선을 넘어섰다. 다우 지수와 S&P 500지수는 1980년대와 1990년대 기간 중 10배 이상 상승했다. 2000년에 사상 최고치를 기록한 나스닥 지수는 1980년에 비해 25배나 치솟았다.

하지만 영원히 계속해서 오르기만 할 수는 없다. 시장은 절대로 그렇게 움직이지 않는다. 18년이라는 기간은 시장의 한 국면이 지속되는 기간으로는 긴 시간이다. 사실 20세기 들어 주식시장과 상품시장에서 나타났던 강세장의 평균 지속 기간이 이 정도다. 주식시장의 많은 종목들이 내림세로 돌아섰다는 사실을 내가 처음 발견한 것은 1998년이었다. 그 무렵 나는 경제 전문 방송인 CNBC의 한 프로그램에 매주 출연했는데, 이 자리에서 상품시장에 투자할 것과 급속도로 성장하고 있는 중국 경제가 원자재 수요를 엄청나게 늘릴 것이라고 이야기하기 시작했다. 이렇게 말하자 모두들 나를 미친 사람 바라보듯 쳐다봤다. 또 다시 정신 나간 사람 취급을 받은 것이다. 나는 〈월스트리트저널Wall Street Journal〉과 〈배런스Barron's〉에 상품시장과 관련된 글을 몇 차례 썼다; 또 기자들이 나에게 전화를 걸어 현재의 경제 상황이나 시장 전망 등을 물어보면 나는 화제를 상품시장으로 돌렸다.

아무도 내 말을 귀담아 듣지 않았다. 결국 다우 지수와 나스닥 지수는 현기증이 날 지경까지 올랐다. 정상적인 사고를 가진, 또 직장에서 열심히 일하는 미국인들도 전부 개인용 컴퓨터의 하단에 주가 변동을 알려주는 티커를 띄워놓고 있었다. 이들보다 약간 비정상적인 많은 미국인들은 직장을 그만둔 채 데이 트레이딩으로 생활비를 벌었다. 1999년에는 소위 주식시장의 전문가들이 쓴 세 권의 책이 출간됐는데, 제목이 각각《다우 36000Dow 36000》《다우 40000Dow 40000》《다우 100000Dow 100000》이었다. 그 해에 출간된〈비즈니스위크〉의 표지 기사 가운데 3분의 1이상이 "인터넷 혁명"을 다룬 것이었다.(100 페이지짜리 특별 부록도 다섯 차례나 발간했다.) 엔론은〈포춘 Fortune〉이 선정한 2000년도『가장 일하기 좋은 기업 100곳(100 Best Companies to Work for)』에서 24위를 차지했다. 엔론의 주가는 그 해 90달러까지 올랐다.〈월스트리트저널〉과〈뉴욕타임스New York Times〉는 당시 주식시장에 고전적인 투기적 "거품"이 일고 있다는 것을 부정하는 전문가들의 기고를 잇달아 실었다. 한결 같은 내용은 "이번에는 정말 다르다"는 것이었다. 주식시장의 폭발적인 상승은 전혀 이상할 게 없다. 이것은 경제의 새로운 모멘텀이다. 단순히 "새로운 경제(new economy)"가 아니라 "신경제(The New Economy)"가 도래한 것이다. 수백 만 명의 미국인들이 새로 주식시장에 뛰어들었고, 뮤추얼 펀드 판매고는 사상 최고치를 기록했다. 그 무렵 갤럽의 여론조사 결과에 따르면 미국인들 가운데 60%가 어떤 식으로든 주식시장에 투자하고 있는 것으로 나타났다. 일을 끝내고 술집을 가거나 식당에 들어가면 전부들 CNBC 방송을 시청하고 있을 정도였다!

이들은 모두 나를 정신 나간 사람으로 여겼다. 누군가가 이번에 투자하는 것은 정말 다르다고 주장할 때면 나는 즉시 내가 투자한 돈을 찾아서 나와버린다. 사람들이 떠들어대는 신경제(The New Economy)의 "신(new)"이 무엇을 의미하는지 내가 분명히 파악할 수 있는 단 한 가지는 이제 월 스트리트에서는 순이익을 전혀 내지 못하고 있는 기업조차도 주식의 시가총액이 1조 달러가 넘는 세상이 됐다는 것뿐이다. 이건 정말 역사를 돌아보고 경제를 따져볼 필요도 없이 상식적으로 도저히 성립될 수 없는 일이었다. 기업이 올린 순이익 수치로는 결코 이런 주가를 설명할 수 없었다. 시장 전체가 광적인 홍분상태에 빠져있을 때 정신을 잃고 돈을 날린다는 것은 이 세상에서 전혀 새로운 일이 아니다. 한창 뜨겁게 달궈진 시장을 향해 모두들 돈을 싸들고 달려갈 때면 나는 월 스트리트의 전설적인 투자가이자 프랭클린 루즈벨트 대통령을 비롯한 여러 명의 미국 대통령 밑에서 경제보좌관으로 일했던 버나드 바루크를 떠올린다. 주식시장이 소용돌이치듯 한창 광풍에 휩싸여 있던 1920년대 말 바루크가 우연히 길거리에서 구두를 닦고 있는데, 구두닦이 소년이 좋은 정보를 그에게 흘려주는 것이었다. 그는 구두가 번쩍거리는 것을 확인하자마자 곧장 사무실로 돌아가 갖고 있던 주식 전부를 팔았다.

버나드 바루크가 이날 받았던 것과 똑같은 느낌을 나 역시 1998년 중반에 경험할 수 있었다. 대부분의 사람들이 놀라움으로 몸이 굳어버린 채 일단의 화려한 첨단 기술주들이 끊임없이 상승하는 것을 지켜보고 있었다. 몇 가지만 예를 들자면 시스코, 노텔, JDS 유니페이스 같은 주식은 끝없이 오르기만 했고, 마이크로소프트는 결코 떨어지는 법이 없었다. 나는 그러나 다른 대부분의 주식은 실제로 하락하고 있다는 사실에 주목했다. 나는 일단 주식시장에 대한 관심은 접어둔 채 다시 CRB 상품 연감으로 돌아갔다. 곡물을 비롯한 각종 농산물과 에너지, 금속, 돼지고기 등 우리 삶에 필요한 여러 가치 있는 상품들을 취

상품시장에 투자하라

급하는 시장에서 새로운 기회를 찾아보기 시작했다. 이들 상품은 정말 믿을 수 없을 정도로 저평가돼 있었다. 이것은 너무나 명백했다; 특히 인플레이션이라는 요인을 감안하면 상품 가격은 대공황 이후 유례를 찾아볼 수 없을 정도로 최저치에 근접해 있었다! 내가 상품시장으로 눈을 돌린 직후에 세계 최대의 증권회사인 메릴린치는 상품 사업에서 손을 떼기로 했다고 발표했다. 메릴린치는 1970년대에 상품을 거래하면서 엄청난 이익을 올렸다. 그런데 이제는 상품시장에서 얻는 이익이 회사 전체의 수익에 비하면 아주 미미한 수준이었다.

나는 터져 나오는 웃음을 참을 수 없었다. 메릴린치에서 일하는 가장 똑똑하다는 친구들을 포함해 모든 사람들이 "제정신을 가진 미국 투자자라면 더 이상 상품을 사려고 하지 않을 것"이라고 생각한다면 이것이야말로 틀림없이 바로 내가 상품을 사기 시작할 정확한 타이밍이었다. 그것도 더 이상 낮아질 수 없는 아주 싼 가격으로 말이다. 더구나 상품시장이 강세를 띠게 될 것이라고 생각하는 몇몇 사람들이 나에게 전화를 걸어 상품시장에 투자할 계획인데 파트너가 되어주면 어떻겠느냐고 제의해왔다. 이들은 내가 상품시장에 관해 쓴 글을 읽었거나 텔레비전에 출연해 이야기한 내용을 들었을 것이다. 이들이 이같은 제의를 해왔다는 사실은 내 생각을 확인시켜주는 것이었다. 나는 이들의 제의에 응하지 않았다. 나는 이미 근 20년 전에 직업적인 트레이더에서 공식적으로 은퇴했다. 게다가 그 무렵 나는 새로운 밀레니엄의 개막을 맞아 3년간의 세계 일주 여행을 막 떠나려던 참이었다; 자동차를 타고 아프리카 대륙을 질주하며, 또 시베리아와 중국을 횡단하면서 수많은 상품거래소에서 벌어질 가격의 급등락에 촉각을 곤두

세운다는 것은 지리적으로도 불가능한 일이었다.

하지만 늘 극소수의 사람들만이 주목해왔던 새로운 강세장의 첫 번째 상승 국면을 놓치고 싶지 않았다. 그래서 나는 상품시장의 인덱스 펀드를 새로 만들기로 결정했다. 지난 수십 년 동안 "인덱스 펀드"야 말로 가장 효율적이면서 수익률도 높은 투자 방식이라는 연구 결과가 여러 차례 나왔다. 인덱스 펀드는 이름 그대로 투자 대상을 S&P 500 지수나 러셀 2000 지수, 러셀 1000 지수 같은 시장의 주요 지수(인덱스)에 묶어놓는 것이다. 주식시장에서 인덱스 펀드를 사게 되면 굳이 주식시장 전체의 평균 수익률보다 앞서려고 애쓰지 않아도 된다. 인덱스 펀드는 시장 평균 수익률이 어떻게 되든 관계없이 시장 평균 수익률이 확실하게 보장되도록 일군의 종목들을 편입시킨다. 가령 당신이 인덱스 펀드에 투자한다면 S&P 500 지수를 구성하는 대형주 500개 종목이나 러셀 2000 지수를 구성하는 소형주 2000개 종목, 혹은 러셀 1000 지수를 구성하는 성장주 1000개 종목을 매수하는 셈이 된다. 당신이 인덱스 펀드에 투자한 돈은 자동항법장치에 따라 움직이는 것이다. 대부분의 자산관리 펀드에서 요구하는 주식 교체 수수료를 지불할 필요도 없고, 펀드 운용 수수료도 아주 저렴하다. 어떤 펀드를 선정할지 고민하지 않아도 된다. 당신의 투자가 성공을 거둘 수 있는가의 여부는 오로지 시장 평균 수익률에 달려있다. 펀드매니저가 얼마나 천재적인 인물인가는 상관없다. S&P 500 지수가 오르면 당신이 투자한 돈도 불어날 것이고, 지수가 떨어지면 그만큼 당신의 돈도 줄어들 것이다. 이처럼 시장 평균 수익률을 좇아가는 인덱스 펀드가 펀드매니저 임의로 편입 종목을 선정하는 자산운용 방식의 펀드 대부분보다 오히려 수익률이 뛰어나다는 것을 보여주는 증거는 상당히 많다.

나는 상품 가격이 본격적으로 상승할 것이라고 확신했고, 인덱스 펀드라는 자동항법장치는 정확히 내가 원하는 것이었다. 나는 상품시장의 네 가지 지수를 하나씩 살펴보며 어떤 것을 라이센스 얻어 펀드 운용의 기준으로 삼을 것인지 하나씩 점검해보았다. 당시 가장 잘 알려진 것은 CRB 선물 지수였다. 내가 상품시장의 바이블처럼 여기는 상품 연감을 발행하는 바로 그 회사에서 운영하는 지수였다.(지금은 공식적인 명칭이 로이터-CRB 선물 가격 지수(Reuters-CRB Futures Price Index)로 바뀌었다.) 그런데 CRB 지수를 자세히 검토해보자 곧 큰 문제점이 있다는 것을 발견했다: 지수를 구성하는 17개 상품 항목의 가중치가 모두 똑같은 것이었다. 이 말은 원유와 오렌지주스가 인덱스 펀드에서 차지하는 각각의 비중이 동일하다는 의미였다. 뭐라고 생각할지 모르지만 적어도 내 삶에서 원유가 미치는 영향은 오렌지주스보다는 훨씬 더 크다고 자신있게 말할 수 있다.

나는 다우존스 상품 지수(Dow Jones Commodities Index)와 연결해보고 싶어 〈월스트리트저널〉을 발행하고 있는 오랜 대학교 친구를 찾아갔다. "너희 신문에서 발표하는 상품 지수를 이용할 수 있도록 라이센스를 얻으려고 하는데." 그는 마치 내가 바보나 되는 것처럼 한심스러운 표정으로 바라봤다. "우리는 상품 지수를 발표하지 않아." 그가 만드는 신문에 그런 지수가 매일 실리고 있다는 사실을 내가 확인시켜주자 그는 깜짝 놀랐다. 그리고는 미국의 유력 경제지를 만드는 편집인조차 상품에 대해 아무런 관심도 두지 않고 있다는 사실이야말로 투자자들이 아무도 상품시장에 눈을 돌리지 않고 있다는 확실한 증거가 아니겠느냐고 말했다. 나는 곧 이어 다우존스 상품 지수가 1960년대 이후 단 한 차례도 지수 산정 방식을 고치지 않았다는 사실을 알게 됐다. 나는 세계적인 뉴스 통신사인 로이터에서 일하는 옛 친구를 만나러 갔다. 로이터에서 발표하는 상품 지수도 꽤 오랜 전통을 갖고 있었다; 하지만 그 친구 역시 자기 회사가 그런 지수를 발표하고 있는지조차 몰랐다. 이번에도 나는 로이터 상품 지수가 1930년대 이래 단 한 차례도 지수 산정 방식을 변경하지 않았다는 사실을 금방 알게 됐다.(〈월스트리트저널〉을 발행하는 언론사 다우존스는 1999년에 보험회사인 AIG와 파트너 계약을 맺고 기존의 상품 지수를 고쳐 다우존스-AIG 상품 지수를 만들었지만 여기에서도 나는 중대한 결함을 발견했다. 로이터 역시 지금은 CRB와 공동으로 로이터-CRB 선물 가격 지수를 발표하고 있다.)

내가 다음으로 찾아간 곳은 골드만 삭스였다. 골드만 삭스는 1922년에 자체적으로 만든 상품 지수의 인지도를 계속 넓혀가고 있었다. 그러나 이번에도 나는 골드만 삭스 상품 지수(GSCI, Goldman Sachs Commodity Index)의 결정적인 허점을 발견했다: 지수를 산정하는 펀드의 65%가 탄화수소 계열로 구성되어 있었다. 전세계적으로 석유와 다른 에너지 관련 상품들이 중요한 것은 사실이지만 그렇다고 해서 어떤 상품 지수도 이들 상품의 가중치를 3분의 2 가까이나 두어서는 안된다는 게 내 생각이다. 더구나 탄화수소 계열의 상품이 그렇게 중요하다면 인덱스 펀드가 아니라 차라리 원유나 천연가스 선물을 사는 게 더 낫다. 골드만 삭스 지수는 사실 가격이 오를 때마다 가중치를 조정했고, 그래서 몇 년에 한번씩 지수 구성 상품의 가중치가 요동을 치듯이 크게 변했다. 내가 보기에 그렇게 하면 적절한 상품 지수가 될 수 없었다.

나는 〈저널 오브 커머스Journal of Commerce〉에서 발표하는 상품 지수에 대한 정보도 구해봤다. 이 상품 지수 역시 발표된 지 꽤 오래된 것이었다. 그런데 자세히 살펴보니 지수를 구성하는 상품 가운데 피혁과 수지(獸脂)가 포함돼 있었다. 물론 우리는 가죽으로 만든 신발을 신고, 매년 한 번씩 생일 케이크 위에 올려놓은 촛불을 끈다. 하지만 요즘 피혁과 수지 선물이 거래되는 시장은 전세계적으로 단 한 곳도 없다. 따라서 이들 상품의 가격 자체가 정확히 형성되기 어렵다. 반면 쌀 선물을 거래하는 시장은 있다. 전세계 인구의 절반이 매일 쌀을 먹지만 이 상품을 지수 산정에 포함시키고 있는 상품 지수는 하나도 없었다. 사실 기존의 모든 상품 지수가 너무나 미국 중심적이었다.

나는 궁극적으로 내가 찾고자 했던, 균형을 잘 이루고 있으며 일관성 있는 국제적인 상품 지수는 존재하지 않는다는 결론을 내리게 됐다. 이것은 아무도 상품에 대해 전혀 관심을 두지 않고 있다는 보다 확실한 반증이었다. 하나의 자산 그룹 전체를 이처럼 완벽할 정도로 무시하고 있다고 생각하니 1980년대 초의 상황이 뇌리를 스치고 지나갔다. 당시 모든 사람들은 "이제 주식은 죽었다"고 생각을 굳혔지만 그 무렵은 다우 지수가 800에서 시작해 순식간에 1만1000까지 치솟기 시작한 시점이었다. 내가 지금 상품시장에 투자하고자 한다면 나 자신의 상품 지수와 인덱스 펀드를 만들어야 한다는 사실을 깨닫게 됐다. 나는 그렇게 했다. 1998년 8월 1일 로저스 인터내셔널 상품 지수(RICI, Rogers International Commodities Index)에 기초한 로저스 원자재 인

덱스 펀드(Rogers Raw Materials Index Fund)가 출범했다. 지수 산정
에는 세계 경제에서 중요한 역할을 하는 35가지 상품이 포함됐다. 이
상품 지수는 미국뿐만 아니라 전세계적으로 거래되는 원자재의 가격
흐름을 효과적으로 측정할 수 있도록 했다. 지수 산정 대상 품목의 선
정과 각각의 상품들이 지수에서 차지하는 가중치는 매년 재평가하도
록 했고, 다음해에 적용할 가중치는 그 해 12월에 결정하기로 했다. 지
금까지 대상 품목과 가중치의 변동은 미미한 편이었다.

1999년 1월 1일 나는 3년간에 걸쳐 116개국 15만2000마일을 자동차
로 질주하는 세계 일주 여행의 대장정에 올랐다. 여행 중이던 2000년
1월 1일에는 이번 여행의 동반자인 페이지 파커와 결혼식을 올림으로
써 새로운 밀레니엄을 축하하기도 했다. 시베리아와 중국, 아프리카
의 오지를 여행하는 동안 어떻게 투자한 돈을 관리할 수 있는지 많은
사람들이 물어왔다. 내가 상품 인덱스 펀드에 돈을 넣어두었다고 대
답하자 그 사람들은 의아한 눈초리로 바라보며, 내가 가진 재산과 나
의 어리석음을 걱정했다. 그럴 만도 했다. 내가 상품시장의 장미빛 미
래에 대해 그렇게 말했지만 당시 상품시장은 떨어지고 있었으니 말이
다. 사실 내가 만든 로저스 상품 지수는 1998년 말까지 11.14%나 하락
했다. 그러나 나는 만족하고 있었다. 나는 이미 충분한 연구조사를 마
쳤고, 주식시장의 강세장은 이미 끝났다고 확신하고 있었다. 1991년
의 경우 미국 주식시장에 상장된 종목 가운데 60%가 하락했고, 1999
년으로 들어서자 똑같은 상황이 재연됐다. 상품시장의 강세장은 진행
되고 있는 중이었다.(뒤늦게 밝혀졌지만 상품시장은 그 후 몇 주만에
완전한 바닥을 치고 올라갔다.)

　　　　　　　　　　　　　　　　　　　　상품시장에 투자하라

2001년 9.11 사태 후 페이지와 내가 여행을 마치고 미국으로 돌아왔을 때 로저스 상품 지수는 80%나 올라있었다.(2004년 10월 현재는 190% 상승했다.) 우리가 세계 일주 여행을 하고 있는 동안 닷컴 거품은 터져버렸다. 사람들은 내가 주식시장의 거품 붕괴로 인한 고통을 피할 수 있었던 게 얼마나 큰 "행운"이었느냐고 말했다. 나도 이제는 어느 정도 나이가 들어서, 언제든 무리에서 벗어나 있게 되면 무리는 나를 향해 욕설에 가까운 비난을 퍼붓는다는 사실을 잘 알고 있다; 사람들은 나를 "돌았다"고 말하는 것이다. 하지만 그것이야말로 투자자에게는 좋은 일이다: 나는 무리로부터 벗어나 있었을 때는 거의 언제나 큰돈을 벌었다. 기존에 해왔던 행동에서 벗어나보는 게 새로운 행동을 찾는 방법이다. 나는 상품시장과 중국을 주목하라고 많은 사람들에게 말했지만 모두들 나를 미친 사람 취급했다. 그러나 많은 사람들이 생각한 것과는 반대로 내가 큰돈을 벌게 되면 더 이상 나는 미친 게 아니다; 나는 단지 "운이 좋았을" 뿐이다.

오래 전 이야기로 돌아가보자. 1970년대 초 석유와 천연가스의 가격이 무척 낮았던 시절이었다. 나는 그 무렵 몇 명 되지 않았던 헤지 펀드 매니저 가운데 한 명과 자리를 함께 했을 때를 기억한다. 이 친구는 하버드 대학교와 하버드 비즈니스 스쿨을 졸업한 재원이었다. 나는 그에게 원유와 천연가스의 공급량이 줄어들고 있고, 천연가스 재고도 거의 동이 났으며, 가격은 형편없는 수준이라고 설명한 뒤 석유와 천연가스를 생산하는 기업이나 이런 회사와 어떤 식으로든 관계되는 기업의 주식을 보이는 대로 사야 한다고 말해주었다. 이 친구는 그러나 내 조언을 우습게 여겼다. 심지어 이들 기업의 주가가 오르기 시작한 뒤에도 그랬다.

1973년에 중동에서 전쟁이 터졌다; 유가는 치솟았다. 아랍 각국은 미국에 대해 이스라엘을 지원한다며 석유 금수 조치를 단행했다. 유가는 더욱 높이 치솟았다. 나는 앞서 만났던 헤지 펀드 매니저 친구와 우연히 마주쳤다. "자네는 정말 운이 좋더군." 그가 말했다. 나는 어안이 벙벙했다. 나는 전쟁이 터지고 석유 금수 조치가 단행되기 훨씬 이전에 그에게 설명했다. 석유 공급이 줄어들고 있고, 송유관을 채울 재고가 바닥났으니 유가는 틀림없이 오를 것이라고 말이다. 나는 다시한번 그에게 설명해주었다. 석유수출국기구(OPEC)는 유가를 올리려는 목적으로 1960년에 만들어졌다고 말이다. 그 후 10년간 OPEC 회원국 석유 장관들은 매년 만나서 유가를 올릴 궁리만 했다. 하지만 시장은 이들을 무시했고, 유가는 여전히 낮은 수준을 유지했다. 그러나 1970년대가 되자 수요와 공급의 균형 상태가 산유국들에게 유리하게 돌아갔고, 유가는 OPEC이 어떻게 하든 관계없이 오를 수밖에 없었다. 유가가 급등한 것은 아랍과 이스라엘 간에 벌어진 전쟁과 아무 관계도 없었다. 이를 증명하듯 4개월 뒤 아랍 각국은 금수 조치를 해제했다. 사우디아라비아는 사상 최고치를 기록한 유가 덕분에 엄청난 돈이 들어오고 있는데, 정치적인 문제로 이를 잃고 싶어하지 않았다. 고유가는 전쟁이 끝나고 석유 금수 조치가 해제된 뒤에도 몇 년 동안이나 이어졌다.(더욱 놀라운 사실은 석유 공급이 수요를 넘어선 1978년 이후에도 고유가가 지속됐다는 점이다.)

내가 지금까지 배운 것을 말하겠다. 당신이 필요한 공부를 충분히 마쳤고, 수요와 공급이 완전히 역전됐다는 것을 인식했다면, 그리고

상품시장에 투자하라

행동에 나섰다면, 틀림없이 정말로 큰 행운을 잡게 될 것이다. 이 책을 읽는 나의 벗들이여, 이것이 바로 그런 아이템 가운데 하나다.

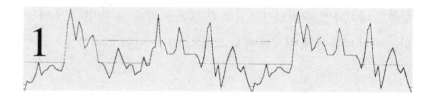

다가올 새로운 그것은–상품이다

새로운 강세장이 시작됐다. 상품시장의 강세장이다. "원자재" "천연 자원" "유형의 자산" "고체 물질" 등으로 불리는 이들 상품은 우리 자신이 살아가는 데 뿐만 아니라 전세계 모든 사람들의 삶에도 꼭 필요한 것들이다. 한번 발걸음을 옮겨 슈퍼마켓이나 쇼핑몰에 들어가보면 지구촌에서 거래되는 온갖 상품들을 주위에서 쉽게 발견할 수 있을 것이다. 우리가 타고 다니는 승용차나 트럭을 살펴보면 역시 전세계에서 거래되는 또 다른 상품들로 가득 차있음을 알게 될 것이다. 가격이 결정되고, 또 일정한 거래 원칙에 따라 움직이는 상품 "선물시장"이 없었다면 우리 삶에 꼭 필요한 이들 상품은 훨씬 귀해졌을 것이고, 가

상품시장에 투자하라

격도 매우 비싸졌을 것이다. 이들 상품에는 석유와 천연가스, 밀, 옥수수, 면화, 콩, 알루미늄, 구리, 금, 은, 비육우, 생소, 돼지고기살, 설탕, 커피, 코코아, 쌀, 양모, 고무, 목재, 그리고 80여 가지가 더 있는데, 자세한 목록은 상품시장 트레이더들에게 바이블로 통하는 상품연구소(CRB)의 상품 연감에 나와있다.

상품시장은 이미 우리 곁에 가까이 와있다. 상품시장을 이해하지 않고는 주식시장이든, 채권시장이든, 외환시장이든 절대 어느 곳에서도 진정으로 성공적인 투자자가 될 수 없다는 게 내 생각이다. 주식과 채권만 대상으로 투자한다 하더라도 반드시 상품시장을 이해하고 있어야 한다. 분산 투자를 정말로 확실하게 한 포트폴리오라면 당연히 상품을 갖고 있어야 한다. 상품시장에 투자하면 주식시장이 약세장으로 접어들었을 때나 광란의 인플레이션이 덮쳤을 때, 심지어는 경제가 급격히 하강 국면으로 빠져들었을 때도 훌륭한 헤지 수단이 될 수 있다. 상품시장은 일반적으로 알려진 것처럼 "위험한 사업 분야"가 아니다. 사실 상품시장에 투자하는 것은 앞으로 10년 내지는 그 이후까지 엄청난 기회를 제공해줄 것이라고 나는 확신한다.

대부분의 투자자들에게 상품을 거래한다는 것은 마치 전설 속에 나오는 괴물들로 가득 찬 미지의 땅으로 들어서는 느낌일 것이다. 대형주와 소형주의 주가수익 비율(PER)을 줄줄 외우고, 첨단 기술업체와 생명공학업체, 반도체업체, 소형 지방은행의 대차대조표를 늘 연구하며, 매일같이 변하는 채권 가격과 채권 수익률 추이를 야구 경기 득점판보다 더 열심히 들여다보고, 달러화 대 유로화 환율은 물론 엔화와 스위스 프랑화 환율까지 주목하는 자칭 "빈틈없는 투자자들"조차 상품시장에 대해서는 전혀 모르고 있다. 설혹 뭔가를 알고 있다 해도 대개는 두세 다리 건너 주워들은 정보들이다. 더구나 이런 정보들은 잘못된 것인 경우가 많고, 간혹 "내 처남이 콩 선물을 거래하다 전재산을 날려버렸어" 하는 따위의 섬뜩한 이야기도 들어있다. 현지 언어와 관습을 몰라서 외국에 가면 속을 수도 있고, 창피를 당할 수도 있다는 두려움 때문에 절대 해외 여행에 나서지 않으려는 사람처럼 상품시장에 대해 괜한 두려움을 갖고 있는 투자자들은 상상할 수 없는 큰 기회를 놓치고 있는 것이다.

당신이 굳이 "현명한 투자자"의 축에 끼고 싶지 않다 해도 시장의 한 부분 전체를 도외시할 수는 없다. 만약 당신 친구 한 명이 1990년대 내내 주식시장에 거액을 투자하면서 기술주 매수를 전혀 고려하지 않았다면, 즉 마이크로소프트와 시스코, 아마존, 이베이, 심지어 IBM 같은 기업에서 어떤 일이 벌어지고 있는지에 대해 완전히 무시한 채 다른 주식에만 투자했다면 틀림없이 당신은 친구의 그런 행동을 이상하다고 여겼을 것이다. 하지만 지금 대부분의 투자자들이 상품시장에 대해 관심을 기울이는 모습 역시 그 친구의 행동과 하나도 다를 게 없다.

1980년대와 1990년대에 기업들의 수익률이나 주가 상승률이 상당히 괜찮았던 한 가지 이유는 원자재 시장이 약세장이었기 때문이다: 천연자원에 대한 의존도가 높은 사업을 하는 기업의 경우 값싼 상품 가격 덕분에 원가 부담은 낮아졌고, 판매마진은 높아졌다. 상품시장의 약세장이 1990년대 말 끝났다는 것을 알아차린 투자자들은 주식시장의 강세장 역시 곧 끝나게 되리라는 것을 알고 있었다. CNBC 방송

상품시장에 투자하라

의 앵커들은 여전히 기쁨에 겨워 환한 미소를 짓고 있었고, 닷컴 주식들을 더 사둬야 할 때라고 조언했지만 발빠른 투자자들은 이미 주식시장에서 빠져 나와 상품시장으로 옮겨가고 있었다. 이들은 기업이 사업을 하는 데 들어가는 비용이 오르게 되면 곧 순이익을 떨어뜨릴 것이며, 결국 주가 역시 조만간 하락할 것이라는 사실을 알고 있었다.

상품시장은 결코 2부 리그가 아니다. 사실 천연자원은 지구촌에서 비금융 자산으로는 가장 큰 시장을 형성하고 있다. 뉴욕과 시카고, 캔자스시티, 런던, 파리, 도쿄 등에 있는 상품거래소에서 매일 거래되는 상품 가운데 거래가 가장 활발한 35가지의 상품 거래대금은 한 해 2조 2000억 달러에 달한다. 전세계 상품거래소의 거래대금 규모는 미국의 모든 증권거래소에서 거래되는 주식 거래대금의 몇 배에 이른다.(더구나 상품거래소에서 이뤄지는 것보다 수십 배나 많은 상품이 상품거래소 바깥에서 거래된다.) 그리고 시장이 있는 곳이라면 어디든 돈을 벌 수 있는 기회가 있다. 물론 매일 읽는 신문의 경제면이나 금융 전문잡지, CNBC 등에서는 대부분의 지면과 방송시간을 주식시장에 할애하고 있다는 사실을 나는 잘 알고 있다. 언론 매체는 물론 주식시장의 소위 "전문가들"은 주식시장의 강세장이 늘 월 스트리트의 바로 코앞에 숨어있는 것처럼 이야기한다. 그러나 지난 1998~2001년 사이 "신경제(The New Economy)"를 외쳐댔던 이들 전문가의 말을 귀담아 들었던 수백 만 명의 투자자들은 주식시장에서 큰 손실을 보았고, 아직까지 원금도 회복하지 못한 채 고생하고 있다. 영리한 투자자는 높은 가치를 지닌 투자 대상을 싸게 살 수 있는 기회를 물색한다. 동시에 더욱 뛰어난 투자 기회를 제공해줄 극적인 변화는 없는지 끊임없이 살펴본다.

지금 상품시장은 이 같은 두 가지 요건을 모두 충족시켜준다. 상품시장의 약세장은 1998년에 끝났다. 당시 상품 가격은 20년만의 최저치에 근접했다.(인플레이션을 감안하면 대공황 시절과 같은 수준이었다.) 그 해 미국 최대의 증권회사인 메릴린치는 상품시장 사업에서 철수하기로 결정했고, 나는 약세장의 막바지 단계에서 상품시장에 대규모로 투자하기 위해 새로운 상품 인덱스 펀드를 만들었다.

나는 상품시장의 강세가 앞으로도 꽤 오랫동안 지속될 것이라고 확신한다. 상품시장은 적어도 앞으로 수 년간 가치 있는 투자 대상이 될 것이다. 사실 지금 우리는 장기적으로 상당한 기간 동안 이어질 상품시장의 강세장 한가운데에 서있다. 20세기 들어 상품시장에서는 세 차례의 긴 장세장(1906~1923년, 1933~1953년, 1968~1982년)이 있었는데, 강세장의 평균 지속 기간은 17년이 조금 넘었다. 새로운 밀레니엄은 또 한 차례의 상품시장의 강세장과 함께 시작됐다. 내가 생각하기에 이번 강세장은 1999년 초에 시작됐다. 이 책의 목적은 강세장이 왜 시작됐는지 설명하고, 그 이유를 살펴보면서 어떻게 하면 강세장에서 이익을 얻을 수 있는지를 알려주려는 데 있다. 더욱 중요한 것은 천연자원에 대해 이해하게 되면 다른 모든 투자 자산들에 대해서도 더 나은 투자자가 될 수 있다는 점이다.

상품시장에 신비스러울 것은 전혀 없다. 우리 눈으로 직접 볼 수 있는 아주 기본적인 물건보다 더 명백한 것이 이 세상에 어디 있겠는가? 옥수수는 옥수수이고, 납은 납이다. 금 역시 지금 그것의 공급량이 얼마나 되며, 돈을 내고 그것을 가져가려는 사람들이 얼마나 되느냐에 따라 가격이 결정되는 또 하나의 물건일 뿐이다. 더욱 분명한 사실은 상품 가격이 장기적으로 어느 방향으로 갈 것인가를 파악하는 데는 아무런 마술도 없다는 점이다. 금속이나 에너지, 육류, 곡물, 이밖에 다른 농산품 가격이 장기적으로 강세장과 약세장에 번갈아가면서 빠져드는 것은 결코 어느날 갑자기 이루어지는 게 아니다. 역사적으로 볼 때 가장 중요한 동인은 수요와 공급이라는 기본적인 경제 원칙에서 비롯된다. 공급이 늘어나고 재고가 많아지면 가격은 낮아질 것이다; 그러나 일단 공급이 점차 소진되고 수요가 늘어나면 불가피하게 가격은 오를 것이다. 시장의 이 같은 역동성을 이해하는 데 천재적인 재주가 필요한 것은 아니다; 세상 일이라는 게 다 이렇게 이루어진다. 그러나 이런 수요와 공급의 균형이 갑자기 방향을 트는 것을 주시하고, 여기에 돈을 걸어보려고 하는 투자자라면 몇 배가 넘는 보상을 받게 될 것이다.

지금 우리가 맞이하고 있는 시기는 새로운 강세장이 목전에서 진행되고 있는 바로 그런 기간 중의 하나다. 다름아닌 상품시장의 강세장이다. 이런 일이 벌어지고 있을 때는 훨씬 더 많은 돈을 상품에 투자해야 한다. 혹시 내가 놓쳤을지도 모르는 다른 투자 대안을 갖고 있는가?

- **주식**. 역사적인 기준으로 보자면 지금 대부분의 주식은 고평가돼 있다; 나스닥 시장의 주가수익 비율은 여전히 꼭대기 수준이다. 사실 주식시장에서 고려하는 모든 수치들, 즉 주가수익 비율이나 주가 대 장부가치 비율, 배당수익 비율 등을 감안하면 현재 주가

는 과거 주식시장에 비해 현저하게 비싼 편이다. 과연 이렇게 고평가된 수준에 있는 주식이 앞으로 더 치솟을 것이라고 생각할 수 있겠는가?

• **채권**. 현재 금리 수준은 지난 수십 년간 유례를 찾아볼 수 없을 정도로 낮다. 채권시장에서 큰돈을 벌기가 어렵다는 말이다. 특히 금리가 올라가기 시작하면 그렇다. 장기 정부 채권의 수익률은 그야말로 얼마 되지 않고, 수익률이 괜찮은 회사채는 너무 비싸다. 만약 당신의 금융자산 컨설턴트가 전화를 걸어 "정부가 후원하는" 모기지 기관인 패니메이나 프레디맥이 발행한 채권을 사라고 한다면 당장 전화를 끊어라. 백악관과 의회, 주택도시개발부(HUD), 연방 감독기관 등은 모두 이들 두 기관을 예의주시하고 있다. 7조3000억 달러에 이르는 주택 모기지 대출 잔액을 안고 있는 패니메이와 프래디맥은 큰 스캔들에 휩싸일 것이다.(주의: 여기서 "정부가 후원하는"이라는 말은 "정부가 보증한다"는 의미가 아니다; 만약 패니메이나 프레디맥이 채권 상환을 못한다 하더라도 연방 정부는 아무런 책임도 지지 않는다.)

• **부동산**. 주택은 이미 너무 값이 비싸 투자 대상으로 적합하지 않다. 적어도 거주하고 싶은 마음이 드는 곳은 다 그렇다.(영국과 스페인, 호주, 뉴질랜드 등 다른 여러 나라의 부동산 가격도 이미 붐을 탔는데, 과거의 평균 상승률을 훨씬 뛰어넘는 기록적인 오름세를 보였다.) 미국의 주택 가격은 최근 8년 이상에 걸쳐 물가상승률

보다 더 빠른 속도로 올랐다; 현재 미국 집값의 20~30%는 거품이라는 생각이다. 뉴욕과 남부 캘리포니아의 주택 가격은 지난 5년 사이 두 배로 뛰었다. 미국 주택시장의 광범위한 투기 거품은 전국적인 현상이고, 거품이 늘 그러했듯이 결국 터지게 되면 집을 담보로 대출을 받은 수백 만 명의 미국인들이 심각한 고통을 겪을 것이다. 미국인들의 주택 담보 대출은 2003년 현재 7500억 달러로 사상 최대 수준이다. 집값 하락에 따른 주택 소유자들의 손실 규모는 2조~3조 달러에 달할 수도 있다. 이 같은 손실은 과거 주식시장의 닷컴 거품이 붕괴되면서 야기했던 경기 하강을 재연시킬 수 있다. 설혹 부동산 시장의 현재 분위기가 유지된다 할지라도 이미 부동산 가격이 너무 높아 투자자들이 큰돈을 벌기는 매우 어렵다.

• **외환.** 미국은 이미 세계 최대의 채무국이다. 미국이 국제적으로 지고 있는 부채는 8조 달러가 넘고, 21개월마다 1조 달러씩 늘어나고 있다. 지난 20년간 미국은 무역수지 적자를 메우기 위해 세계 금융시장에서 엄청난 금액을 빌려왔다. 지금 미국의 무역수지 적자는 한 해 6000억 달러로 GDP의 6%에 달하는데, 이는 사상 최고 수준이다. 미국이 지급하는 부채 이자만 2003년 한 해 3300억 달러에 달했다. 달러화를 현 수준으로 유지하기 위해 대충 하루 10억 달러가 지출되고 있는 셈이다. 미국은 지금 다른 나라 돈으로 살아가고 있다. 백악관은 연방준비제도이사회(FRB)와 경쟁을 벌이듯이 돈을 지출하고 있다. FRB가 달러화를 찍어내는 것보다 더 빠른 속도로 돈을 써대니 달러화의 전망은 그 어느 때보다 불

투명할 수밖에 없다. 미국의 대차대조표를 주시하고 있는 외국인 투자자들은 재정 상태가 엉망인 중미의 작은 나라들과 다름없다는 생각을 하기 시작했고, 상당수는 이미 돈을 찾아 빠져나가 버렸다.(2003년 7월부터 2004년 6월까지 12개월 동안 미국에 대한 외국인 순투자액은 마이너스 1550억 달러에 달했다. 이만한 금액이 미국에서 빠져나간 것이다.) 무역수지 적자를 기록하고 있는 동안 미국인들이 생활 수준을 유지할 수 있었던 것은 외국인 투자가 들어왔기 때문이다; 지금은 미국 정부가 발행한 채권을 외국인들에게 팔아서 조달한다. 특히 중국을 포함한 아시아 각국의 은행들이 자국의 통화 가치를 유지하려는 목적으로 미국 정부의 채권을 매입하고 있다. 만약 이들 채권자들이 더 이상 이렇게 낭비만 일삼는 나라에 돈을 대줄 수 없다는 결정을 내리게 된다면 달러화 가치는 훨씬 더 큰 폭으로 떨어지고, 금리는 오를 것이며, 인플레이션도 야기될 것이다. 외국인 투자자들은 이미 달러화를 팔기 시작했다. 그렇다면 어느 나라 통화가 안전할까? 스위스 프랑화와 일본 엔화는 현재 달러화보다 강하다. 하지만 이들 나라 정부 역시 자국 제품이 세계 시장에서 경쟁력을 가질 수 있도록 통화량과 금리를 조절하면서 임의적으로 통화 정책을 수행해나간다. 만약 유로화 환율이 1유로 당 89센트였던 2001년 말에 달러화를 유로화로 바꿨다면 2004년 10월에는 1유로 당 1.25달러가 됐으니 40%의 꽤 근사한 투자 수익을 얻었을 것이다. 하지만 유로화 역시 장기적으로 보면 문제가 많은 통화다. 혹시 정말 확실한 통화를 알고 있다면 나에게 알려달라.

사실 상품시장은 이미 최근 몇 년 동안 주식시장이나 채권시장, 부동산시장에 비해 수익률 면에서 앞섰다. 내가 만든 로저스 인터내셔널 상품 지수는 1998년 8월 1일 출범 이후 6년간 190% 상승했다. 반면 미국 재무부가 발행한 장기 채권을 대상으로 하는 리먼 장기 채권 지수는 이 기간 중 56% 오르는 데 그쳤고, 주식시장의 대표적인 지수인 S&P 500 지수는 0.542% 하락했다. 운용 자산 규모에서 세계 최대의 뮤추얼 펀드인 뱅가드 500 인덱스 펀드와 피델리티 마젤란 펀드는 둘 다 2004년 말까지 5년 동안의 누적 수익율이 마이너스를 기록했다.

어떻게 이런 상황에서 주식시장에 투자해 상품시장의 수익률을 넘어설 수 있겠는가? 물론 당신이 소위 "대박"을 터뜨리는 주식을 고르는 재주가 다른 대부분의 사람들보다 훨씬 더 뛰어날 수도 있다. 하지만 당신이 마술사 같은 완벽한 재주를 갖고 있다 해도 투자 자산을 정말로 분산 투자할 마음이 있다면 어느 정도의 돈은 상품시장이나, 적어도 주요 상품을 생산하는 기업의 주식, 혹은 그 나라 주식에라도 투자해야 한다.

원유, 설탕, 콩, 면화, 심지어 금 같은 상품의 가격이 오르내리는 데 완전히 몰두한다는 게 과연 스스로 그렇게 "재미"를 느낄 만한 일인지는 잘 모르겠다. 나 자신은 위대한 기업의 주식을 싸게 사서 장기간 보유하면서 종종 희열을 느꼈다는 점을 고백해야겠다; 분명히 말하지만 앞으로 또 나타날 제너럴 일렉트릭(GE)이나 마이크로소프트, 암젠 같은 주식을 발굴해내는 일은 지적으로도 흥미진진할 뿐만 아니라 엄청난 이익을 거둘 수 있는 멋진 모험이다. 그러나 이런 이야기를 알려주고 싶다. 설탕 선물 가격은 1966년부터 1974년까지 1.4센트에서 66센트까지 올랐다. 싸게 매수한 설탕의 가격이 무려 45배 이상이나 상승하는 것을 지켜보았다면 정말 대단히 흥미진진했을 것이다. 1970년대 당시 원유 가격은 배럴 당 3달러에서 불과 6년 만에 34달러로 치솟았다. 투자자라면 누구나 원하는 게 바로 이런 것 아니겠는가! 1998년에 상품시장에 투자한 사람들은 6년 만에 190%의 수익률을 올렸다.

나는 이 글을 읽고 있는 당신이 누구인지 모른다. 하지만 당신 역시 틀림없이 흥미를 느낄 것이다.

마음의 문을 열라―상품시장을 향해

내가 잘 아는 한 친구가 얼마 전 뉴욕의 대형 투자은행에서 일하는 브로커에게 전화를 걸어 자신의 포트폴리오 자산 가운데 상당한 부분을 상품에 투자하는 문제를 놓고 상의했다. 전화를 받은 여자 브로커는 내 친구에게 이렇게 말했다. "상품이 얼마나 위험한지 알고나 하는 말입니까?" 내 친구는 어떤 자산에 투자하든 리스크가 따른다는 사실을 잘 알고 있다고 대답했다. 브로커는 "아니에요"라고 말하면서, 자신이 일하는 건물의 같은 층에서 가장 크고 멋진 사무실을 갖고 있던 동료 한 명에 대한 이야기를 들려주었다. "그 사람은 상품시장에 거액을 투자했지요." 그리고는 공짜로 꽤 대단한 충고를 제공한다는 의미로 잠시 말을 멈추었다가는 이렇게 속삭였다. "그 사람은 재산을 다 날리고 지금 회사도 그만두었어요." 내 친구가 그래도 상품시장에 투자하고 싶다고 말하자, 이 여자는 그러면 도와줄 수 없다고 대답했다; 그녀는 브로커 자격증을 따낸 뒤 상품을 거래하는 데 뛰어들어본 적이 없었

상품시장에 투자하라

다. 실은 그렇게 할 만한 이유가 없었기 때문이다. 얼마 전까지 이어졌던 주식시장의 강세장은 요즘 펀드매니저나 투자 컨설턴트로 일하고 있는 많은 사람들은 물론 이들을 먹여 살리는 기자들이 경력을 쌓은 기간보다 더 오랫동안 지속됐다. 그런 점에서 대부분의 투자자와 투자 자문가들이 갑자기 마음을 바꿔 앞으로 상품시장에 투자하겠다고 결심하는 게 어려우리라는 점은 충분히 이해할 만하다. 사실 상품시장에서 큰돈을 벌 수 있었던 마지막 시기는 이들이 대학교, 혹은 중학교 정도에 다녔을 무렵이었을 것이니 말이다. 몇몇 젊은 친구들은 기저귀를 차고 있었을지도 모른다.

대부분의 투자자들은 과거의 기억을 하나씩 되짚어볼 수 있을 것이다. 역사상 어느 시점에서는 주식(과 채권)이 최고의 투자 대상이 될 수 없었다. 가령 내가 1982년에 당신이 가진 돈 전부를 S&P 500 인덱스 펀드에 투자하라고 조언했다면 당신은 나를 미친 사람으로 여겼을 것이다. 당시 주식시장은 10년 이상에 걸쳐 옆걸음질 치고 있었다. 하지만 상품시장은 오름세를 타고 있었다: 설탕은 1969년부터 1974년까지 1290%나 올랐고, 옥수수는 같은 기간 295% 상승했다. 원유는 1970년대에 14배나 뛰어 배럴 당 40달러까지 치솟았다. 금과 은 역시 이 기간 중 20배 이상 올랐고, 다른 많은 상품 가격도 엄청난 상승률을 기록했다. 1979년에 〈비즈니스위크〉는 아직까지도 인구에 회자되고 있는 "주식시장은 죽었다!"라는 제목의 커버스토리를 실었다. 1982년 다우존스 산업평균 주가는 800선을 하회했다. 1966년 말 995.15를 기록하며 처음으로 1000선에 근접했을 때와 비교하면 16년간 20% 가까이 떨어진 것이다.(다우 지수는 1972년 11월 공식적으로 1000선을 처음으로 넘어서기도 했다.) 이제 기업의 주식은 투자 자산으로서 생명을 다했다는 사실을 모두가 알게 됐다. 그러나 이들이 몰랐던 것은 그 후 20년 가까이 이어질 주식시장의 대강세장 초입 단계에 이미 진입해 있었다는 사실이다.

오늘날 이 사이클이 상품시장으로 다시 돌아왔다. 앞으로 12~15년간 상품 가격이 계속 오르리라는 것을 내가 어떻게 이토록 자신있게 말할 수 있는가? 나는 어떤 것에 대해서도 확실하게 말할 수는 없다. 합리적이고 책임감 있는 투자자에게 "확실하다"는 말은 현실적으로 받아들일 수 없는 단어다. 정치적인 공상가와 종교적인 광신자들이나 자신이 모든 해답을 갖고 있다고 믿는다. 다행스럽게도 부자가 되는 데는 전지전능할 필요도 없고 모든 것에 확신을 가질 필요도 없다. 해야 할 일은 기회가 있는 시장이 어디인지 주의 깊게 살펴보고, 이 같은 기회에 영향을 미칠 수 있는 결정적인 변화가 무엇인지 계속 주목하고, 그 다음에는 합리적으로, 또 책임감 있게 행동하는 것이다. 이것은 또한 부동산시장이나 주식시장, 채권시장이 아닌 다른 시장을 진지하게 바라보는 것을 의미한다. 이들 시장 가운데 어느 것도 다가올 10년간의 기간 중 그렇게 큰 폭으로 상승하지는 않을 것이기 때문이다. 역사적으로 지금은 바로 상품시장을 진지하게 바라보아야 하는 순간이다.

물론 내가 이런 주장을 펼 수 있는 게 나 자신의 비상한 천재적 능력 덕분이라고 말할 수 있다면 좋을 것이다. 그러나 지금까지 도래했던 상품시장의 모든 강세장은 가장 기본적인 경제 원칙에 따라 출현한 것이다: 다름아닌 수요와 공급의 원칙이다.

상품시장에 투자하라

왜 상품시장인가-그것도 지금?

아주 간단하다. 현재 전세계적인 상품시장의 수요와 공급의 균형은 정상적인 상태를 벗어났다. 장기적인 강세장이 진행될 수 있는 고전적인 신호다.

내가 어린 시절이었던 1950년대 가족들과 함께 차를 타고 우리가 살고 있던 앨라배마를 떠나 할아버지와 할머니가 살고 계신 오클라호마로 갔던 적이 있다. 나는 당시 도로변의 벌판에서 불길이 치솟고 있는 광경을 놀란 표정으로 바라보았던 기억이 아직도 생생하다. 그런데 아무도 걱정하지 않았다. 이로부터 10여 년이 지나 월 스트리트에서 괜찮은 투자 기회를 물색하던 중에 비로소 나는 어린 시절 보았던 오클라호마 도로변 벌판의 불길이 왜 치솟고 있었는지 그 이유를 알게 됐다. 그곳 벌판은 유전 지대였고, 1956년에 대법원은 정부의 천연가스 가격 규제 권한을 인정하는 판결을 내렸다. 이 판결에 따라 연방 정부는 천연가스의 가격을 아주 싸게 유지했다. 그러다 보니 오클라호마의 석유 생산업자들은 원유를 퍼올릴 때 함께 생산되는 천연가스를 차라리 불태워 "연소시켜" 버리는 게 더 경제적이었다. 그리고 당연히 누구도 새로운 유전이나 천연가스 매장지를 탐사할 경제적 동기를 갖고 있을 리 없었다. 1950년대와 1960년대는 석유와 천연가스가 넘쳐났고, 가격도 매우 쌌으니 말이다. 유전 시추 전문회사들은 사업을 포기했고, 유전 탐사 작업은 거의 사라졌다.

다른 대부분의 상품들에서도 이와 똑같은 일이 벌어졌다. 공급이 넘쳐났고, 가격은 낮아진 것이다. 1970년대 초가 되자 이들 상품 가격이 오르기 시작했다. 왜 그랬을까? 시간이 흐르자 과도하게 쌓여있던 재고창고가 텅 비어버린 것이다. 어떤 상품의 재고가 제아무리 많다 하더라도 공급이 정상적인 수준을 유지하지 못한다면 결국 재고는 소진되고, 가격은 올라가게 되는 것이다. 점점 더 많은 미국인들이 대형 승용차를 타고 다녔다; 추운 겨울철에 사용되는 난방유 소비량도 늘어났다; 에어컨이 널리 보급되면서 한때 더위와 습한 날씨로 인해 일반 주택은 물론 기업체도 들어가기 힘들던 지역에 많은 사람들이 살 수 있게 됐다. 마침내 석유와 천연가스의 그 많던 재고가 사라지기 시작했다. 줄어드는 재고를 다시 메울 방법이 없었다. 오랫동안 아무도 석유 관련 사업에 투자하지 않았기 때문이다. 곧 이어 가격이 계속 오르는 시장에서 투자자들이 서로 경쟁을 벌이기 시작했다.

1966년부터 1982년까지 주식시장은 거의 오르지 못했다. 이 기간 중 두 자리 수의 이자율로 인해 채권시장 역시 붕괴된 상태였다. 그런데 상품시장은 붐을 탔다. 그러나 높은 가격이 해내는 정상적인 역할이 있다. 새로운 공급을 불러오고, 수요는 떨어뜨리는 것이다. 기업들은 석유 시추 작업을 다시 시작했고, 새로운 광산이 문을 열었으며, 농장에서는 옥수수와 콩을 심었다. 1980년 온스 당 850달러까지 치솟았던 금값은 1982년 300달러로 떨어졌다. 설탕은 1974년 파운드 당 66센트까지 급등했었지만 1985년에는 2.5센트 수준까지 하락했다. 유가는 1986년 배럴 당 10달러 아래로 추락했다.

그리고 다시 또 똑같은 사이클이 반복되기 시작한다. 상품 공급량이 늘어나고 가격도 낮다 보니 투자자들은 썰물처럼 상품시장을 빠져나갔고, 돈이 될 만한 새로운 기회를 찾아 1980년대 중반 이후 주식시장으로 돌아갔다. 이것 역시 충분히 예상할 수 있는 일이었다: 투자자들은 절대로 약세장을 쫓아다니지 않는다. 1990년대 내내 마치 마술이라도 걸린 듯 인터넷 거품에 푹 빠져버린 미국의 투자자들은 갖고 있던 돈을 한푼도 남김없이 털어서 주가수익 비율이 50배에 달하는 소위 "첨단기술주"를 샀다. 1999년 한 해에만 벤처 캐피털 회사가 벤처 기업에 투자한 금액이 420억 달러에 달했는데, 이는 이전 3년치를 모두 합친 금액보다 많은 것이었다; 그 해 주식시장에 새로 상장된 주식은 680억 달러 규모로 당시까지의 사상 최대치보다 40%나 많은 것이었다. 그런데 설탕을 생산하는 기업이나 연광(鉛鑛, 납 광산)을 가진 업체, 석유 시추용 굴정(掘井) 장비를 생산하는 회사는 이 기간 중에 단 한 곳도 새로 주식시장에 상장되지 않았다고 확실하게 말할 수 있다. 어쨌든 그러는 사이 금속을 생산하는 광산이나 석유와 천연가스를 생산하는 유전의 매장량은 점차 고갈되어 갔다.

나에게 이것은 이미 한번 경험한 현상이라는 느낌이 들었다. 20년간에 걸친 공급 초과로 인해 낮은 가격이 유지됐고, 이것이 결국 상품시장의 강세장을 낳은 것이었다. 1960년대 말에도 벌어졌던 똑같은 현상이었다. 다시 한번 상품들은 넘쳐났고, 가격도 낮았다. 1997년의 아시아 경제위기와 1998년의 러시아 파산 사태로 인해 이들 나라의 상품 재고는 "점포 정리 세일" 가격으로 팔려나가 현금화됐고, 세계적인 상품 가격은 바닥을 쳤다. 공급이 점차 소진되어 가던 시기에 상품에 대한 수요는 계속 늘어갔다. 아시아 경제는 붐을 타기 시작했다; 서방 선진국들과 나머지 다른 나라들도 성장세를 이어갔다. 다시 한번 미국인들은 엄청난 속도로, 아무런 걱정도 없이 상품을 마구 소비해대기 시작했다. 수 년째 값싼 휘발유에 길들여진 운전자들은 연료를 엄청나게 잡아먹는 자동차에 눈독을 들였다. 과거 영화배우들이나 타고 다녔던 스포츠 유틸리티 차량(SUV)을 너도나도 몰고 다녔고, 연비가 평균치 이상인 차량을 타고 다니는 비율은 20년만의 최저 수준으로 떨어졌다. 사상 최저 수준의 모기지 금리에 힘입어 난방비와 냉방비가 무척 많이 드는 새로운 고급 맨션들이 전국적으로 지어졌다. 대형 자동차와 고급 주택은 목재와 철강, 알루미늄, 백금, 팔라듐을 엄청나게 필요로 했고, 자동차 배터리에 들어가는 납의 필요량도 크게 늘어났다. 유럽인들 역시 주택 붐에 빠져들었고, SUV를 비롯해 그 어느 때보다 더 큰 자동차를 더 많이 타고 다녔다. 북미 대륙에 있는 발전소에서는 석유와 석탄보다 더 깨끗하고 더 효율적인 천연가스를 연료로 채택했다. 에너지와 산업용 금속에 대한 수요는 아시아 경제의 회복 속도가 빨라지면서 더욱 가속화됐다. 한국은 세계적으로 손꼽히는 상품 수입국 가운데 하나가 됐다. 일본의 제련된 구리 수입량은 사상 최대치를 기록했다.

그리고 여기에 중국이 있었다. 중국은 경제적으로 마치 거대한 공룡처럼 닥치는 대로 상품들을 집어삼켰다. 1999년 중국을 여행했을 때 나는 앞서 중국을 일주했던 1990년대 초에 비해 너무나도 많은 것이 변했다는 사실에 충격을 받았다. 내가 쓴 《어드벤처 캐피털리스트 Adventure Capitalist》에 나오는 사진이 한 장 있다. 상하이에서 찍은 이 사진은 중국의 경제 성장이 어느 정도인지 완벽하게 보여주고 있다: 세련되게 화장을 하고 머리까지 염색을 한 젊은 중국 여성이 멋지게 차려 입고서 자신이 몰고 다니는 오토바이 위에서 휴대폰으로 통화

상품시장에 투자하라

하는 모습이다. 1960년대 수백 만 명의 홍위병들이 중국 전역에서 "서구의 영향을 몰아내자"며 휘몰아치고 다녔을 때 마오쩌둥이 마음속에 담아두었던 장면이 이런 모습은 아니었을 것이다.

공산주의 국가 중국은 지금 지구상에서 가장 뛰어난 자본가들의 고향이 되었다. 우리는 중국의 농촌 지역을 차를 타고 돌아다니면서 남녀를 가리지않고 새벽부터 해질녘까지 일하는 모습을 보았다. 해가 지면 이들은 가로등 불빛 아래서 내가 보기에 이미 세계 최상급인 도로를 더욱 개선하는 작업을 했다. 상하이는 세계에서 가장 매력이 넘치고, 경제적으로도 강력한 도시 가운데 하나로 급부상하고 있다. 지오르다노 아르마니는 상하이에 상륙해 웅장한 대형 점포를 새로 열었다; 프라다와 루이뷔똥은 이미 중국 전역에 각각 9곳 이상의 매장을 갖고 있고, 아르마니의 주요 경쟁업체 가운데 하나인 에르메네질도 제그나는 일찌감치 1991년 중국에 진출한 이래 29개 점포를 열었다.

중국 경제는 지난 수 년 동안 세계에서 가장 빠르게 성장했고, 2003년과 2004년에는 성장률이 9%를 넘었다. 중국의 공장에서는 텔레비전에서 컴퓨터, 자동차에 이르기까지 온갖 제품들을 쏟아내고 있고, 건설업체들은 쇼핑몰과 각종 주택들을 지어내고 있다. 중국의 휴대폰 사용자 수는 이미 세계에서 가장 많고, 인터넷 사용자 수도 세계 1위를 향해 빠르게 늘어나고 있다. 중국의 석유 소비량은 이미 일본을 제치고 미국에 이어 세계 2위가 됐고, 구리와 철강 소비량은 세계 1위다. 중국 국가통계국의 보고서에 따르면 중국의 2003년도 철강 소비량은 전세계 공급량의 3분의 1을 차지했다. 이 같은 철강 소비량은 미국과 일본을 합친 것보다 많은 것이다. 얼마 전까지도 상품의 주요 수출국이었던 중국은 현재 국내 석유 소비량의 3분의 1과 구리 소비량의 절반, 철광석 소비량의 60%를 외국에서 수입하고 있다. 중국은 또한 유럽의 폐기물 재생 공장에서 나오는 철스크랩을 하나도 남김없이 전량 수입하고 있다.

13억이 넘는 인구가 먹고 살기 위해서는 음식물 재료에 대한 수요도 가히 천문학적일 것이다. 중국인들은 지금 그 어느 때보다 많은 육류를 섭취하고 있지만, 1인 당 육류 소비량은 미국이나 유럽, 다른 아시아 국가들에 비해 여전히 적은 편이다. 미국의 네 배가 넘는 중국 인구가 먹을 만한 소와 돼지, 닭을 사육하기 위해서는 훨씬 더 많은 옥수수가 필요할 것이다. 더구나 중국은 이미 멀리 브라질과 호주로부터 콩을 수입하고 있다. 이전보다 생활이 윤택해진 중국인 가운데 단 것을 좋아하는 사람들이 늘어나고 있고–요즘 중국에서는 손님으로 초대 받았을 때 사탕과 과자류를 선물하는 게 유행이다–이에 따라 중국의 설탕 수입량도 증가하고 있다.

모든 상품에 대한 수요가 늘어나고 있는 시점에 중국이 필요로 하는 사실상 모든 원재료가 부족해진 것이다. 이웃 나라들도 중국을 도와줄 형편이 되지 않는다. 한국과 일본은 국내에서 생산되는 천연자원이 거의 없어 지금 원재료를 놓고 중국과 경쟁을 벌이는 형국이다. 사실 대부분의 아시아 국가는 지난 25년 동안 극적인 성장세를 이어왔고, 이들의 상품 수요는 계속 늘어났다. 인도 경제 역시 최근 15년 사이 가장 높은 성장률을 기록하고 있다. 2003년 4월~2004년 3월 회계연도의 인도 성장률은 8%가 넘어 중국에 이어 세계에서 두 번째로 빠른 성장 속도를 기록했고, 각종 제품에 대한 수요도 크게 늘어나고 있다.

상품시장에 투자하라

러시아는 석유와 광물자원 매장량이 엄청나다고 알려져 있지만 기업 재산을 팔아먹는 "해적들"과 마피아 자본가들이 이 나라의 자산을 빼 돌리는 통에 러시아는 경제적으로 파산 지경이다. 이로 인해 세계 상 품 공급량은 더욱 불안정해지고 가격 상승만 부추기고 있다.

아이러니 하게도 미국의 투자자들은 1990년대의 경제 붐과 주식시 장의 과열에 너무 도취된 나머지 원자재와 농산품을 비롯한 유형 자산 의 생산 능력을 늘리는 데 투자하기를 꺼려왔다. 그렇게 해서 현재와 같은 상품시장의 강세장을 낳게 된 씨앗들이 전세계적으로 뿌려진 것 이다: 상품 공급이 거의 소진되어버리고, 천연자원의 생산기반 시설에 대한 투자가 사실상 전무했던 바로 그 시점에 상품 수요는 폭발적으로 늘어난 것이다. 이 같은 수요와 공급의 불균형이 생기게 되면 가격은 오로지 한 방향으로만 갈 수 있다. 오르는 방향이다.

바닥을 드러내다(다시 한번)

"확보하고 있어야만 하는 상품 때문에 무척 당혹스럽습니다. 부르는 값이 얼마든 무조건 지불해야 하는 상황입니다." 아이다호에서 고가 의 상류층 주택을 짓고 있는 건설업체의 사장인 데이브 윌슨이 2004 년 4월 목재 가격이 천정부지로 치솟고 있다며 한숨을 내쉬면서 한 말 이다.

마침내 상품시장의 강세장이 도래했다. 전세계적으로 상품을 사용 하는 거의 모든 사람들이 데이브와 똑같은 말을 하고 있을 것이다. 이 들은 물건을 필요로 한다. 이들은 이전처럼 낮은 가격에 사고 싶어하

지만 창고에는 이제 재고가 없다. 몇 가지 주요 상품 분야에서 현재의
생산 능력이 어느 정도인지 잠깐 살펴보자:

석유. 적어도 지난 35년 동안 세계적으로 대형 유전이 발견된 적이 없
다. 원유 매장량이 수십 억 배럴에 달하는 "자이언트" 혹은 "엘리펀
트"로 불리는 초대형 유전 가운데 일부는 발견된 지 이미 50~70년이
나 지났다. 미국의 석유 생산량은 1970년대 초에 정점을 기록했고, 그
이후 계속 감소하고 있다. 이 같은 상황은 알래스카의 자이언트급 유
전인 노스 슬로프 유전 지대를 포함한 것인데도 그렇다. 북해 유전의
생산량은 1999년에 정점을 지났다. 몇몇 지질학자와 석유 산업 애널
리스트들은 현재 세계 최대의 산유국인 사우디아라비아의 유전들도
수 년 내에 생산량이 감소할 것이며, 어쩌면 이미 정점에 도달했을지
도 모른다는 결론을 내놓고 있다. 추가로 생산할 석유가 남아있다 해
도 이를 발견해서 시장에 내놓는 데는 지금까지보다 훨씬 높은 비용을
지불해야 할 것이다. 미국에서는 1976년 이후 단 한 곳의 정유공장도
들어서지 못했다. 실제로 미국 내 정유공장의 숫자는 1982년 이후 321
개에서 149개로 절반 이상 줄었다. 1981년 말 미국 내에서 원유를 생
산하고 있던 유정의 숫자는 4530개에 달했지만 2004년 현재 1201개로
감소했다.

사실 세계적으로 원유 매장량이 얼마나 되는지는 누구도 정확히 파
악할 수 없다. 대부분의 산유국들이 자국의 원유 매장량에 대해 독립
된 기관으로부터 검증 받고 있지 않기 때문이다. 석유수출국기구
(OPEC)는 각각의 회원국들이 발표하는 원유 매장량에 따라 원유 생산

쿼터를 배정한다. 당연히 회원국들은 원유 매장량을 부풀리는 게 유리하다는 생각을 갖게 된다. OPEC 회원국들의 면면을 잠시 살펴보자. 알제리, 인도네시아, 이란, 이라크, 쿠웨이트, 리비아, 나이지리아, 카타르, 사우디아라비아, 아랍에미레이트연합, 베네수엘라. 과연 이들 나라 가운데 자국의 원유 매장량을 부풀리지 않고 솔직하게 발표할 나라가 있다면 나에게 알려달라.

미국 정부와 석유 기업들은 원유 매장량이 무궁무진할 것으로 기대되는 러시아가 구원자가 되어줄 것이라고 생각한다. 그러나 러시아의 석유 기술은 한참 뒤떨어져 있다. 그리고 러시아는 이미 엄청난 양의 원유를 생산하고 있지만 현재의 송유관 시설로는 이 가운데 절반밖에 시장에 내놓을 수 없는 상황이다. 더구나 교활한 해적떼들이 몰려들어 이 나라의 석유 자산을 최대한 빨리 강탈하고, 이렇게 해서 벌어들인 돈은 스위스 은행 구좌로 빼돌리고 있다. 여기에다 러시아 정부는 다시 한번 석유 산업에 강력하게 개입하고 있다. 러시아산 석유는 유가를 떨어뜨리는 데 기여하지 못할 것이다. 세계 5위의 석유 수출국인 베네수엘라가 정치적으로 안정을 되찾을 것인지도 의심스럽다; 대규모 해저 원유 매장량을 갖고 있는 나이지리아는 하나의 국가 체제로 존립할 수 있을지도 불투명하다. 누군가가 곧 새로운 자이언트급 유전을 여러 개 더 발견하지 않는다면, 더구나 그 유전이 경제적으로 충분히 생산 가능한 유전이 아니라면 전세계는 석유 생산량 감소라는 재앙에 부딪칠 것이다.

천연가스. 북미 대륙의 천연가스 생산은 수요를 따라가지 못하고 있고, 갑자기 공급이 늘어날 것이라는 전망도 앞으로 10년 이상은 기대하기 어렵다. 미국 정부 관리와 업계 임원들은 천연가스 부족 사태가 다가오고 있다는 점을 이미 공식적으로 경고하기 시작했다. 전세계의 유전들과 마찬가지로 현재 알려진 천연가스 매장지들도 발견된 지 상당한 기간이 지났다; 생산업체들은 손쉽게 딸 수 있는 열매는 이미 모두 수확한 상태다. 새로운 천연가스 매장지가 발견되고 있지만 새로운 유전이 그런 것처럼 여기서 천연가스를 생산하려면 더 깊이 파야만 하고, 생산 비용도 많이 든다; 더구나 새로운 공급원을 찾는 데 돈을 투자하지 않은 지도 상당히 오래됐다. 캐나다와 알래스카 노스 슬로프의 천연가스 유전은 여기서 생산된 천연가스를 시장에 내놓기 위해서는 꼭 필요한 송유관과 같은 생산기반 시설이 여전히 전혀 마련되지 않은 상태다. 환경 규제 역시 새로운 천연가스 유정의 굴착을 어렵게 만들고 있고, 설사 정부의 허가를 받았다 하더라도 북극에 가까운 지역적 한계로 인해 1년에 불과 세 달 반 정도밖에 시추 작업을 할 수 없는 경우도 있다.

2003년 들어 수요가 늘면서 가격이 오르자 천연가스의 생산을 늘리기 위한 여러 조치들이 시행됐다. 실제로 2003년 중에 시추된 천연가스 유정은 전년도보다 3분의 1가량 늘어났다. 다만 2004년에도 이들 유정에서 천연가스를 생산해내지는 못하고 있지만 말이다. 미국 정부는 수입 천연가스를 액화 처리해 대규모로 저장할 수 있는 새로운 천연가스 터미널을 동부 및 서부 해안 지역과 멕시코 만 지역에 건설하는 것을 지원하고 있다. 에너지 기업들은 현재 25개 이상의 천연가스 터미널 건설을 계획하고 있지만 환경단체의 강력한 반대와 안전성 문제로 인해 진척을 보지 못하고 있다.(액화 천연가스가 운반용 유조 차량이나 저장돼 있는 터미널에서 새어 나오면 폭발할 수도 있다.) 이미 7개의 프로젝트가 취소됐다. 나머지 터미널 가운데 일부가 계획대로 완성된다 해도 몇 년의 세월이 걸릴지 모르고, 천연가스 공급은 계속해서 감소할 것이다. 공급이 달리고 있다는 한 가지 분명한 신호는 테드 터너가 제공하고 있다: 아메리칸 온라인(AOL) 주식을 팔아 대성공을 거둔 터너는 그가 소유하고 있는 뉴멕시코 주의 58만8000에이커 규모의 대농장에서 천연가스 매장지를 탐사하기 위한 유정 시추 작업을 벌이는 데 동의했다.

금속. 지난 20년 동안 전세계적으로 사실상 단 하나의 새로운 광산도 문을 열지 못했다. 구리와 은, 철광석, 알루미늄, 백금, 납 등의 수요는 늘어나고 있는데, 새로운 매장지는 차치하고라도 이를 캐낼 새로운 광산조차 없는 것이다. 소규모 광산 및 금속광 탐사업체들은 벤처캐피털 회사들이 이미 수십 년째 자신들을 무시하고 있다고 말한다. 나는 2004년에 캐나다의 광산업체 최고경영자(CEO)들과 자리를 함께 한 적이 있다. 당시 이들이 운영하는 사업은 붐을 타고 있었지만 가까운 장래에 새로운 광산을 열 계획이 전혀 없다고 말했다. 사실 이들이 나를 초대한 이유는 내가 왜 상품시장의 강세장이 진행 중이라고 생각하는지 알고 싶었기 때문이었다. 이들은 내 말을 들어본 뒤 투자를 늘릴 것인가의 여부를 결정할 생각이었다. 광산업에 종사하지 않는 사람들조차 나의 주장에 귀를 기울이기 시작했을 무렵인데도 말이다.

그러나 설사 새로운 금속광들이 여러 곳에서 문을 연다 할지라도 땅

속에서 파낸 광물을 우리가 쓸 수 있는 형태로 만드는 새로운 제련소를 어디서 구할 것인가? 2004년도의 알루미늄 제련 능력 성장률은 1961년 이후 연평균 성장률의 절반 수준에 그쳤다. 2004년 5월에 보도된 〈월스트리트저널〉 기사에 따르면 미국의 서북부 해안 지역에 있는 제련소 10곳 가운데 8곳이 높은 에너지 비용으로 인해 최근 몇 년 사이 가동률이 크게 줄었거나 아예 문을 닫았다. 세계 최대의 알루미늄 회사인 알코아는 트리니다드 섬에 10억 달러를 들여 제련소를 짓겠다는 계획을 발표했고, 아이슬란드에 제련소를 건설하는 문제도 결정적인 돌파구를 마련했다. 이들 지역에 제련소가 들어서면 20년 만에 새로 건설되는 알루미늄 제련소가 된다. 그러나 계획대로 추진된다 해도 앞으로 몇 년 동안은 공급이 줄어들 수밖에 없다. 납 제련소는 더욱 심각해 미국에서 1969년 이후 단 한 곳도 지어지지 못했다. 지난 수 년 간 광산 탐사 작업이 벌어지고 있다고 보도된 곳의 절반 이상은 금광을 찾아 나선 것이었다.

설탕. 최근에 설탕을 경작하는 대농장이 새로 문을 열었다는 소식을 들어본 적이 있는가? 설탕 공급은 줄어들고 있다. 일부 통계에 따르면 세계 설탕 시장은 2004~05년 수확기에 전년도보다 340만톤 줄어들 것으로 예상된다. 10년 만에 처음으로 수요가 공급을 넘어설 것이라는 이야기다. 설탕은 또한 에너지 상품의 성격도 강해지고 있다. 설탕에서는 정류된 알코올인 에탄올을 추출할 수 있는데, 에탄올은 특수하게 제작된 엔진을 부착한 자동차의 연료로 쓰이거나 휘발유와 혼합해 "가소홀(gasohol)"이라는 바이오에너지를 만들어낼 수 있다. 전세계적으로 생산되는 에탄올의 60% 이상이 설탕에서 추출한 것이다. 세계 최대의 설탕 생산국이자 수출국인 브라질은 자국에서 생산되는 설탕의 절반 이상을 자동차 연료로 사용하고 있다. 2005년까지 폴크스바겐과 제네럴 모터스(GM), 피아트 등이 브라질에서 생산하는 새로운 자동차의 60%가 "이중 연료" 장치를 채택해 가소홀을 연료 탱크에 채우고 달릴 전망이다. 물론 이 수치는 유가가 올라가게 되면 더 늘어날 수 있을 것이다. 일본은 교토 의정서 시한인 2012년까지 새로운 온실가스 허용 기준을 충족시키기 위해 공해가 적은 에탄올 연료의 사용을 늘리는 데 전력을 기울이고 있다. 브라질 기업들은 이미 중국에서 에탄올 판매를 늘려가고 있다.(미국에서도 에탄올 사용이 증가하고 있는데, 미국산 에탄올은 대부분 옥수수에서 추출한 것이다.) 연료 탱크에 들어가는 설탕이 더 많아질수록 수출할 설탕은 적어진다는 것을 의미한다. 설탕 가격이 더 오를 것이라는 말이다.

공급은 바닥 수준인데, 수요는 증가하고, 재고 창고에는 아무것도 없다. 상품시장 투자자들에게는 모든 조건이 척척 들어맞는 형국이다. 특히 공급 시스템에 일시적인 장애가 생기면 상품 가격은 급등세를 탈수 있다. 한 예로 현재 상품을 목적지까지 실어 나를 대형 선박은 전세계적으로 충분하지 않은 상태다. 더구나 이들 대형 선박은 더 많은, 더 비싼 연료를 사용해 바다를 건너야 한다.

상품 가격이 정확히 얼마가 될 것이라고 예측하는 것은 내 전문 분야도 아니고, 나는 이런 투자 전략을 사용하지도 않는다. 하지만 1999년 중반의 상품 가격은 인플레이션을 감안했을 경우 대공황 이래 그 어느 시기보다 낮았다는 점을 나는 잘 알고 있다. 심지어 요즘 상품 가격이 꽤 올랐다 해도 인플레이션을 감안하면 대부분의 상품들이 추가로 더 오를 여지는 얼마든지 있다.(원유의 경우 1970년대에 기록한 사상 최고치를 현재의 달러 가치로 환산하면 배럴 당 90달러에 이른다.) 역사를 돌아보면 모든 강세장에서는 거의 모든 상품들이 사상 최고치를 기록한다는 사실을 확인할 수 있다. 나는 전쟁이나 테러리즘의 영향은 감안하지 않았다. 왜냐하면 이런 끔찍한 요인들이 없어도 상품시장의 강세장은 폭발적으로 이어질 수 있기 때문이다. 그러나 역사적으로 전쟁과 정치적 혼란은 결코 어느 것에도 좋은 결과를 가져다주지 못했고, 안타깝게도 상품 가격을 올리는 역할만 했다.

다가올 상당한 기간 동안 상품 가격이 오를 가능성이 높다는 것은 상품시장에 투자할 만한 충분한 이유가 된다. 하지만 앞날에 대한 전망을 더욱 안전하게 만들어주는 다른 요인이 있다.

주식시장이 가라앉으면-상품시장은 비상한다

역사적으로 주가와 상품 가격의 흐름은 부(否)의 상관관계를 갖고 있다. 주식시장과 상품시장 가운데 어느 곳이 강세장을 띠고 있건, 차트를 보면 두 시장은 전혀 다른 방향으로 이어진 선을 따라 움직이고 있다는 것을 알 수 있다. 상품시장은 1906년부터 1923년까지 아주 강한 상승장이었던 반면 주식시장은 이 시기에 제자리 걸음을 하는 데 그쳤다. 질풍노도와도 같았던 1920년대 중반 이후는 이와 정반대의 모습이 나타났다. 1970년대에 상품시장은 무척 뜨거웠고, 주식시장은 얼

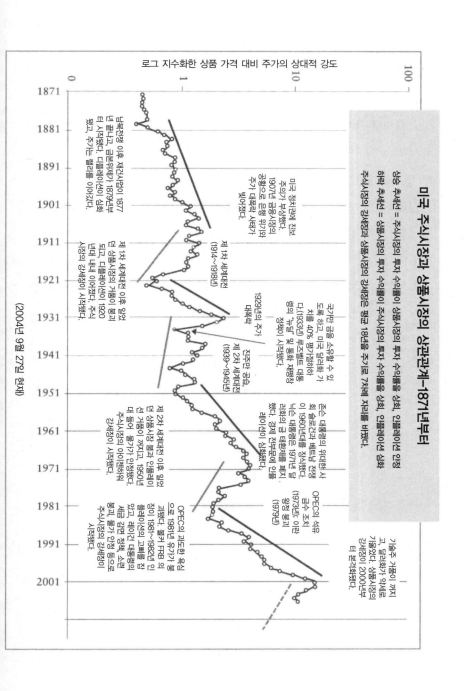

어붙었던 기억이 아직도 많은 사람들에게 남아있다. 1980년대와 1990년대에는 1970년대와 정확히 반대되는 현상이 벌어졌다. 이제 이 사이클은 상품시장에 유리하게 돌아가고 있다. 주식과 상품 간의 부의 상관관계를 뒷받침하는 여러 연구 결과도 있다. 볼티모어에 있는 금융서비스 회사인 레그 메이슨 우드 워커에서 자본재 부문 애널리스트로 일하고 있는 배리 바니스터가 최근에 발표한 두 가지 연구 결과만 소개하겠다. 그는 이 논문에서 과거 130년간 "주식시장과 상품시장은 평균 18년이 걸리는 주기적인 사이클로 주도권을 나눠 가져왔다"고 밝혔다. 바니스터는 몇 해 전 내가 상품시장에 대해 이야기하는 것을 듣고는 친절하게도 나에게 1880년대 이후 주식시장과 상품시장의 강세장에 대해 조사한 그의 연구 결과들을 보내주었다.

주식시장과 상품시장의 강세장이 정확히 엇갈리고 있는 이런 추세들을 그래프 상에서 유심히 바라보고 있자면 그야말로 소름이 끼칠 정도다. 마치 신이 트레이더가 되어 18년 정도는 주식시장을 끌어올렸다가 상품선물시장으로 돌아가 강세장을 만든 뒤 18년 정도 지나 싫증이 나면 다시 주식시장으로 되돌아가는 것처럼 보인다. 왜 이런 부의 상관관계가 존재하는 것일까? 확실하다고는 할 수 없지만 이론적인 추론은 가능하다. 세계 최대의 시리얼 제조업체로 연간 매출액이 80억 달러에 달하는 켈로그 컴퍼니를 예로 들어보자. 켈로그가 시리얼 재료로 사용하는 밀과 옥수수, 설탕, 그리고 포장용으로 쓰는 제지 등의 공급이 넘칠 정도로 많아 가격이 매우 낮다면 이 회사의 수익은 기대 이상으로 크게 늘어날 것이다. 이런 상황에서 켈로그의 생산원가는 최악의 경우라 해도 사업 활동에 전혀 지장이 없는 수준일 것이다;

상품시장에 투자하라

좋은 경우라면 당연히 켈로그의 생산원가는 크게 줄어들고, 순이익은 더 증가할 것이며, 판매마진도 더 커질 것이다. 상품시장이 약세장이었던 1980년대와 1990년대에는 상품 가격이 무척 쌌고, 켈로그의 주가는 극적인 상승 행진을 벌였다. 1980년대 초 2달러에 불과했던 켈로그의 주가는 1999년 40달러를 돌파했다. 그러나 그 해 말, 즉 상품시장의 강세장이 시작된 첫 해 말에 켈로그의 주가는 50%나 급락했다. 그후 6년 동안 켈로그는 시리얼 분야 이외의 사업 분야로 진출하기 위해 여러 기업들을 인수 합병하는 노력을 기울인 덕분에 주가도 조금씩 오르기는 했지만 1999년에 기록한 최고가 수준에는 아직까지 훨씬 못미치고 있다.

켈로그가 재료로 사용하는 상품들의 가격이 올라가면 이 회사의 생산원가는 상승하고 판매마진도 줄어들 것이라는 점은 충분히 예상할 수 있다. 이를 확대해서 생각해보자. 상품시장 전반이 오르게 되면 수많은 기업들의 생산원가가 상승하고 판매마진이 줄어들 것이다. 반면 상품시장 전반이 장기적으로 하락세로 접어들면 많은 기업들에게 도움이 될 것이다. 이론적으로는 그렇다는 말이다. 이것은 주가와 상품 가격 간의 부의 상관관계가 뚜렷하게 나타나는 이유에 대한 나의 이론적 추론이기도 하다. 또한 상품을 생산하는 기업들(석유회사나 광산업체가 대표적인 예가 될 것이다)과 이런 회사를 지원하고 서비스를 판매하는 기업들(석유 시추장비 제조업체, 유조선 및 컨테이너 선박을 갖고 있는 해운 회사, 각종 금속과 철스크랩을 운반할 트럭 회사등)도 상품시장이 강세를 띠게 되면 실적이 좋아질 것이다.

나는 이런 현상에 대해 책상에 앉아 깊이 연구해보지 못했다. 사실

나는 원대한 목표를 가진 대학원 학생들에게 이 주제로 학위논문을 써 보라고 늘 권해왔던 터였다. 그런데 이렇게 어려운 데이터가 내 손에 쥐어진 것이다. 바니스터와 그의 동료는 실제로 상품시장과 주식시장의 상관관계에 대한 분석을 시작하면서 고객 회사들에게 이렇게 물어 보았다고 한다. "상품과 관련된 사업을 하는 귀하의 회사는 현재 충분한 자본 수익률을 올리고 있습니까?" 이들이 내린 결론은 상품시장이 강세를 나타내는 동안 대부분 기업의 주가는 하락하지만 상품과 관련된 사업을 하는 기업들–이들의 연구에서는 존 디어, 캐터필러 같은 농업용 중장비 제조업체에 초점이 맞춰졌다–의 주가는 상당히 괜찮았다는 것이다. 이것은 앞서 내가 설명한 이론적 추론과도 맞아떨어진다. 2004년에 국제 유가가 사상 최고치를 경신했을 때 CNBC의 종목 추천 해설자는 고개를 절레절레 흔들며 주식시장이 너무나 끔찍한 상황이라고 말했다. 물론 석유를 비롯한 에너지 관련 기업들은 예외였다. 이들 기업의 주가는 가장 최근에 나타났던 주식시장의 장기 약세장과 상품시장의 장기 강세장이었던 1970년대에 벌어진 것과 똑같은 상황이 재연됐기 때문이다. 이 기간 중 전체 주식시장은 거의 오르지 못한 채 제자리 걸음을 했지만 석유 및 석유 관련 서비스 기업의 주식을 매수한 투자자들 가운데는 대단한 성공을 거둔 경우가 꽤 있었다.

이런 추세는 우연히 그렇게 된 게 아니다. 뒷받침하는 증거가 있다. 이것은 적어도 가장 최근에 나온 매우 중요한 연구 결과다. 내가 이 책을 쓰고 있는 동안 예일 대학교 국제금융센터에서 펴낸《상품선물시장에 관한 사실과 환상들Facts and Fantasies About Commodity Futures》이라는 제목의 논문이 그것이다. 이 논문의 필자들은 상품선

상품시장에 투자하라

물이 고유하게 갖고 있는 특성, 즉 별도로 분류할 수 있는 자산이라는 특성을 연구하기 위해 1959년 7월부터 2004년 3월까지 상품선물 계약의 수익률로 나타낸 그들만의 상품 지수를 만들어냈다. 이들은 또한 상품의 투자 수익률이 주식 및 채권의 투자 수익률과 "부의 상관관계"를 갖고 있다는 것을 발견했다. 이 결과 역시 내가 설명했던 대로 "비즈니스 사이클의 장기적인 순환 국면에서 주식과 상품 간의 흐름이 상이하다는 점이 가장 큰 이유였다"고 이들은 분석하고 있다. 주식시장이 하락세를 보이거나 횡보할 때 투자자들은 반드시 헤지 수단을 찾아봐야 한다. 대부분의 투자자들이 그러는 것처럼 주식시장이 약세장에 빠져 있는데 상품시장을 무시하는 것은 정말로 비이성적인 짓이고, 금전적으로도 매우 무책임한 행동이다.

한 나라의 경제 상태가 어떤가 하는 점은 결정적인 요소가 아니다

20세기 들어 나타난 상품시장의 가장 긴 강세장은 대공황기인 1933년에 시작됐다. 상품시장의 상승세는 미국 경제가 정말로 "어려운 시절"이었다고 표현되는 대공황이 지속되는 동안에 더욱 강력해졌다. 전세계 경제가 모두 고통스러운 시기였지만 상품 가격은 계속 올랐다. 이로부터 30년이 지난 뒤 아직도 기억에 생생한 1970년대의 세계적인 경기 후퇴 기간 중에도 상품 가격은 다시 한번 하늘 높이 치솟았다.

　두 시기 모두 상품 공급은 이전 시기에 비해 줄어든 반면, 상품에 대한 수요는 늘어났거나 보합을 유지했다. 수요와 공급이 모든 것을 설명해주고 있는 것이다. 1920년대와 1960년대 주식시장이 불같이 뜨거웠을 때 투자자들은 원재료를 비롯한 상품 생산을 전문으로 하는 기업들을 무시했다. 그리고 경제가 제아무리 형편없는 상태가 되었다 하더라도 살아가는 데 없어서는 안될 필수품(음식, 연료, 주택 등)과 경제가 정상적으로 돌아가기 위한 기본적인 수단들(건설, 광업, 농업 등)이 상품에 대한 수요를 꾸준히 요구한다.

심지어 수요가 줄어드는 경우에도 상품 가격은 오를 수 있다. 어떻게 이런 일이 가능할까? 공급이 수요보다 더 빠르게 감소하면 수요와 공급의 불균형은 더욱 커진다. 그러면 가격은 오르는 것이다. 구리를 채굴하는 동광(銅鑛)은 수도꼭지를 틀면 물이 나오듯이 문을 열었다고 해서 곧장 구리가 쏟아지지 않는다. 기존 광산의 생산량을 획기적으로 늘리려면 몇 년의 기간이 필요하다. 그리고 일단 기존 광산의 생산량이 소진되어버리면 공급의 공백 상태가 나타난다. 새로운 매장지를 찾아내고, 광산을 파기 위해 탐사 작업을 벌이고, 새로이 생산해낸 금속을 가공해서 시장에 내놓기까지는 내가 앞서 언급했던 것처럼 수십 년의 세월이 소요될 수도 있다.

예일대 연구팀의 보고서는 "상품선물의 가격이 실제 물가상승률은 물론 예상하지 못한 인플레이션과 기대 인플레이션의 변화와 정(正)의 상관관계를 갖고 있다"고 결론을 내렸다. 이 같은 결론은 두 자리 수의 물가상승률이 맹위를 떨쳤던 1970년대에 진행된 상품시장의 강세장에 참여해보았던 사람들이라면 누구나 쉽게 이해할 수 있을 것이다. 투자자들은 인플레이션, 특히 예상하지 못한 인플레이션을 두려워한다. 왜냐하면 인플레이션으로 인해 투자 자산의 가치와 여러 가지 소득의 구매력이 떨어지기 때문이다. 인플레이션에 대한 헤지 수단을 찾기 위해 일부는 주식을 사기도 하고, 일부는 단기 정부 채권을 매입하기도 한다. 1970년대를 돌아보면, 당시 어디서 돈을 벌 수 있는지 물색하던 젊은 투자자였던 나는 자연스럽게 상품시장에 투자했고, 그게 상품시장과 맺은 첫 인연이었다. 그 시절 내가 상품시장에 투자했던 이유는 다른 어느 곳에서도 볼 수 없을 정도로 쌌기 때문이다. 나는 당시 전세계 상품시장의 장기적인 강세장이 본격화하고 있다는 사실을 전혀 알지 못했다.(당연히 상품시장이 엄청난 붐을 타고 있는 시기의 한가운데 서있다는 점도 눈치채지 못했다.) 《상품선물시장에 관한 사실과 환상들》을 쓴 예일대 연구팀에 따르면 상품은 지난 45년간 주식이나 채권보다 월등히 우수한 인플레이션 헤지 수단이었다.

지금 나는 그 시절보다 훨씬 노련하고 경험 많은 투자자가 됐지만 만약 예일대 연구팀의 고튼 교수와 로이벤호르스트 교수가 상품시장과 주식시장 간의 상관관계를 정확히 밝혀내지 않았다면 나 역시도 여전히 추론에 머물러 있을 것이다. 그런데 많은 사람들이 인플레이션에 대해 혼동하고 있다. 내가 어떤 강의를 할 때 많은 질문을 받는 것이 인플레이션(혹은 디플레이션)에 관한 것이다. 사람들은 인플레이션을 시장 메커니즘과는 독립적으로 움직이는, 뭔가 신비스러운 존재처럼 여긴다. 그러나 인플레이션이라고 하면 결국 가격이 오르는 것말고 뭐가 있겠는가? 그리고 가격이란 특별한 이유나 원인 없이 오르지 않는다. 앞서 지적했듯이 수요와 공급의 불균형이 앞으로 수 년 동안 대부분의 상품 가격을 끌어올릴 것이라는 나의 주장이 맞다면 그것이야말로 인플레이션의 동인이다. 대부분의 사람들은 상품 가격이 한참 올라서 실제로 피부에 와닿을 때까지 의식하지 못한다. 가령 석유와 금속 가격이 엄청나게 높아진 다음 휘발유와 승용차 가격이 크게 오르고 나서야 깨닫는 것이다. 인플레이션 행진이 무섭게 진행될 때 다름아닌 상품 가격의 고공 행진이 가장 앞에서 선봉대의 역할을 한다. 그리고 상품에 투자하게 되면 이런 행진보다 앞서 갈 수 있다.

경고! 조정이 있을 것이다

나는 상품시장이 하늘을 향해 끝없이 올라갈 것이라고는 믿지 않는다. 어떤 자산시장에서도 강세장이 시작됐다고 해서 수직 상승하기만 하는 경우는 없다; 기간 조정이 반드시 나타난다. 이번 강세장에서도 조정은 찾아올 것이다; 상품 가격이 떨어질 것이라는 말이다. 그리고 주도 면밀한 투자자라면 상품 가격이 떨어질 때 더 많이 매수할 것이다. 1968년부터 1982년까지 이어졌던 지난번 상품시장의 강세장에서도 상품 가격은 처음 3년간은 비교적 작은 폭으로 오르내리다가 갑자기 CRB 지수가 200% 이상 치솟았고, 그 뒤로 약간 하락하고 나서는 약간 상승하더니 바로 다음해에 53%나 급락했다. CRB 지수는 1977년에 22% 상승했고, 다음해에 떨어지기는 했지만 상승폭의 15%에 불과했다. 상품시장은 그 후 5년간 이와 비슷한 등락폭으로 움직였다. 많은 사람들은 상품시장의 상승세가 한풀 꺾였다고 생각했을 것이다. 그러나 많은 사람들의 생각은 대단히 잘못된 것일 수 있다. 이번에도 상품시장의 강세장이 완전히 끝난 해인 1982년에 상품 가격은 104%나 급상승했고, 많은 사람들은 이것을 놓쳤다.

개별 상품들의 경우에는 조정을 받는 경우가 특히 자주 나타난다.

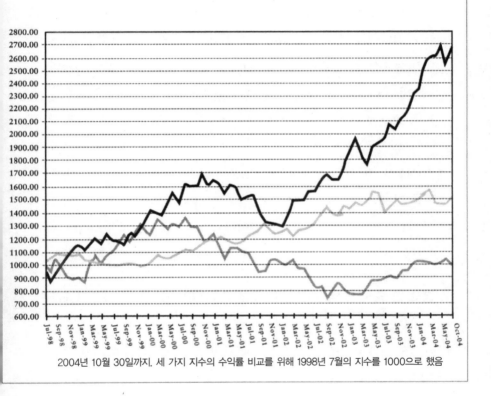

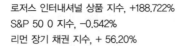

로저스 인터내셔널 상품 지수, +188.722%
S&P 50 0 지수, −0.542%
리먼 장기 채권 지수, + 56.20%

2004년 10월 30일까지. 세 가지 지수의 수익률 비교를 위해 1998년 7월의 지수를 1000으로 했음

가령 금값은 1960년대 말 온스 당 35달러였다. 금값은 1975년에 갑자기 온스 당 200달러까지 치솟았는데, 미국 정부가 미국인들의 금 소유를 다시 허용함으로써 금 수요가 늘어날 것이라는 기대가 작용했기 때문이다. 그런데 그 해가 끝나기도 전에 금값은 온스 당 100달러로 50%

나 급락했다. 금값이 치솟자 수많은 사람들이 금을 내다팔았기 때문이다. 그러나 이 때 금을 매도한 사람들에게는 안타깝게도 금값은 그 후 9배 가까이나 올라 1980년 1월 마침내 온스 당 870달러를 기록했다! 1970년대에 국제 유가가 사상 최고치인 배럴 당 40달러까지 오르는 과정에서도 유가가 급락하는 조정기를 상당한 기간 동안 거쳤다. 내가 상품시장의 이번 강세장이 다시 시작되기 약 4개월 전인 1998년 8월 1일부터 운영하기 시작한 로저스 인터내셔널 상품 지수의 차트를 보면 상승 후 하락하는 조정 구간이 여러 차례 나타난 것을 쉽게 발견할 수 있을 것이다. 특히 2001년에는 로저스 상품 지수에 포함된 35가지 상품의 가격이 18.51%나 떨어졌다. 노련한 트레이더들은 이런 후퇴를 기다린다. 가격이 떨어지는 것을 직접 눈으로 확인한 뒤에 이들이 하는 일이란 더 많이 사는 것뿐이다.

경고 2! 중국의 역할은 상당 부분 긍정적이었지만 앞으로 고통을 줄 수도 있다

가까운 장래에 신문의 머리기사에서 이런 제목을 읽을지도 모른다. "중국, 대혼란에 빠지다!" 중국 경제는 지난 10년간 가히 폭발적인 속도(2004년도 경제성장률은 9%가 넘었는데, 이는 미국의 성장 속도보다 3배나 빠른 것이다)로 성장해왔지만 그 내부에는 틀림없이 여러 문제들이 도사리고 있을 것이다. 중앙 권력이 모든 것을 통제하는 공산주의 시스템에 새로운 자본주의 시장 경제가 물밀듯이 들어와 혼재되어 있다고 해보자. 그러면 상당한 혼란과 한두 차례의 경착륙이 불가

피할 것이다.

중국이 정치적으로, 또 경제적으로 충격을 받게 된다면 그 파급은 전세계에 미칠 것이다. 일본의 최근 경기 회복은 중국의 경제 성장에 힘입은 것이고, 중국은 세계 각국으로부터 어마어마한 양의 상품을 수입하고 있다. 2004년 봄 원자바오 중국 총리가 인플레이션 억제를 위해 중국 경제의 성장 속도 둔화가 필요하다고 말하자 국제 유가와 구리 가격, 금값이 일제히 큰 폭으로 떨어졌고, 미국과 아시아 각국의 주식시장도 얼어붙었다.

중국에 대한 보다 자세한 이야기는 제 5장에서 하겠지만, 분명한 사실은 중국이 재채기를 하게 되면 전세계가 감기약을 먹어야 할 것이라는 점이다. 특히 상품 가격은 급락할 것이고, 많은 투자자들이 패닉에 빠져들 것이다. 그러나 나는 이럴 때 더 많은 상품을 살 것이다. 역사를 돌아보면, 또 간단한 경제 원칙을 떠올려보기만 해도 모두 우리 편이기 때문이다: 수요와 공급은 현재 진행되고 있는 상품시장의 역사적 강세장을 만들어낸 원동력이었다. 이 말은 적어도 2015년까지는 상품 가격이 계속해서 오를 것이라는 의미다. 중국의 인구는 13억이 넘고, 지금도 늘어나고 있다. 중국이 갑자기 사라지지는 않을 것이다. 시장이 일시적으로 후퇴할 때 상품을 싸게 매수하는 것이야말로 돈을 벌 수 있는 좋은 기회가 될 것이다.

긴 조정과 강세장의 끝은 무슨 차이가 있는가?

긴 조정은 수요와 공급 간의 관계에 갑작스런 이상이 생겼을 때 나타난다. 중국 정부가 너무 빠른 성장 속도를 늦추기 위해 제조업체들에 대한 대형 은행들의 대출을 억제하는 조치를 실제로 취한다면 국제 금속 가격은 위축될 것이다. 하지만 세계적인 금속 공급이 여전히 달리는 반면 수요는 여전히 높다면, 중국이 다시 상품을 수입하기 시작하는 순간 금속 가격도 동반 상승할 것이다. 긴 조정이란 그런 점에서 일시적인 가격 하락에 불과하다.

강세장이 끝났다는 신호는 우리가 살아가는 현실 세계에서 일련의 펀더멘털 상의 변화가 나타날 때다. 가령 1972년에 로마클럽은 세계적으로 곧 천연자원 부족 사태가 닥칠 것이라고 예상했다. 국제 유가가 배럴 당 3달러에서 34달러까지 오르자, 예언자들은 차트를 펼쳐보이며 1980년대 중반까지 배럴 당 100달러까지 상승할 것이라고 떠들어댔다. 지미 카터 대통령은 유가가 급등하자 미국인들에게 두꺼운 옷을 꺼내 입고, 실내 온도를 낮추고, 소형 승용차를 타고 다닐 것을 촉구했고, OPEC을 향해 저주를 퍼부었다. 뒤이어 북해와 알래스카에서 발견된 새로운 유전에서 석유가 생산되기 시작했고, 이에 따라 공급은 늘어났다. 1978년이 되자 수 년 만에 처음으로 석유 공급이 수요를 초과했다. 이것은 펀더멘털 상의 중요한 변화였고, 강세장의 끝을 알리는 신호임에 틀림없었다.(그러나 유가는 그 후로도 2년 이상이나 더 올랐다. 인간이란 시장을 이상한 방향으로 몰고 갈 수 있는 존재라는 것을 입증해주는 사례였다. 강세장의 마지막 국면은 늘 신경질적 발작과 함께 끝난다; 마찬가지로 약세장의 마지막 국면도 언제나 패닉과 함께 대단원의 막을 내린다.) 만약 과학자들이 오렌지주스에 암을 유발하는 성분이 있다고 발표하면, 이런 뉴스는 오렌지주스 시장의 일시적인 조정을 몰고 오는 데 그치지 않는다; 오렌지주스 시장은 아예 죽어버리고 만다.

새로운 대규모 유전에서 본격적으로 원유를 생산하기 시작했다는 기사가 신문의 머리기사로 실리거나, 대도시 인근에 거대한 풍력 발전소가 새로 들어서고, 새로운 광산이 정상 가동에 들어가 공급량이 늘어나고, 모든 상품들의 재고가 증가하고 있다는 소식을 듣게 되면, 그것은 펀더멘털상의 변화가 일어나고 있다는 말이다. 이제 상품시장에 투자한 돈을 거두어들일 때가 된 것이다. 강세장이 곧 끝날 테니까.

하지만 내가 보기에 이런 시점이 오려면 적어도 앞으로 10년은 더 기다려야 할 것이다.

요약 : 상품시장의 현주소

· 1980년대와 1990년대 상품시장은 약세장이었다. 소비자물가지수나 주식, 채권과 같은 금융 자산의 가격과 비교했을 때 1990년대 후반기처럼 상품 가격이 형편없었던 경우는 역사적으로 거의 찾아볼 수 없다.

· 가장 최근에 나타났던 상품시장의 긴 약세장으로 인해 생산능력의 급격한 감소가 야기됐고, 결국 수요와 공급의 불균형이 심화됐다. 간단히 말해 수요는 증가하고 있는데, 공급 능력은 이미 극히 취약해졌고, 공급량은 감소하고 있으며, 이 같은 불균형이 개선되는 데는 몇 년이 걸릴지 모른다.

· 아시아 각국의 경제가 성장세를 이어갈수록 전세계적으로 모든 상품에 대해 더욱 강력한 수요가 나타날 것이다. 특히 중국은 대규모 상품 수출국에서 순식간에 대규모 상품 수입국으로 입장이 바뀌었다. 중국은 철광석과 구리, 석유, 콩, 기타 다른 원재료들까지 닥치는 대로 빨아들이고 있다.

· 역사적으로 상품 가격의 흐름은 주식 및 채권을 비롯한 금융 자산들의 가격과 부의 상관관계를 보여왔다. 주가가 떨어지면 상품 가격은 오르고, 그 역도 성립한다. 다시 말해 상품시장에 투자하지 않는다면 진정한 의미의 분산투자를 하지 않고 있는 셈이다.

· 상품은 유형의 자산으로 다른 금융 자산들과는 기본적인 특성이 다르다. 발행 기업의 부도로 휴지조각이 될 위험도 없고, 그러면서 언제든 현금화할 수 있는 유동성을 갖고 있다. 상품은 전세계적으로 누구에게나 개방된 시장에

상품시장에 투자하라

서 거래되며, 상품 가격은 매일 각종 언론 매체를 통해 읽을 수 있다.

· 상품 가격은 경제가 침체에서 벗어나지 못하고 있을 때조차도 오를 수 있다.

· 상품 투자 수익률은 물가상승률보다 훨씬 높다.

· 주가는 최악의 경우 0이 될 수 있다. 상품 가격은 그렇게 될 수 없다. 기업이
발행한 주식과 달리 상품은 언제든, 어떤 식으로든 누군가에게 가치를 줄 수
있는 실제 물건이다.

· 미국의 연방준비제도이사회(FRB)를 비롯한 세계 각국의 중앙은행들은 통화
증발을 통해 자국 화폐의 가치를 떨어뜨리는 정책을 열심히 추진하고 있다.
다시 한번 손으로 만질 수 있는 유형의 자산이 가치 있고 성장해나가는 "진
짜 돈"이 될 것이다.

· FRB의 통화 팽창 및 급속한 신용 확대 정책으로 말미암아 유형 자산들, 즉
금속을 비롯한 여러 상품들의 가격이 계속 올라갈 것이다. 유형 자산의 공급
은 줄어드는데 이를 사려는 돈은 갈수록 더 많이 흘러나오는 것이다. 중앙은
행은 화폐를 찍어내는 인쇄기만 있으면 얼마든지 돈을 만들어낼 수 있지만
원재료나 음식물 원료를 새로 만들어낼 수는 없고, 시장에서 필요로 하는 물
건을 더 빨리 공급할 수 있도록 기간을 단축할 수도 없다.

· 역사를 돌아보면 전쟁과 정치적 혼란은 상품 가격을 더욱 높이 끌어올리는
역할만 했다. 안타깝지만 사실이 그렇다.

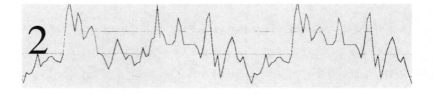

상품에 대한 잘못된 고정관념

최근에 나는 뉴욕에서 열린 한 파티에 참석한 적이 있었다. 그 자리에서 나는 미국과 유럽에 있는 여러 사람들을 대상으로 상품시장에서의 투자 기회에 대해 이야기하고 있는 중이라고 소개했다. 그런데 내 말이 채 끝나기도 전에 한 여성이 끼어들더니 "상품이라구요!" 하고 소리를 질렀다. 이 여성의 목소리에는 마치 맨해튼에 사는 부유한 사람들이 로스앤젤레스에 사는 돈만 많은 사람들에게 말할 때 쓰는 불신감이 배어 있었다. "그런데 말이지요, 제 오빠가 돼지고기살에 투자했다가 전재산을 다 날렸어요. 더구나 제 오빠는 경제학자였는데 말이지요!" 그 자리에 참석한 사람들 전부가 상품시장에서 돈을 날린 친척을 한 명쯤 갖고 있는 것 같았고, 지어낸 이야기일 수도 있지만 어쨌든 이런 사실이 있다는 것은 제정신을 가진 사람이라면 위험을 무릅쓰고 그런 위험한 일을 해서는 안된다는 충분한 근거를 제공하는 것이라고 수긍하는 분위기였다. 더구나 이야기 속에 나오는 불쌍한 주인공이 다름 아닌 경제 전문가라는 점은 더욱 무서운 경고처럼 받아들여졌다. 그러나 나는 웃을 수밖에 없었다.

상품시장에서 거래되는 투자 자금은 하루에도 수십 억 달러에 이른다. 만약 상품선물시장이 존재하지 않는다면 우리가 살아가는 데 필요한 것들, 즉 아침에 일어나서 먹는 커피 한 모금부터 현관문 바깥의 방풍용 도어에 쓰이는 알루미늄, 매일 출근할 때 입는 정장의 재료인 양모에 이르기까지 수많은 재화들을 제대로 구할 수 없거나 아예 구하지 못할지도 모르고, 구한다 하더라도 매우 비싼 가격으로 구입해야 할 것이다. 더욱 분명한 사실은 어디에 투자하든 리스크는 따른다는 점이다. 수많은 경제학 박사들이 닷컴 거품이 한창일 때 주식시장에 투자했다가 돈을 날렸다.(〈월스트리트저널〉은 2002년 신년호에서 경제학자들을 상대로 조사한 새해 전망을 실었다. 당시 경제는 거의 1년 간이나 뒷걸음질 치고 있는 상황이었지만 조사에 참여한 55명의 경제학자들 가운데 단 한 명도 그 해 심각한 경기 후퇴가 나타날 것이라고 답하지 않았다. 100%가 틀린 것이었다. 경제학 박사들 역시 대부분의 사람들과 마찬가지로 군중 심리에 기울어진다는 사실을 잘 보여주는 사례다.)

"평범한 보통 사람들"은 왜 상품시장에 투자해서는 안되는가에 대한 다른 여러 가지 상투적인 이유들이 있다. 나는 이런 잘못된 고정관

넘들을 하나씩 전부 열거해보려고 한다. 그래야만 이 책을 읽는 독자 여러분도 어떻게 하면 차세대의 투자 자산에서 돈을 벌 수 있을 것인지에 대해 보다 흥미를 갖고 첫발을 내딛을 수 있을 것이기 때문이다.

전재산을 날렸다는 그 친척에 대해-

그는 경험이 없었다. 그런데 당신은 배울 수 있다. 아마도 그 친척이라는 사람은 아주 적은 증거금만 내고 신용으로 상품을 샀을 것이다. 즉, 특정한 상품을 사거나 팔 때 내야 하는 최소한의 증거금만 중개회사에 예치하고 상품을 거래했을 것이다. 그런데 시장이 예상했던 것과 반대로 움직이자 엄청난 손실을 입은 것이다.

어떻게 그런 일이 벌어지는지 보여주겠다: 주식과 마찬가지로 상품도 신용으로 살 수 있다. 그런데 주식의 경우에는 법적으로 최소한 주가의 50%에 해당하는 금액을 증거금으로 갖고 있어야 한다. 반면 상품은 증거금이 5%에도 못미칠 수 있다: 금액으로 따져 100달러 어치의 콩 선물을 단 5달러로 살 수 있는 것이다. 만약 콩 선물의 가격이 105달러로 오르게 되면 100%의 투자 수익을 올릴 수 있다. 멋진 일이다. 그러나 콩 선물의 가격이 5달러만 떨어지면 투자한 돈을 전부 날리게 된다. 그리 멋져보이지 않는다.

경험이 많은 노련한 투기자는 이렇게 최소한의 증거금만 내고 상품을 사서 큰돈을 벌 수 있다. 이들은 자신들 역시 큰돈을 잃을 수 있다는 사실을 잘 알고 있다. 하지만 이들은 늘 그렇게 해나갈 수 있다. 그 친척이라는 사람은 이 점을 이해하지 못한 것이다. 그 사람이 만약 상품시장에서 100달러 어치의 콩 선물을 사면서 주식시장에서 IBM 주식 100달러 어치를 사듯이 증거금을 50% 이상 냈다면 콩 가격이 5달러 올라갈 때는 물론 행복했을 것이고, 콩 가격이 5달러 떨어지더라도 그렇게 큰 타격을 입지 않았을 것이다.

"그렇다면 첨단 기술에 대해서는?"

내가 많은 사람들을 상대로 상품에 대해 이야기할 때면 이렇게 지적하는 사람이 꼭 있다. 우리는 지금 첨단 기술의 시대에 살고 있으므로 천연자원의 중요성이 과거 굴뚝 경제 시절만큼 중요할 수 없다고 말이다. 하지만 역사를 잘 공부해보면 기술적 진보라는 게 우리네 역사 그 자체만큼이나 오래 전부터 있어왔다는 사실을 발견할 것이다. 19세기 중반 전세계를 돌아다니면서 눈길을 끌었던 멋진 모습의 매끈한 양키 쾌속 범선은 화물을 잔뜩 싣고, 무역풍을 맞으며 20노트 이상의 속도로 하루 평균 400마일 이상을 항해했고, 미국의 항구에서 케이프혼을 돌아 홍콩까지 80일 만에 도착했다. 그런데 불과 10년 뒤 쾌속 범선은 증기선으로 대체됐다. 증기선은 비록 더 빠르지는 않았지만 이제 바람의 방향에 의지할 필요가 없어졌다. 그리고 오래 전에 새로운 혁명적인 운송수단이 나타났다. 철도였다. 철도는 오늘날의 시각으로 보자면 인터넷의 원조였다. 그런데 상품 가격은 계속 올라갔다. 20세기 들어와 전기와 전화, 라디오, 텔레비전이 보급됐다.(인터넷이 네 개 더 출현한 셈이다.) 또 자동차와 항공기, 반도체가 출현했다. 그리고 이 같은 혁명적인 기술적 돌파구를 열어나가는 와중에서도 10년 이상씩

이어진 상품시장의 강세장이 마치 규칙적인 것처럼 되풀이됐다.

심지어 특정한 상품과 관련된 산업에서 획기적인 기술적 진보가 이뤄진다 해도 그 상품 가격이 반드시 내려가는 것은 아니다. 1900년대 초부터 수십 년간 5000피트 아래 땅속이나 바다 밑을 시추한다는 것은 사실상 불가능하다고 여겨졌다. 그런데 1960년대 들어 휴즈 사에서 다이아몬드 드릴 비트 시추 방식을 개발했고, 뒤이어 석유 시추 및 탐사 분야의 기술적 개가가 잇달아 나왔다. 이 같은 획기적인 기술이 나오기 이전까지는 전혀 생각할 수 없었던 효율적인 시추 작업과 유전 탐사가 가능해졌다. 순식간에 2만5000피트 아래에서 원유를 퍼올리는 유정들이 전세계적으로 몇 배로 늘어났다.

하지만 유가는 1965년부터 1980년까지 15년 동안 1000% 이상 올랐다. 원자재의 수요와 공급이 심각할 정도로 불균형을 이루게 되면 새로운 기술이 출현한다 해도 균형을 회복하는 데 상당한 시간이 필요하다. 물론 기술 변화에 따라 경제 전반의 석유 의존도가 감소할 수 있다는 것은 사실이다. 그러나 여전히 우리는 석유를 엄청나게 쓰고 있고, 공급이 충분하지 않으면 가격은 오르는 것이다. 컴퓨터나 로봇이 신비한 물건이기는 하지만 이것들이 석유와 구리를 대신할 수는 없고, 설탕과 면화, 커피, 가축을 자연이 키워내는 것보다 더 빨리 만들어낼 수는 없다. 우리는 언제든 컴퓨터를 이용해 납을 주문할 수 있지만 새로운 연광(鉛鑛)이 나타나지 않는다면 인터넷 혁명도 아무런 소용이 없는 것이다. 첨단 기술은 우리를 먹여주지도 못하고, 따뜻하게 해주지도 못한다. 상품에 대한 수요는 결코 사라지지 않을 것이다.

상품시장에 투자하라

"그러나 상품 가격이 오르는 것은 투기와 달러 약세 때문이 아닌가?"

그렇다. 투기꾼들이 상품시장에 뛰어들어 가격을 끌어올릴 수 있다. 그리고 달러화는 저물어가는 석양 노을과도 같은 존재가 됐다. 달러화 가치는 2002년 초부터 2004년 초까지 유로화에 대해 40% 가까이 떨어졌고, 일본 엔화에 대해서는 3년 반 만의 최저치를 기록했다. 상품 가격은 달러화로 거래되므로 달러 약세는 상품 가격을 끌어올리는 요인처럼 보인다. 실제로 국제 유가는 지난 2년 동안 달러화 기준으로는 64%나 올랐지만 유로화 기준으로는 16% 상승하는 데 그쳤다.

그러나 2004년 봄 달러화가 강세를 나타냈을 때 우스운 일이 벌어졌다: 상품 가격이 계속 오른 것이다. 세계적인 경기 회복, 특히 아시아 각국의 경제 성장이 본격화한 것이다. 우리는 지금 상품시장의 펀더멘털 구조가 변화하는 것을 지켜보고 있다. 이런 변화는 "공급"이라는 요인과 "중국"으로 요약할 수 있다. 중국은 앞으로 수십 년 동안 모든 종류의 엄청난 상품 공급량을 소비할 것이다. 그 이유에 대해서는 제5장에서 자세히 설명할 것이다. 그러나 여기서 지적해두어야 할 사실이 있다: 공급은 줄어들고, 수요는 늘어나고 있다는 것이다. 달러 가치는 수요와 공급 어느쪽과도 상관없다. 1970년대를 떠올려보라. 당시 미국의 물가상승률은 한해 10%에 달했고, 달러 가치는 과거에 비해 큰 폭으로 떨어졌고, 경제는 극심한 침체에 빠졌다. 그리고 상품 가격은 계속해서 상승했다. 우리는 지금 새로이 출현한 상품시장의 장기적인 강세장에 대해 이야기하고 있다. 투기꾼이나 달러 약세가 장기적인 강세장을 만들어내지는 못한다. 투기꾼은 단기적으로만 영향을 미칠 수 있을 뿐이다. 가령 투기꾼들이 인위적으로 유가를 끌어올린다 해도 넘치는 공급 물량을 갖고 있는 생산업자가 기꺼이 갖고 있던 원유를 시장에 쏟아낸다면 유가는 다시 떨어질 것이다. 투기꾼과 달러 약세가 약간의 영향을 미칠 수는 있지만 시장 그 자체의 영향력은 이보다 훨씬 더 크다.

"증권회사에서 하는 말이 상품에 투자하는 것은 매우 위험하다는데?"

2000년 상황으로 돌아가서 많은 사람들이 보유했던 시스코 주식에 대해 이야기해보자. 아니면 JDS 유니페이스나 글로벌 크로싱은 어떨까? 정말로 수많은 위험한 주식들이 새로운 밀레니엄의 개막을 전후해 무수한 사람들을 울렸다. 너무나 많은 사람들이 이런 주식에 투자했다가 돈이 허공으로 날아가는 것을 지켜봐야 했다.

　누구나 공부를 하고 합리적인 판단력과 책임감을 갖고 있다면, 아마도 주식시장에 투자하는 것보다 작은 리스크를 부담하면서 상품시장에 투자할 수 있을 것이다. 어디에 투자하든 리스크가 따른다는 점을 더 이상 강조할 필요는 없을 것 같다. 하지만 많은 사람들이 깨닫지 못하고 있는 것을 몇 가지 지적해야겠다: 최근 수 년간 나스닥 시장의 변동성은 상품시장의 그 어떤 지수의 변동성보다 높았다. 또 시스코와 야후, 심지어 마이크로소프트 주식은 콩과 설탕, 금속에 비해 훨씬 더 변동성이 높았다. 대부분의 기술주가 지금까지 보여주었던 리스크와 비교할 때 상품은 소위 "과부와 고아 펀드"(근로소득이 없어 순전히 이자와 배당금으로만 살아가야 하는 사람들이 투자하는 펀드로 그만큼 안전하다는 의미–옮긴이)에 편입해도 좋을 만큼 안전해 보인다.

앞서 제 1장에서도 인용했던 예일대 연구팀의 《상품선물시장에 대한 사실과 환상들》이라는 논문에 따르면 상품 투자에 따르는 "큰 리스크"는 사실에 부합하지 않는다. 연구팀은 1959년부터 2004년까지 주식과 채권, 상품의 투자 수익률을 비교한 결과, 이들이 분석한 상품 지수의 평균 연간 수익률은 S&P 500 지수의 수익률과 대등한 수준이었다. 같은 기간 중 상품 지수와 S&P 500 지수의 수익률은 모두 회사채 수익률보다 앞섰다. 연구팀은 분석 대상으로 삼은 개별 상품선물의 변동성이 S&P 500 지수를 구성하는 주식들에 비해 약간 낮다는 사실을 밝혀냈다. 이들은 또 "주식이 상품에 비해 하락 리스크가 좀 더 크다"는 증거도 발견했다.

그렇다면 상품 그 자체를 사는 대신 상품을 생산하는 회사의 주식을 매수하는 것은 어떤가? 일부 투자 자문가들이 상품시장에 관해 조언할 때 잘 쓰는 방법이다. 하지만 상품을 생산하는 기업에 투자하는 것은 상품 그 자체를 직접 사는 것보다 리스크가 더 큰 투자 방식이다. 가령 구리의 가격은 수요와 공급에 따라 움직이지만 주식시장에서 거래되는 세계 최대의 구리 생산업체인 펠프스 다지의 주가는 주식시장 전반의 분위기나 이 회사의 자산 및 부채 구조, 최고 경영진의 변동, 노사관계, 환경문제 등 예측할 수 없는 숱한 변수들에 따라 출렁거릴 수 있다. 1970년대 유가가 하늘 높은 줄 모르고 치솟았던 시기에도 일부 석유 생산업체 주식은 제대로 오르지 못했다. 예일대 연구팀은 어떤 상품을 생산하는 기업에 투자하는 것은 그 상품의 선물에 투자하는 것을 대신할 수 없다는 사실을 밝혀냈다. 연구팀은 1962년부터 2003년까지 "상품선물의 누적 수익률은 상품을 생산하는 기업의 주식이 거둔 누적 수익률의 3배에 달했다"고 밝히고 있다.

상품과 주식 간의 중요한 차이를 한 가지 더 지적해두어야겠다: 상품은 절대 0으로 떨어질 수 없지만 엔론(미국의 대형 석유 기업이었지만 회계부정 파문으로 인해 2002년 파산을 선언했다-옮긴이) 주식은 그렇게 될 수 있고, 실제로 그렇게 됐다.

"하지만 상품 가격은 이미 몇 년 동안 올랐고, 이미 기회를 놓친 것 아닌가?"

20세기 들어 상품시장에서 나타난 강세장과 약세장은 평균 17~18년 간 지속했다. 왜 이 같은 주기가 생겨났는지 설명하겠다. 당신과 내가 돈을 벌 수 있는 기회가 어디에 있는지 물색해보고 있다고 하자. 우리는 필요한 공부를 했고, 마침내 납이 매우 싸게 거래되고 있다는 사실을 알아냈다. 언뜻 보기에 납은 이미 시대에 뒤떨어진 자산처럼 느껴질지도 모르겠다. 미국 어느 도시의 대형 호텔 로비에 들어갔더니 정치인과 중고차 세일즈맨, 납 생산업자 이렇게 세 명이 있었다고 하자. 그러면 납 생산업자에게 말을 거는 사람은 아무도 없을 것이다. 납 생산업자는 정치적으로도 지지를 받지 못하고, 세계적으로 유행도 한참 지난 사업가 가운데 한 명이다. 오래된 건물에 칠해져 있는, 납 성분이 함유된 페인트로 인해 어린이들의 납중독은 늘어나고 있다; 과거 유연휘발유를 사용할 때 대기 중에 뿜어져 나온 독성이 있는 납 잔유물은 우리 모두를 오염시켰다. 이제 납은 페인트나 휘발유에 쓰이지 않으며, 납에 대한 수요도 급전직하했다. 이에 따라 지난 25년간 새로 생산을 시작한 연광은 세계적으로 단 한 곳에 불과하다.

그러나 우리가 납 사업에 대해 조사해본 결과 납에 대한 수요는 여전히 많다는 확신을 갖게 됐다. 요즘 생산되는 납 완제품 대부분은 승용차나 트럭 등에 들어가는 배터리인 "납산 배터리"를 만드는 데 쓰인다. 세계에서 인구가 가장 많은 두 나라, 중국과 인도의 경제성장률이 가속화하면서 지금까지 자전거를 타고 다녔던 수천 만 명의 중국인과 인도인들이 이제 오토바이와 승용차, 트럭을 타고 다닌다. 여기에는 납산 배터리가 들어가고, 따라서 납에 대한 수요도 늘어나고 있다.

기존의 연광은 곧 바닥을 드러낼 운명이다. 어떤 광산도 영원히 채굴할 수는 없다. 기존 광산의 납 매장량은 늘어나기는커녕 줄어들고 있다. 공급은 감소하고 있는데 수요는 늘어난다. 13억이 넘는 중국인들 가운데 단 4%만이 승용차를 갖고 있다. 납은 아주 좋은 투자 대상처럼 보인다.

더구나 납은 매우 싸다. 그래서 당신과 나는 납 사업에 뛰어들기로 한 것이다.

그런데 할 일이 좀 더 남았다. 우선 새로운 납 매장지를 찾아내야만 한다. 결코 쉬운 일이 아니다. 하지만 운이 좋게도 우리는 납이 대규모로 묻혀있는 매장지를 발견했다. 이제 우리는 월 스트리트로 달려가 연광을 건설할 자금을 모아야만 한다. 투자자들은 우리의 제안에 매우 냉담하다: 이들은 우리가 IT(정보기술) 분야의 벤처 기업을 창업했다면 터무니없는 금액이라도 무조건 투자하겠지만 연광 같은 "구(舊)

경제" 분야에는 아무런 관심도 보이지 않는다. 그러나 우리는 인내심을 갖고 물고 늘어졌고, 마침내 납 산업에 대한 전망을 밝게 본 영리한 벤처 캐피털리스트의 도움으로 납 사업에 뛰어들 만한 돈을 충분히 모을 수 있었다. 사실 지금까지 납 가격이 오른 것은 겨우 걸음마 수준일지도 모른다. 이제 우리는 정부로부터 허가를 받아야 하고, 환경단체와도 싸워나가야 한다. 우리는 훌륭하게도 정부의 관료주의를 통과할 수 있었고, 환경단체가 제시한 안전성 기준도 충족시켰다. 그러나 납을 생산하기까지는 여전히 갈 길이 멀다. 우리가 발견한 납 매장지는 아무런 기반시설도 없는 산골짜기에 위치해 있어, 우리는 우선 험준한 산비탈에 도로를 내야 한다; 게다가 이 같은 광산 기업을 지원해줄 수 있는 대규모의 생산기반시설을 만들어야 한다. 여기에는 광산 기업을 총지휘할 수 있는 본사 사무실과 트럭을 비롯한 운송수단, 건설 노동자와 광부, 이들이 묵을 수 있는 숙소가 포함된다. 이런 생산기반시설을 만드는 데는 시간이 필요하다. 그러나 우리는 이 모든 일을 해냈고, 마침내 몇 년이 지나 우리 광산이 가동을 시작하자 납이 생산되기 시작했다.

그러나 땅 속에서 납을 캐냈다고 해서 이것을 곧장 자동차 배터리에 쓸 수 있는 것은 아니다. 이를 위해서는 납 제련소가 필요하다. 하지만 납 제련소가 마지막으로 건설된 것은 새로운 연광이 문을 연 것보다 더 오래 전 일이다. 환경단체들은 연광을 반대하는 것처럼 납 제련소 이야기만 나와도 덤벼들 기세다. 납 제련소는 대기 중에 독성 성분이 함유된 연기를 뿜어내는 매우 좋지 않은 곳이다. 이런 납 제련소가 자기 마을에서 몇 마일 떨어진 곳에 들어오는 것을 환영할 사람은 아무도 없다. 그래도 우리는 워낙 일자리가 궁해 납 제련소라도 유치하려는 지역을 광산 인근에서 찾아냈다. 이제 납 제련소를 지을 돈만 구하면 되는 것이다!

그렇게 흘러갔다. 어쨌든 우리는 수 년 동안의 시간과 수백 만 달러의 돈을 들인 끝에 성공했다. 이미 오래 전에 발견한 것처럼 납 공급량의 부족을 이용해 돈을 벌 수 있게 된 것이다. 납 가격은 기하급수적으로 상승했다. 수요는 우리 편이다. 모두들 납 사업이 꽤 괜찮은 것이라는 사실을 눈치채기 시작했다. 갑자기 다른 사람들도 납 매장지를 찾아 나섰고, 연광을 건설했다. 이들 역시 길고 험난한 과정을 거쳐야 했지만 어찌 됐든 해냈다. 그래도 납 가격은 계속해서 올라갈 것이다. 세계적으로 생산되는 자동차들은 여전히 납산 배터리를 필요로 하니까.

상품시장의 강세장이 상당히 장기간 지속되는 이유는 바로 이런 과정 때문이다. 거꾸로 일단 새로 지어진 신규 연광이 모두 정상 가동되면 광산업자들은 수요가 많고 가격이 비쌀 때 유리한 조건으로 더 많은 납을 판매하기 위해 납 생산량을 최대한 늘릴 것이다. 새로운 광산업자들은 또 빌린 돈도 갚아나가야 한다. 그러나 마침내 창고가 납으로 가득 차고, 수요량보다 더 많은 납을 생산하게 되면 가격은 떨어지기 시작한다. 이렇게 늘어난 생산 능력이 소진되는 데는 오랜 세월이 필요하다. 그 사이 납 가격은 지지부진한 상태로 유지된다. 약세장이 진행되는 것이다. 이 같은 약세장은 기존의 연광이 다시 바닥을 드러낼 때까지 한참 동안 지속될 것이다.

우리는 정말 운이 좋게도 지금 금속 시장이 오랜 약세장을 지나 생산 능력은 감소하고, 세계적인 수요는 증가하는 국면에 와있다. 기업들은 이제 광산업으로 다시 뛰어들 시점이라는 사실을 깨닫기 시작했다. 어쨌든 상품 투자자 입장에서는 새로운 광산이 정상 가동되고 생산량이 충분히 늘어나 가격을 다시 떨어뜨릴 수 있을 때까지 앞으로 10년 이상 가격이 오르는 것을 지켜보기만 하면 된다.

상품거래소에서 거래되는 모든 상품들은 그것을 발견하고, 생산하고, 키워내고, 운반하는 데 상당한 시간이 소요된다. 에너지와 광물 자원은 탐사에서 생산에 이르기까지 10년 이상이 걸리기도 한다. 북해에서 유전이 발견된 것은 1969년이었다; 북해산 원유가 시장에 처음 나온 것은 1977년이었다. 알래스카의 노스 슬로프 유전이 발견된 것은 1968년이었지만 여기서 생산된 원유가 시장에 나오기까지는 9년이 더 지나야 했다. 1200파운드짜리 수송아지 한 마리를 시장에 내놓는 데도 임신에서, 육우, 최종 도살 단계까지 2년 이상의 시간이 필요하다; 커피 나무가 열매를 맺으려면 3~5년은 자라야 한다. 상품시장의 강세장이 상당히 장기간 지속되는 이유는 이 때문이다; 새로운 생산 능력의 증가 없이 상품 공급량이 소진되어가고 있는데도 이런 변화를 인식하는 데는 시간이 걸리고, 공급이 수요를 따라갈 수 있을 정도로 생산량을 늘리는 데는 더 많은 시간이 필요하다.

그러므로 상품에 관심을 두어야 한다. 그러면 잠재적인 투자 대상으로서 상품이 주는 이익을 얻을 수 있을 것이다. 상품이 주식이나 채권에 비해 더 위험하다는 고정관념은 터무니없는 것이다. 이미 폐기되었어야 할 잘못된 환상이다. 지난 43년 동안의 투자 수익률을 검증한 결과 상품에 직접 투자하는 것이 상품을 생산하는 기업에 투자하는 것

상품시장에 투자하라

보다 더 나았다; 무려 3배나 높았다. 상품시장에 투자하지 말라고 경고하는 투자 자문가가 있다면 나에게 알려달라. 더욱 다행스러운 것은 당신이 상품시장을 들여다보면서 충분히 공부할 수 있는 시간이 있다는 점이다. 강세장은 앞으로도 수 년 동안 이어질 것이다. 아직도 많은 시간이 남아있다. 돈은 얼마든지 벌 수 있다.

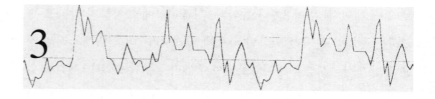

상품시장에 한발 다가서기

지금까지 이 글을 읽었다면 아마도 이번에 시작된 상품시장의 새로운 강세장에 어떻게 투자할 수 있는지 그 방법을 무척 알고 싶어할지도 모르겠다. 하지만 수표책을 꺼내 들기 전에 우선 몇 가지 진지한 조사부터 해볼 것을 권하고 싶다. 물론 상품 투자에 대해 당신이 직접 조사하는 것이다.

주식에 투자한 경험이 있는 사람이라면 누구나 투자를 성공으로 이끄는 데 심리가 얼마나 중요한 역할을 하는지 이미 잘 알고 있을 것이다. 감정이란 시장을 끌어올릴 수도 있고 끌어내릴 수도 있다. 개인 투자자들의 마음이 이런 감정에 불을 지른다. 우리는 모두 패닉에 빠진다. 누구나 그렇다. 1980년에 나는 유가가 떨어지는 쪽에 돈을 걸었다. 이라크가 이란을 침공하기 바로 직전이었다. 중동에서 전쟁이 터진 시점은 원유 선물을 매도하기에 결코 좋은 시점이 아니었다. 모든 사람들이 원유 생산량의 위축을 우려했다. 나는 석유 공급이 넘칠 것이라고 예상했지만 유가는 급등했다. 나는 원유 선물 매도분을 청산했다.(즉, 당초 내가 기대했던 것처럼 낮은 가격으로 선물 매도분을 되사는 대신 더 높은 가격으로 다시 샀고, 손실을 입었다는 말이다.) 또한번 멍청한 짓을 한 셈이었다. 전쟁 발발 이전에 이미 형성됐던 석유 시장의 펀더멘털은 전혀 변하지 않았다. 그런데 나는 모든 투자자들이 자주 저지르는 것처럼 패닉에 휘둘렸던 것이다.

당신의 성격에 따라 전혀 다른 결과가 나올 수 있다. 거울을 한번 자세히 들여다 보고, 정말로 솔직하게 당신 자신이 리스크에 대해 어떻게 생각하는지, 이미 저지른 실수를 인정할 수는 있는지, 기꺼이 군중으로부터 벗어나고자 하는지에 대해 곰곰이 따져봐야만 한다. 당신의 실수를 인정하기가 어렵다면 상품시장 역시 다른 어느 투자 분야와 마찬가지로 배워나가기가 매우 어려운 영역이 될 것이다. 경험이 많은 노련한 상품 트레이더들은 자신들이 숱한 실수를 저지를 수 있다는 점을 잘 알고 있다. 당신이 전통적인 고정관념에 집착하려고 한다면 이런 자세 역시 성공의 걸림돌이 될 것이다. 내가 큰돈을 벌었을 경우는 거의 언제나 대다수 군중과 정반대 방향으로 갔을 때였다.

그러므로 당신의 돈을 정식으로 베팅하기 전에 제발 "너 자신을 알라"는 말의 의미를 되새기라. 그리고 당신 앞에 놓여있는 기회에서 이익을 얻을 수 있는 최선의 방법을 결정하라. 모든 투자자들은 저마다 선호하는 독특한 방식을 갖고 있다. 어떤 이들은 매우 적극적이고 공격적이며, 무슨 행동을 하건 전부 자신이 직접 지휘하려고 한다; 반면 어떤 이들은 소심하고, 가능한 한 최소한의 행동만 하려고 한다. 또 어떤 이들은 스스로를 아주 대단한 트레이더라고 여기면서, 시장에서 대박을 터뜨릴 다음 주자를 구별해낼 수 있는 눈을 가졌다고 자신한다. 그런가 하면 스스로 이런 재주는 전혀 없다고 여기면서 다른 사람에게 모든 것을 맡기기를 좋아하는 이들도 있다.

나의 경우에는 이 세상에서 최악의 트레이더라고 할 수 있다. 최고의 트레이더들은 타이밍의 마술사들이다. 이들은 언제 들어가고, 언제 나와야 할지 정확히 알고서 아무런 두려움 없이 시장에 들어갔다가 빠져 나온다. 지난 수십 년 동안 투자자로 활동하면서 내가 발견한 돈을 벌 수 있는 최선의 방법은 내가 좋아하는 투자 대상 가운데 싼 것을 찾아내, 매수나 매도 포지션을 취한 다음 장기간 그대로 보유하는 것이었다. 나는 형편없는 트레이더였고, 따라서 "단기적인" 투자는 피했다.

자기 자신을 아는 것만큼 중요한 것은 당신이 투자하고자 하는 상품을 고른 다음, 그 상품에 관해 능력이 닿는 데까지 모든 것을 배우는 것이다. 이것은 어쩌면 자신의 성격을 파악하는 것보다 훨씬 더 어려운 작업일 수 있다. 매년 발간되는 CRB 상품 연감에는 알코올에서 알루미늄, 밀, 아연에 이르기까지 100개가 넘는 개별 상품들이 나와 있다. 이렇게 많은 상품들 가운데 어떤 것을 고르란 말인가? 실제로 세계 각지의 상품거래소에서 대량으로 거래되는 상품은 이보다 훨씬 적다. 1956년부터 발표되기 시작해 대부분의 주요 신문 경제면에 매일 실리고 있는 로이터-CRB 선물 지수에는 거래량이 가장 많은 17개의 상품이 포함돼 있는데, 이 정도면 투자자들이 상품시장의 흐름을 읽는 데 아무런 지장이 없다. 역시 주요 신문 경제면에 나오는 다우존스-AIG 상품 지수도 20개 상품으로 구성돼 있다. 골드만 삭스 상품 지수는 현재 24개 상품으로, 로저스 인터내셔널 상품 지수는 35개 상품으로 이뤄져 있다. 내가 서문에서도 지적했듯이 각각의 상품 지수는 개별 상품 별로 부여하는 가중치가 전부 다르다: 로이터-CRB 지수는 17개 상품 각각에 모두 동일한 가중치를 주는 반면, 다우존스-AIG 지수는 개별 상품의 달러화 기준 거래대금이 많을수록 가중치가 높은데 최근 5년간의 전세계 생산량을 감안한다. 골드만 삭스 지수는 개별 상품의 세계적인 생산액에 따라 가중치를 부여하며, 이로 인해 에너지 관련 상품의 가중치가 과도하게 높다; 로저스 지수는 각각의 상품들이 국제 상거래에서 차지하는 중요성을 감안해 최대한 균형을 맞추고자 한다. 그러나 지수는 달라도 결국 지수에 포함되는 상품들은 다섯 가지 부문으로 나눌 수 있다: 에너지, 금속, 곡물, 식품/섬유, 가축 등이다.

상품시장에 관심이 있는 잠재적인 투자자라면 반드시 이들 다섯 가지 상품 부문을 자세히 연구조사해야 한다. 처음에는 너무 무리하지 말고 한두 부문을 조사해보면서 기회가 없는지 살펴보고, 그 다음에는 어떤 이유가 됐든 당신의 관심을 끄는 개별 상품 한두 개를 고르라고 권하고 싶다. 예를 들어 구리가 당신 마음을 사로잡았다고 하자.(내가 이미 소개했던 이유들 때문일 수도 있을 것이다.) 그러면 이제부터 떠오르는 의문은 다음과 같다:

가격은 더 높이 올라갈 것인가?

구리 가격이 어디로 갈 것인가에 대한 판단을 내리기 위해서는 진지한 자세로 어느 정도 공부할 필요가 있다. CRB 상품 연감은 모든 상품에 투자할 때 빠뜨릴 수 없는 안내자다. 이 책에는 최근 수년간의 재고와 수요에 대한 간단한 요약과 함께 "상품 가격 추세"가 실려 있다. 하지만 어떤 개별 상품이 앞으로 어떻게 될 것인가에 대해 보다 정확한 판단을 내리려면 CRB에서 발표한 각종 연구자료와 정부기관, 업계 및 언론에서 나온 정보를 좀더 깊이 들여다 보아야 한다.

그러면 무엇을 찾아내야 하는가? 가이드라인은 간단하다: 수요와 공급이다.

공급

구리 공급의 과거 추세 및 현재 재고, 앞으로의 전망 등에 관한 정보는 공식적으로 발표된 자료를 통해 파악할 수 있다. 이런 자료는 반드시 한번쯤 훑어봐야 한다. CRB 상품 연감에서는 각국 정부와 업계 통계 등을 기초로 전년도의 공급량과 앞으로 몇 개월간의 공급량 추정치를 싣고 있고, 과거의 가격 변동 추이를 읽을 수 있는 차트와 다양한 상품들의 가격 흐름을 분석할 수 있는 간략한 설명도 수록하고 있다. 가장 최근의 공급 수치는 미국 정부와 각 주정부, 업계의 공식 웹사이트, 그리고 다른 나라의 이와 비슷한 웹사이트에서 구할 수 있다. 가령 미국 지질연구소는 각종 광물자원들에 대한 정보를 제공하고 있는데, 여기에는 월별 가격 차트와 연간 가격 차트는 물론 수요와 공급, 재고 등의 추이, 광산별 생산 개시 및 폐쇄 일시까지 포함돼 있다. 미국 금속통계연구소나 아메리칸 금속시장 같은 업계의 주요 단체와 협회 등도 기초 데이터 및 추세 분석을 위한 자료를 구할 수 있는 귀중한 정보원이다.

구리는 뉴욕 상업거래소(NYMEX)산하의 금속거래소(COMEX)와 런던 금속거래소(LME)에서 거래되는데, 이들 거래소에서도 무료로 수많은 정보를 구할 수 있다.(어떤 개별 상품이나 상품 부문에 대해 공부하기 시작하면, 가장 인기 있는 정보원이 어디에 있는지 금방 발견할 것이다. 웹사이트는 요즘 기본이다.)

체크해봐야 할 가장 기초적인 변수들은 다음과 같다:

- 전세계적으로 얼마나 많은 구리가 생산되는가?

    매장량은 얼마나 되는가?

    생산 지역 가운데 혹시 큰 혼란이 예상되는 곳은 없는가?

    주요 매장지들은 현재 구리 매장량이 아주 풍부한가,

    아니면 겨우 생산하고 있는 수준인가?

    현재 재고량은 얼마나 되는가?

    전세계적으로 구리 광산은 몇 개인가?

    이들 광산의 생산성은 얼마나 되는가?

    앞으로 10년간 잠재적인 공급량은 얼마인가?

- 추가로 구리를 공급할 곳은 없는가?

    기존 광산의 증산 계획은?

    언제?

    증산하는 데는 얼마나 많은 비용이 소요되는가?

얼마나 많은 구리를 증산할 수 있는가?

추가 생산량은 얼마 후에 시장에 공급되는가?

• 잠재적인 새로운 공급자는 없는가?

이들의 생산량은 얼마나 되는가?

새로운 광산을 개발하고 생산하는 데 드는 비용은 얼마인가?

새로운 광산이 생산을 개시하려면 얼마나 있어야 하는가?

새로운 광산에서 나온 구리가 시장에 공급되는 시점은
언제인가?

이런 방식의 조사는 앞으로 10년 동안 얼마나 많은 구리가 공급될 수 있는지 개략적으로 파악하는 데 큰 도움이 된다.(다른 상품들도 마찬가지다.) 하지만 주요 구리 생산국의 정치적인 문제나 파업 사태, 대형 화재와 기타 자연 재해 같은 돌발적인 사건은 포함하지 않았다는 점에 유의해야 한다. 가령 2003년에 구리 생산량은 줄어들었고, 가격은 큰 폭으로 상승했다. 인도네시아에 있는 미국 기업 소유의 광산에서 일련의 사고가 잇따랐기 때문이었다.

수요

앞으로 10년 동안 얼마나 많은 구리가 필요할 것인지 파악하기 위해서는 구리 사업의 구석구석을 자세히 살펴봐야 한다.

• 이 상품이 가장 많이 쓰이는 곳은 어디인가?

• 현재의 주된 용도는 얼마나 오래 갈 것인가?(무선 통신 혁명은 구

상품시장에 투자하라

리를 사용하는 전화선의 수요를 크게 떨어뜨렸다.)

- 구리 가격이 너무 오르면 이를 대신할 수 있는 대체재는 무엇인가?(예를 들어 구리 파이프 대신 플라스틱 파이프를 사용할 수 있다.)
- 신기술의 발명으로 이전에는 없었던 새로운 수요가 창출될 수 있는가?(가령 컴퓨터가 발명되면서 컴퓨터 시스템에 내장된 각종 부품들에 구리가 새로 쓰이기 시작했다; 케이블 시스템 역시 무선 통신 보급으로 인해 줄어든 구리 수요를 메워주었다.)

이 같은 조사는 최대한 객관적으로 진행해야 한다. 우리는 누구나 자신의 마음에 드는 사실이나 수치에 눈길을 돌리고, 사실이 그렇지 않은데도 불구하고 자신의 투자를 대단한 것으로 여기는 경향이 있다. 따라서 조사를 해보니 공급은 많은데 수요는 개선될 것으로 보이지 않는다면 매도 포지션을 취하든지, 아니면 빠져 나와야 한다. 하지만 대체재를 충분히 염두에 두어야 한다. 플라스틱 파이프가 보급되면서 구리 파이프의 수요가 급감했다면 영리한 투자자는 비록 구리 시장은 타격을 입었지만 이것이 새로운 기회를 만들어 주고 있다는 점을 알아챌 것이다: 플라스틱은 석유화학 제품이다. 플라스틱 파이프가 늘어난다는 것은 석유 수요가 증가할 수 있다는 것을 의미한다.

또 한 가지 기억해두어야 할 것이 있다. 만약 구리 가격이 큰 폭으로 떨어지고, 유가가 크게 오른다면 이와 반대되는 현상이 나타날 수도 있다.

투자 대안은 없는가?

상품 수요가 늘어나는 상황을 이용해 투자할 수 있는 방법은 여러 가지가 있다.

*1. 상품을 생산하는 기업, 또는 상품을 생산하는 기업에 용역을
제공하는 기업의 주식에 투자하라.*

주식시장의 종목 선정 전문가들은 상품 가격이 올라가기 시작하면 즉각 상품과 특별한 연관이 있는 기업을 주목한다. 가령 피닉스에 본사가 있는 펠프스 닷지는 세계 최대의 구리 생산업체 가운데 하나로 뉴욕 증권거래소(NYSE)에 상장돼 있는 기업이다. 1998년 파운드 당 60센트 수준이었던 구리 가격이 2004년 1달러로 뛰어오르자 펠프스 닷지의 J. 스테펀 휘슬러 회장은 월 스트리트의 고위 간부들이 들었다면 틀림없이 무척 기뻐했을 이야기를 했다: "이 같은 가격이면 우리는 그저 돈을 버는 정도가 아니라 엄청난 금액을 쓸어 담을 것입니다."

상품 생산과 관련된 기업에 투자하는 뮤추얼 펀드도 있다. 그러나 주가는 그 기업이 실제로 얼마나 좋은지, 혹은 그 회사가 생산하는 상품의 가치가 얼마나 높아졌는지 여부와는 관계없이 움직이는 경우가 많다. 주가에 영향을 미치는 다른 요소에는 이런 것들이 있다:

• **현재 주식시장의 상황 및 심리 상태.** 1970년대 유가가 계속 오르던 시기에도 일부 석유 기업의 주가는 전혀 상승하지 못했다. 이런 에너지 기업이 투자할 가치가 없을 정도로 형편없었기 때문이 아

니다. 이들 기업의 실적은 매우 좋았다. 하지만 주식시장이 약세 장이었고, 투자자들은 다른 곳에서 기회를 찾으려고 했다. 기업의 펀더멘털은 완벽하고, 그 기업이 생산하는 상품의 가격은 계속 올라가고 있다 해도, 그 기업의 주가는 시장 전반과 마찬가지로 힘을 쓰지 못할 수 있는 것이다. 주식시장은 감정에 따라 움직이는 경우가 너무 많다; 막연한 희망과 무리한 욕심, 순간적인 두려움과 걷잡을 수 없는 패닉은 수요와 공급 간의 불균형이 커지고 있는 현실을 직시할 수 없게 만든다. 2002년과 2003년의 예를 들어 보자. 당시 월 스트리트에서는 석유 기업들의 실적이 좋지 않을 것으로 내다봤다; 심지어 S&P 500 지수에 포함된 에너지 기업의 2003년도 순이익이 전년도보다 63%나 늘어났고, 2004년 들어 국제 유가가 배럴 당 40달러에 육박했을 때에도 에너지 담당 애널리스트들은 이것을 현실로 받아들이지 않았다. 왜 그랬을까? 이들은 석유를 마치 주식처럼 분석하고 있기 때문이다. 큰 폭의 상승이 있으면 곧 이어 역사적인 평균치로 되돌아갈 것이라는 잘못된 고정관념을 갖고 있었던 것이다. 어쨌든 이들은 베네수엘라의 소요 사태와 이라크 전쟁, 사우디아라비아의 테러리즘으로 인해 공급이 위축될지도 모른다는 우려는 차치하고라도 미국과 아시아 지역의 석유 수요가 공급보다 훨씬 빠르게 늘어나고 있다는 사실을 간과했다. 다시 말하자면 주식을 분석하는 사람들은 유가를 끌어올리고, 끌어내리는 원인이 무엇인지에 대해 아무것도 생각하지 않았다. 결국 유가가 사상 최고치를 기록하는 와중에서도 석유 기업의 주가는 주식시장의 침체 분위기에 파묻혀 바닥을 기었던 것이다.

- **정부 정책.** 2004년 1/4분기 말 대부분의 기업이 호전된 실적을 발표했고, 실업률은 줄어들었으며, 경제학자들도 미국 경제가 매우 강력하다고 추켜올렸지만 투자자들은 주식을 계속해서 내다팔았다. 다우 지수와 S&P 500 지수, 나스닥 지수 등은 모두 하락했다. 누구도 주식시장 전체를 겨누고 있는 다모클레스의 칼(디오니소스 왕이 신하인 다모클레스의 머리 위에 머리카락 하나로 칼을 매달아 놓고, 왕위에 있는 자는 늘 이 같은 위험이 따른다는 것을 알려준 일화에서 나온 말—옮긴이)에서 눈을 떼지 못하는 것 같았다. 다모클레스의 칼이란 금리 인상으로 인해 기업들의 순이익이 감소하고, 부채 부담이 늘어날 것이라는 우려였다. 사실 수 년 동안 대출 금리는 거의 제로 수준에 가까웠지만 주식시장은 이보다 높은 금리는 감당할 수 없는 것처럼 느꼈다. 이라크에서 전해지는 전쟁 뉴스는 상황을 더욱 악화시켰다. 그러다 보니 상품시장의 강세장이 한창 이어지고 있었지만 월 스트리트의 애널리스트들은 오히려 상품을 생산하는 기업의 투자 의견을 '중립'으로 강등했다. 정부는 또한 환경 및 노동, 연금, 수출입 정책 등에서 각종 규제를 가하고, 기존 정책을 갑자기 바꾸기도 한다. 정부의 정책 변경은 어떤 기업에게 불리하게 작용하기도 하지만 대개 상품 그 자체에는 긍정적인 결과를 낳는 게 일반적이다. 한 가지 예를 들어보자: 미국 정부는 알래스카에서 원유를 추가로 생산할 수 있는 유정을 뚫지 못하도록 결정했다. 이 사업을 벌인 기업들에게는 좋

지 않았겠지만 유가를 끌어올리는 데는 기여했다.

- **경영진.** 최근 들어 최고경영자(CEO)와 최고재무책임자(CFO), 또 이들이 자기 입맛에 맞는 인물들로 구성한 이사회가 회사를 얼마나 망칠 수 있는지에 대해 일반 투자자들도 많은 것을 배웠다. 엔론의 최고 경영진은 나중에 이 회사의 스캔들을 기록한 책의 제목처럼 서로를 "세상에서 가장 영리한 친구들"이라고 믿었을 것이다. 하지만 이 회사는 허구를 만들어낸 부정직한 사람들이 이끌어나갔다는 사실을 우리는 이제 알게 됐다. 2004년 초 유가가 배럴당 40달러를 넘어섰을 때 석유 기업들은 지지부진한 주식시장의 전체 수익률보다 약간 높은 수익률을 기록했을 뿐이다. 그러나 대형 석유 기업인 로열/더치 쉘은 다른 경쟁업체들보다 수익률이 떨어졌다. 일부 최고 경영진은 이미 알고 있었던 사실이었음에도 불구하고 회사의 원유 매장량을 22%나 부풀려서 발표해왔다는 게 뒤늦게 드러나면서 주가가 큰 타격을 입었기 때문이었다.

- **대차대조표와 회계 관행.** 엔론과 월드컴, 타이코, 아델피아, 센단트 등등. 더 이상 나열할 필요가 있을까? 빈틈없고 치밀한 투자자들조차 기업이 재무제표 상의 수치를 조작하거나 순이익을 부풀리는 것을 어떻게 찾아낼 방도가 없다. 심지어 최근에는 많은 기업들이 자신의 실적이 더 좋게 보이도록 일부러 전망을 꾸며대기까지 한다. 부채가 많고, 퇴직연금 부담도 큰 기업은 그 회사가 생산하는 상품의 가격이 올라가도 주가는 지지부진할 수밖에 없다.

- **예측할 수 없는 돌발 사건.** 투자한 기업과 관련된 갑작스러운 스캔들이 발생하거나 정치적인 사건, 파업 사태, 환경 문제, 전쟁, 테러리즘 등이 불거지면 주식시장은 하락세를 보이게 된다. 제아무리 부지런한 투자자라 하더라도 우발적인 사건들까지 모두 챙길 수는 없다. 2004년 들어 철강 수요가 늘어나면서 철강 가격도 오르자 U.S. 스틸의 1/4분기 순이익은 전년 동기보다 큰 폭으로 증가했다. 하지만 이 회사의 주가는 다른 경쟁업체들에 비해 한참 떨어졌다. 한 가지 이유는 세르비아와 슬로바키아에 있는 이 회사 공장의 영업이익이 38%나 감소했기 때문이었다. 슬로바키아의 유럽연합(EU) 가입은 역사적인 사건이었지만 이로 인해 슬로바키아 정부는 당초 U.S. 스틸에게 약속했던 세제 혜택을 줄 수 없게 됐고, 결국 이 회사의 생산 확대 계획마저 무산시켰다. 철강 가격은 크게 올랐지만 U.S. 스틸의 주식을 산다는 것은 대부분의 투자자들에게 어리석은 것처럼 보였다. 그러나 슬로바키아에서 어떤 일이 벌어지고 있는지 관심을 가졌던 투자자들은 과연 얼마나 됐겠는가? 새로운 밀레니엄이 시작된 뒤 첫 5년이 지나고, 2001년 9.11 테러까지 겪은 이후 주식시장에서는 "예측할 수 없는 돌발 사건"이 몰고 오는 가공할 위력을 분명히 알게 됐다; 사실 주식시장에서 가장 확실하게 예상할 수 있는 변수 가운데 하나는 주가지수가 오르기 시작하면 곧장 전쟁과 테러의 공포가–그것이 진짜든 아니면 그냥 위협이든–투자자들로 하여금 주식시장에서 한걸음 물러나도록 만든다는 것이다.

전세계적으로 구리를 생산하는 기업의 주식은 수없이 많다. 따라서 이들 기업을 분석해보면 경영진부터 완전히 다르고, 대차대조표와 노동조합, 퇴직연금 계획, 정부의 규제, 주식시장 제도, 재무제표 주석에 포함시킬 사항, 회계 시스템, 환경단체의 간섭 등 헤아릴 수 없을 정도로 많은 것들이 모두 상이하다. 적당한 구리 회사를 발견한 노련한 투자자라면 먼저 구리의 수요와 공급이 어떻게 움직이고 있는지 살펴보아야 한다. 구리의 수요와 공급을 분석했다면 곧장 상품시장에서 구리 그 자체를 매매하는 게 더 낫지 않은가? 그렇게 하는 게 시간도 절약하고 실수도 줄여줄 수 있다.

더구나 지난 수십 년 동안 그래왔던 것처럼 구리에 투자하는 게 수익률 측면에서도 더 훌륭한 성과를 가져다 준다. 예일대 연구팀의 논문《상품선물시장에 대한 사실과 환상들》에서는 상품에 투자하는 것이 상품을 생산하는 기업의 주식에 투자하는 것에 비해 수익률이 3배나 높다고 밝히고 있다. 그 이유는 이미 충분히 설명했다고 생각한다.

2. 상품을 생산하는 국가에 투자하라.

캐나다와 호주는 대표적인 상품 생산국이다. 두 나라는 천연자원이 무척 풍부하고, 세계 최대의 광산 가운데 여러 개가 이들 나라에 있다. 당연한 이야기겠지만 최근 수 년간 상품 가격이 상승한 데 힘입어 두 나라 경제 역시 성장세를 구가하고 있다. 천연자원이 풍부한 나라에서는 소매점이나 음식점, 호텔 체인을 비롯한 사실상 모든 종류의 사업이 천연자원이 부족한 나라들보다 잘 될 것이다. 통화 가치 역시 상품을 수출하는 나라의 통화가 상품을 수입하는 나라보다 더 높아질 것이다. 1970년대 상품시장이 강세장이었을 당시 1 캐나다 달러는 1.06 미국 달러에 거래됐다. 그 후 상품시장이 약세장으로 전환되자 1 캐나다 달러는 0.60 미국 달러로 떨어졌다. 두 나라의 채권 수익률 역시 국가 경제의 건실한 성장을 그대로 반영한다. 마찬가지로 두 나라의 주식시장도 활황을 구가할 것이다.

나는 캐나다와 호주 주식시장에 투자하고 있다. 만약 투자 범위를 미국으로 국한했다면 틀림없이 투자 수익률이 지금보다 부진했을 것이다. 나는 뉴질랜드에도 투자했다. 뉴질랜드는 국토 면적은 작지만 천연자원이 풍부해 최근 수 년간 번영기를 맞고 있다. 상품이 많이 생산되는 다른 여러 나라들도 경제 성장세가 뚜렷하다. 세계적인 상품 수출국으로 세계 최대의 설탕 생산국이자 수출국이기도 한 브라질은 2003~04년 시즌에 과거의 경제 위기 국면에서 완전히 회복했고, 이제는 막대한 외환보유고를 쌓아두고 있다. 칠레는 세계 제 1의 구리 수출국이다. 볼리비아는 미국이 절실히 필요로 하는 천연가스 매장량이 어마어마하다. 볼리비아의 운명은 앞으로 더 나아질 것이고, 장기적으로 투자할 만한 가치가 있는 나라다.

그러나 천연자원이 풍부한 나라를 찾아내 당신의 돈을 그 나라에 묻어두는 것은 그리 간단한 문제가 아니다. 개발도상에 있는 경제는 늘 외부적인 위협에 노출돼 있다. 이미 2002년에 미국을 제치고 세계 최대의 구리 소비국이 된 중국 경제가 어떤 식으로든 위축된다면 칠레는 큰 타격을 입을 것이다. 브라질은 철광석과 펄프, 철강을 중국에 수출하고 있다. 중국의 성장 속도가 늦춰지면 브라질에 고통이 따를 것이다. 미국의 계속적인 금리 인상 역시 전세계적으로 어느 정도는 파급을 미칠 것이다.

또 상품이 풍부한 나라들 가운데는 내부적인 위협에 직면한 경우도 있다. 다른 나라의 정치적 상황에 대해 전문적인 지식을 갖고 있지 않은 외부 투자자들은 이런 위협을 예측하기 어렵다. 세계 5위의 석유 수출국인 베네수엘라는 좌익 강경파 정치인이 이끌어나가고 있는데, 그는 국영 석유 산업을 효율적으로 운영하기 보다는 피델 카스트로와의 관계를 더 중시한다. 말레이시아 역시 천연자원 수출이 국가 경제에서 차지하는 비중이 매우 큰 편인데, 1981년부터 2003년까지 집권한 이 나라 총리는 경제적으로 경쟁력이 떨어지는 인물이었다; 새로운 지도자는 어쩌면 새로운 기회를 가져다 줄 수 있을지도 모르겠다. 브라질은 내가 세계에서 가장 좋아하는 여행지 중의 하나지만 브라질 사람들조차 이렇게 말할 정도다. "브라질은 다음 세대의 세계 최강대국이다. 늘 그래왔고, 앞으로도 그럴 것이다."(브라질 사람들은 나에게 이런 말도 들려주었다. "브라질은 신이 인류에게 준 선물이다. 그리고 신은 브라질 사람들을 보내 그것을 망쳐버리도록 했다.")

러시아와 카스피 해 연안의 구 소련 공화국들은 천연자원이 정말로 엄청나다. 하지만 내 생각으로는 이들 나라는 이미 심각한 재난에서 참담한 재앙을 향해 가고 있는 중이다. 나는 이들 나라에 단 한푼도 투자하지 않을 것이다. 마찬가지로 나이지리아 역시 석유 자원이 풍부하지만 정치적 안정이라는 측면에서는 극히 취약하다. 남아프리카공화국도 상품 생산량이 많은 나라지만 국내의 정치적 긴장도가 갈수록 높아지고 있고 범죄 발생율도 매우 높다. 남아프리카공화국의 생산기반시설은 비록 훌륭한 편이지만 전혀 관리되지 않고 있어 빠르게 수명이 다하고 있다; 농촌에서 도시로 밀려드는 인구로 인해 거대한 슬럼가가 형성됐고, 이는 범죄와 소요 사태의 근원이 되고 있을 뿐이다. 이 나라를 그나마 하나로 묶어주는 유일한 지주는 강력한 희망의 상징인 넬슨 만델라지만 그의 나이는 아흔 살에 가깝다.

러시아와 남아프리카공화국이 안고 있는 피할 수 없는 문제들은 이들 나라의 천연자원을 개발해 시장에 내놓는 것을 갈수록 어렵게 만들 것이다. 내가 상품시장의 강세장을 주장하는 이유 가운데 두 가지가 바로 이들 나라가 안고 있는 문제들이다.

3. 상품 생산량이 많은 지역이나 나라의 부동산에 투자하라.

나는 누구에게도 뉴욕이나 보스턴에 있는 주택을 사라고 권하지 않는다. 같은 이유로 런던도 권하지 않는다. 이들 도시는 이미 지난 수 년간 부동산 가격이 너무 올라 고평가됐을 뿐만 아니라 지역 경제가 금융서비스 부문에 너무 크게 의존하고 있다. 금융서비스 시장은 지난번 상품시장의 강세장에서 별로 좋은 편이 아니었다. 굳이 부동산에 투자하고 싶다면 농장이 많은 아이오와나 네브라스카, 혹은 석유와 천연가스 생산지대인 오클라호마, 광산이 많은 콜로라도나 몬타나의 호숫가에 있는 주택을 사라. 이들 지역은 금속과 에너지, 농산물의 가격 상승으로 수혜를 입을 것이다. 상품이 많이 생산되는 나라인 캐나다와 뉴질랜드, 호주, 칠레의 부동산을 이미 오래 전에 구입했다면 아마 투자 원금의 몇 배를 벌었을 것이다.

4. 상품을 사라.

내가 생각하기에는 어떤 형태로든 상품을 매수하는 것이 상품 가격이 오를 때 이익을 얻을 수 있는 최선의 방법이다. 그렇다고 해서 구리를 사러 호주나 콜로라도까지 갈 필요는 없다. 구리는 결코 자신을 "세상에서 가장 영리한 친구들"이라고 생각하지 않는다. 사실 구리는 아주 고지식하고 단순하다: 세상에 구리가 너무 많으면 가격이 떨어질 것이다; 구리가 너무 적으면 가격은 오를 것이다. 구리를 생산하는 기업의 주식에 투자하더라도 우선 구리의 수요와 공급 전망을 조사해봐야 할 것이다. 왜 굳이 구리를 생산하는 기업의 주식을 사고, 구리를 생산하는 나라에 투자하느라 과외의 고생을 하는가? 게다가 구리에 직접 투자할 때 가장 좋은 점은 구리는 앨런 그린스펀이나 연방준비제도이사회(FRB)가 무엇을 생각하는지, 또 어떻게 할 것인지 전혀 신경 쓸 필요가 없다는 것이다. 그리고 기업이 망하면 주가는 제로가 될 수 있지만 구리는 절대 그렇게 되지 않는다.

금괴를 집에 보관하고 있거나, 금화와 은화를 은행 금고 안에 넣어둔 사람을 알고 있을지도 모르겠다. 하지만 5만 달러어치의 구리나 옥수수, 설탕, 돼지고기살을 갖고 있다면 대체 어디다 보관한다는 말인가? 다행히도 상품을 사는 데는 복잡한 방법부터 간단한 방법까지, 또 매우 위험한 방식에서 위험이 적은 방식에 이르기까지 다양한 방법들이 있다.

많은 주식 투자자들이 자신의 포트폴리오를 직접 운용하기를 좋아하는 것처럼 대다수 상품 투자자들도 자신이 직접 거래하기를 원한다. 노련한 주식 투자자는 절대 아무 종목이나 매수하지 않는다; 주식을 발행한 기업을 분석하고, 그 기업이 속해 있는 업종을 면밀히 조사하고, 경쟁업체들을 하나씩 살펴본다. 어떤 상품 트레이더들은 시장을 자기 나름대로 분석하는 것을 선호하고, 수요와 공급의 흐름을 파악하거나 주요 상품 생산국의 정치 상황이나 노사 관계 등을 조사하는 것도 직접 하려고 한다. 하지만 아무리 남의 간섭을 받지 않고 직접 트레이더 역할을 하고 싶다 해도 자신이 낸 주문을 처리해줄 수 있는 중개인이나 중개회사가 필요하다. 미국의 경우 이들 중개인이나 중개회사는 통상 상품 거래를 감독하는 연방정부 기관인 상품선물거래위원회(CFTC)에 등록되어 있어야 한다. 거의 모든 주요 증권회사들은 상품선물 거래를 담당하는 부서를 갖고 있다. 물론 이들이 제공하는 서비스나 조사자료는 다를 수 있다. 어떤 트레이더들은 자신이 거래하는 증권회사나 자기 계좌를 관리하는 증권회사 직원의 조언을 따르고 싶어한다. 또 어떤 이들은 별도의 수수료를 지불하고 외부 기관으로부터 자문을 얻기도 한다.

만약 자신이 트레이더라고 생각한다면-나는 그렇지 못하지만 많은 사람들은 괜찮은 거래 기법을 갖고 있다-자신의 거래 계좌를 열 수 있다:

- *개인 계좌.* 거래는 당신 자신을 위해 실행되는 것이지 다른 누구를 위한 것도 아니다. 당신은 선물중개회사(FCM)에 등록된 개인 계좌를 직접 개설할 수 있다. 선물중개회사는 당신의 예치금을 받아 이 돈을 관리해주고, 거래가 됐는지 알려주며, 최소한의 거래 중

거금이 계좌에 남아있는지 확인해준다. 또 선물 거래를 알선하는 1차 브로커 회사를 통해 거래할 수도 있는데, 이들은 선물 주문을 받아서 선물중개회사에 넘기는 역할을 한다. 1차 브로커 회사는 당신의 돈이나 거래를 관리해줄 수는 없지만 거래와 관련된 서비스는 제공할 수 있다. 당신의 승인 없이는 누구도 당신 계좌로 거래할 수 없다.(그런 의미에서 이런 계좌를 재량권이 없는 개인 계좌라고도 부른다.) 이런 계좌는 자신이 고른 상품이 시장에서 어떻게 거래되고 있는지 충분한 시간을 들여 조사할 수 있고, 나름대로 자신감도 갖고 있는 투자자들에게 적합하다. 그러나 이렇게까지 자신할 수 없는 트레이더에게는 다른 선택이 있다: 관리 계좌가 그것이다.

• **_관리 계좌._** 다른 사람에게 관리하도록 맡긴 개인 계좌를 말한다. 즉, 관리자의 재량에 따라 당신의 계좌에서 상품선물을 사거나 팔 수 있다. 다만 관리자에게는 공증된 문서를 통해 당신이 권한을 위임해야 한다.(이런 계좌는 재량권이 있는 개인 계좌라고 부른다.) 물론 관리자가 계좌를 운용했다 하더라도 당신 계좌에서 발생한 손실은 당신이 책임을 져야 한다. 따라서 당신은 권한을 위임한 관리자의 경험과 신뢰성에 대해 충분히 알고 있어야 한다. 당신이 권한을 위임한 관리자는 대개 다른 사람들의 계좌도 함께 관리한다는 점을 명심해야 한다. 물론 관리자들은 각각의 계좌를 독립적으로 관리하고, 어떤 계좌에서 이익이 발생했다고 해서 다른 계좌의 손실을 메우는 데 쓰지는 않는다. 또한 당신의 거래 철

학이 관리자의 철학과 일치한다는 점을 분명히 확인해야 한다. 당신의 투자 목적을 분명히 전달하는 것은 전적으로 당신에게 달려 있다. 더구나 당신 계좌에 필요한 최소한의 증거금은 당신이 챙겨야 하며, 관리 수수료와 거래 수수료 역시 당신이 지불해야 하는 비용이다.

어떤 트레이더들은 한 사람의 머리보다는 두 사람이 낫다는 생각으로 상품거래자문가(CTA)를 쓰기도 한다. 이들은 이름에서도 알 수 있듯이 상품 거래에 관한 자문을 제공하는데, 시장에서 어떤 포지션을 취할 것인가(가령 가격이 오르는 쪽에, 혹은 내리는 쪽에 돈을 걸 것인가)는 물론 언제 포지션을 청산하고 빠져 나올 것인가에 대해 자문해 준다. 물론 자문료를 받는다. 당신은 상품거래자문가를 전용 전문가로 활용해 당신의 개인 계좌로 거래할 때 해결해야 할 문제가 생기면 전화를 걸어 물어볼 수 있다. 상품거래자문가는 또한 당신의 돈을 관리하면서 정기적으로 계좌의 현황을 알려줄 수도 있다. 이들은 반드시 연방정부가 정한 교육을 이수하고, 일정한 경험 및 재무 조건을 갖추고 있어야 한다.

- **상품선물 옵션.** 주식시장에서 힌트를 얻어 상품거래소에서도 1980년대부터 일부 상품에 대한 옵션 거래를 시작했다. 당신은 상품선물을 거래하는 것과 마찬가지로 상품선물에 대한 옵션을 거래할 수 있다. 콜옵션은 상품 가격이 오를 것이라는 데 돈을 거는 것이고, 풋옵션은 내릴 것이라는 데 거는 것이다. 콜옵션이든 풋

옵션이든 그것을 사는 것은 권리를 갖는 것이지 의무를 지는 것은 아니다. 즉, 정해진 가격으로 상품선물 계약을 사거나 팔 수 있는 권리를 갖는 것이다. 옵션을 거래하는 이유는 상품선물을 거래할 경우에는 가격이 떨어지는 리스크도 부담해야 하지만 콜옵션을 사게 되면 이런 부담 없이 가격이 오르면 이익을 얻을 수 있기 때문이다. 상품선물의 옵션을 매수할 때 잃을 수 있는 돈은 "프리미엄"이라고 부르는 옵션의 가격 뿐이다. 나는 개인적으로 옵션을 사는 것을 그리 좋아하지 않는다. 옵션 매수자는 대부분 손실로 끝나기 때문이다. 상품선물의 가격이 어느 방향으로도 움직이지 않고 그대로 횡보한다면 옵션을 행사할 수 없게 된다. 시카고 상업거래소(CME)가 1997년부터 1999년까지 3년간 만기일에 실제로 행사된 옵션의 비율을 조사해본 결과 전체 옵션의 75% 이상이 만기일에 아무런 가치도 없이 그냥 소멸해버린 것으로 나타났다. 그러므로 상품선물 옵션에서 확률은 파는 쪽에 더 높다. 옵션을 파는 쪽은 소멸되어버린 프리미엄을 전부 가져간다. 상품선물에서 이익을 취할 수 있는 한 가지 방법이 바로 이것이고, 나도 가끔 옵션을 판다. 하지만 옵션을 파는 경우 부담해야 하는 리스크는 실제 상품선물을 거래하는 경우와 맞먹는다. 따라서 초보자들은 리스크를 항상 염두에 두어야 한다. 상품시장에서 옵션을 거래하는 방법에 대해 써놓은 책들은 무척 많다. 이 책은 그런 책이 아니다. 하지만 상품시장의 강세장에서 이익을 취할 수 있는 기회를 찾고자 한다면 상품선물 옵션에 대해서도 알아두어야 한다.

주식시장에 있는 뮤추얼 펀드나 인덱스 펀드와 똑같은 것들이 상품시장에도 있다. 데이 트레이더처럼 매일 자신이 직접 상품을 거래하는 게 별로 내키지 않는다면 이런 방법을 활용할 수 있을 것이다.

• **상품 풀**. 일반적으로 유한회사 형태를 갖는 벤처기업이라고 할 수 있는데, 상품선물을 거래한다는 공통의 목적을 가진 수많은 투자자들의 자금을 모은 펀드다. 그런 의미에서 "상품 펀드" 혹은 "선물 펀드"라고도 부른다. 상품 풀에 투자한 돈은 개인 계좌처럼 거래된다. 상품 풀이 거둔 이익이나 손실은 펀드에 투자한 금액 비율에 따라 배분된다. 주식시장의 뮤추얼 펀드와 마찬가지로 상품 풀의 경우에도 개인 계좌보다는 훨씬 더 넓은 범위의 분산 투자를 한다. 더욱 중요한 점은 대부분의 상품 풀이 유한회사 형태이기 때문에 당신이 잃을 수 있는 최대한의 손실은 펀드에 투자한 금액으로 한정된다.(자신의 계좌로 상품 투기를 할 경우 시장이 자신의 의도와는 정반대로 급격히 움직이게 되면 그 손실은 엄청나다.) 하지만 어느 시장에서 투자하든 변동성이란 있게 마련이고, 시장이 당초 예상과 달리 움직일 수도 있다. 또 상품 풀이 제아무리 넓은 범위에서 분산 투자를 했다 하더라도 절대적인 안전이란 있을 수 없다. 뮤추얼 펀드와 마찬가지로 상품 풀도 운용 방식은 상품 풀마다 다르다. 대다수 상품 풀은 상품 풀 운용자(CPO, commodity pool operator)에게 관리를 맡기는데, CPO는 펀드를 기획하고, 펀드 자금으로 거래소에서 매일 거래를 수행할 트레이더를 고용하고 감독한다. 다양한 상품 풀을 잘 살펴본 뒤 이를 관

상품시장에 투자하라

리하는 CPO가 장기간에 걸쳐 어떤 투자 성과를 거두었는지 확인해야 한다. 자세히 알아본다고 해서 미안할 것은 전혀 없다: 법적으로 상품 풀은 펀드 관리의 주체인 CPO의 과거 투자 성과와 상품 거래 자문가로 누구를 쓰고 있는지, 그리고 실제로 거래하는 트레이더는 누구인지를 알리지 않고서는 투자 자금을 모을 수 없도록 돼있다.

• **뮤추얼 펀드.** 상품시장에 투자하는 뮤추얼 펀드는 여전히 극히 드문 편이다. 사실 내가 이 글을 쓰고 있는 현재까지 상품시장에 투자하는 뮤추얼 펀드는 단 두 곳밖에 없는 것으로 알고 있다. 그나마 이들 뮤추얼 펀드도 전적으로 상품시장에만 투자하지 않는다. 상품시장에 투자하는 가장 큰 뮤추얼 펀드는 50억 달러의 운용 자산 규모를 갖고 있는 핌코 상품 실질 투자 수익률 전략 펀드(PCRAX)인데, 이 펀드는 다우존스-AIG 상품 지수의 수익률과 연계된 파생투자 기법을 통해 상품 포지션을 취한다. 핌코에 따르면 이 펀드는 "채권을 비롯한 여러 고정 소득 증권으로 구성된 포트폴리오에 의해 뒷받침되고 있다"고 한다.(따라서 상품 이외에 채권 등에도 펀드 자금을 투자한다는 말이다-옮긴이) 상품시장에 투자하는 또 하나의 뮤추얼 펀드는 오펜하이머 실물 자산 펀드(QRAAX)인데 운용 자산은 8억8500만 달러 규모다. 오펜하이머에 따르면 "이 펀드는 기본적으로 잡종 투자 수단을 전부 활용하고 있으며, 선물 계약과 옵션, 스왑, 투자등급에 속한 회사채, MMF, 정부 발행 채권 등에 투자한다." 오펜하이머 펀드는 골드만 삭스

상품 지수를 기준으로 한다. 상품시장의 강세장이 지속되면 (따라서 다른 자산시장이 지지부진하게 되면) 상품시장에 투자하는 뮤추얼 펀드가 더 많이 생겨날 것이다.

• **인덱스 투자.** 대부분의 투자자들이 가장 싸고 가장 이해하기 쉽게 투자할 수 있는 방법은 인덱스 펀드에 투자하는 것이라는 사실을 여러 연구 결과를 통해 알 수 있다. 역사적으로 펀드 매니저가 포트폴리오를 관리하는 펀드의 3분의 2 이상이 인덱스 펀드보다 투자 수익률이 뒤졌다. 일단 당신이 수표를 끊으면, 당신의 투자 수익률은 지수를 구성하는 일단의 상품 가격 움직임에 따라 오르내리게 된다. 당신의 돈은 마치 자동항법장치에 따라 운용되는 셈이다. 내가 상품시장에 투자하는 여러 방법 가운데 하나가 바로 인덱스 펀드를 이용하는 것이다. 앞서 언급했듯이 나는 기존의 상품지수가 마음에 들지 않아 로저스 인터내셔널 상품 지수를 고안했고, 개인 투자자들은 물론 기관 투자가들도 투자할 수 있는 로저스 인터내셔널 상품 지수 펀드를 직접 만들었다. 나는 이 펀드가 최고라고 생각한다. 하지만 내 말을 무조건 따를 필요는 없다. 모든 자산에 대한 기존의 인덱스 펀드에 대해서는 정기적으로 독립된 기관, 가령 시멘스 캐피털 같은 곳에서 평가를 한다. 이렇게 평가를 받지 않는 펀드는 투자자들로부터 자금을 끌어 모을 수 없다. 다만 두 개의 인덱스 펀드는 뉴욕과 시카고 상품거래소에 상장돼 있다. 마치 S&P 500 지수나 나스닥 100 지수, 러셀 1000 지수에 포함된 주식과 연계돼 움직이는 주가 지수 선물처럼 상품 지수

선물도 거래되는 셈이다. 그 중 하나는 로이터-CRB 선물 가격 지수에 기초한 선물 계약으로 뉴욕 상품거래소(NYBOT)에서 거래되고 있고, 또 하나는 골드만 삭스 상품 지수와 연계된 선물 계약으로 시카고 상업거래소(CME)에서 거래된다.

이제 상품을 거래하기로 마음 먹었다면 어떻게 브로커를 정해야 할까? 신중하게 하라. 대개는 상품을 거래한 경험이 있는 친구나 친척, 혹은 사업상 알게 된 사람들에게 물어보는 것이 첫 번째 단계다. 그러나 주식을 거래할 때 자신에게 맞는 증권회사나 금융 컨설턴트와 함께 해본 투자자라면 알 수 있듯이 상품 거래 브로커를 선정하는 것 역시 매우 중요하다. 친구에게는 괜찮은 상품 브로커였지만 자신에게는 맞지 않을 수도 있다. 누구든 당신이 돈을 벌거나, 혹은 투자 손실을 입었을 때조차 편하게 느껴지는 사람을 골라야 한다. 무엇보다 중요한건 신뢰. 그러므로 자신의 브로커로 적당한 사람과 반드시 인터뷰를 해보는 게 중요하고, 한 명 이상의 브로커와 이야기를 나눠보는 것이 현명하다.

만약 주식과 채권, 혹은 다른 자산시장에 투자해본 경험이 있고, 투자와 관련된 "모든 서비스"를 해주는 대형 증권회사 가운데 한 곳에 지금도 돈을 맡겨놓고 있다면 그 증권회사의 금융 컨설턴트에게 혹시 상품도 거래하느냐고 물어볼 수 있다. 대형 증권회사라고 해서 전부 상품을 거래하지는 않는다. 하지만 물어볼 필요는 있다. 특히 주식이나 채권 같은 분야에서 이 회사의 서비스가 마음에 들었다면 더욱 그렇다. 그러나 상품시장이 약세장을 이어갔던 1980년대와 1990년대에 상품시장 거래는 대형 증권회사의 순이익에서 아주 미미한 부분만 차지했고, 그래서 현재 대부분의 대형 증권회사들이 상품 거래 사업을 무시하고 있다는 점을 염두에 두어야 한다. 그렇다고는 해도 신뢰할 수 있는 금융 컨설턴트라면 당신이 올바른 방향으로 갈 수 있도록 인도해줄 것이다.

또 상품거래소에서 제공하는 거래 증권회사 목록을 참고하는 것도 도움이 될 것이다. 가령 CME에서는 "브로커 찾기(Find a Broker)" 프로그램을 제공한다. 이런 방법을 활용하기 위해서는 우선 상품거래소의 웹사이트를 검색해보는 게 필요하다. 증권회사들도 전부 웹사이트를 갖고 있으므로 증권회사에 전화를 걸기 전에 먼저 살펴볼 수 있을 것이다. 당신이 시장에서 무엇을 목표로 하고 있는지 분명히 파악하고 있어야만 증권회사에서도 당신의 목적을 정확히 판단할 수 있다. 당신이 정말로 거래하고 싶어하는 상품이 어떤 것인지 미리 정해두면 큰 도움이 된다. 처음에는 한두 가지 상품으로 시작하라고 권하고 싶다. 브로커는 당신이 거래하고 싶어하는 상품의 수요와 공급에 영향을 미치는 펀더멘털에 대해 충분할 정도의 지식을 갖고 있어야만 한다는 점을 명심하라. 더 많은 투자 조언을 듣고, 또 언제든 접촉하고자 한다면 이런 조건에 맞는 브로커를 구해야 한다. 브로커나 중개회사의 과거 실적에 대해 가능한 한 많은 정보를 얻어야 한다. 당신이 이 브로커에게 맡기면 절대로 손해를 보지 않을 것이라고 누가 말한다면 당장 돌아서라. 어느 시장에서든 언제나 투자 수익을 올리는 것은 사실상 불가능한 일이다. 투자자여 조심하라!

재무적으로 무엇이 필요한지에 대해서도 분명히 알아둬야 한다. 브로커에게 지불해야 하는 수수료와 거래 수수료, 브로커가 계좌 관리를 위해 요구하는 최소한의 계좌 규모, 계좌에 항상 들어 있어야 하는 최소한의 예치금, 거래에 필요한 증거금 등이다. 잘 알려진, 허가를 받은 중개회사에서는 이런 모든 사항들을 문서로 만들어 놓고 있으므로, 당신이 적당한 브로커를 처음 만나기에 앞서 보내달라고 할 수 있다. 내용들은 전부 찬찬히 살펴봐야 한다. 브로커를 구하기에 앞서 다음 장을 읽어보라. 다음 장을 끝까지 읽게 되면 틀림없이 상품 브로커를 고르는 데 훨씬 더 뛰어난 안목을 가질 것이라고 자신한다.

당신이 어떻게 해서 상품시장에 투자하게 되었든, 또 인덱스 펀드나 상품 풀에 투자하기로 했든, 혹은 개인 계좌나 관리 계좌를 통해 자기 이름으로 선물 거래를 하기로 했든 관계없이 반드시 상품선물시장이 어떻게 작동하는지에 대해 잘 알아두어야 한다. 분명한 사실은 당신이 어디에 투자하려고 하든 상품시장을 정확하게 이해하고 있으면 훨씬 더 성공적인 투자 성과를 얻을 것이라는 점이다. 그러면 다음 장에서는 모든 초보자들이 진짜로 상품시장에 투자하기 이전에 반드시 알아두어야 할 기본적인 사항들에 대해 설명하겠다.

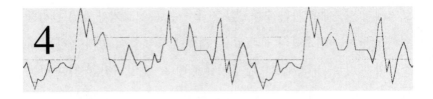

상품시장으로 들어가기

상품시장으로 들어가는 것은 전혀 말이 통하지 않는 외국을 방문하는 것과 흡사하다. 일단 돈을 걸기 전에 (다른 사람에게 거래를 맡겨두었다 해도) 상품시장에서만 쓰이는 특유의 용어들에 익숙해져야 한다. 나는 또한 자유시장이 실제로 작동하는 것을 관찰하려면 상품거래소들을 직접 찾아가서 둘러보고, 금융 세계가 얼마나 놀라운 곳인지 느껴보고, 그 속에서 정말로 보기 드문 기회를 찾아보라고 권하고 싶다. 상품거래소도 곧 보다 효율적이고 비용도 적게 드는 전자 거래 시스템으로 바뀔 텐데 그 이전에 당신의 자녀들에게 이런 전통적인 모습을 보여주라.

사실 미국은 이 같은 다소 시대착오적인 모습이 여전히 남아있는 몇 안되는 곳 가운데 하나다. 울긋불긋한 자켓을 입고 허공을 향해 종이

　　　　　　　　　　　　　　　상품시장에 투자하라

조각을 흔들며 수신호를 보내면서 서로서로 큰소리로 외쳐대는 수백 명의 남자들, 이들이 분출해내는 에너지와 질서가 숨어있는 거래소의 혼돈 상태는 볼 만한 풍경이다. 이곳에 넘쳐 나는 남성적인 역동성 그 자체만으로도 신비스러울 정도다.(많은 여성들이 상품거래소에서 일하고 싶어하지 않는 것도 이런 이유 때문일 것이다.) 상품거래소의 트레이더들은 자기들끼리만 알아듣는 언어로 이야기하는데, 어떤 것은 일상적으로 쓰는 영어 단어와 비슷하다: "고잉 롱(going long, 롱 포지션을 취하다)" "로컬(locals, 브로커를 거치지 않고 직접 상품선물을 매매하는 거래인)" "틱(ticks, 상품선물 가격 변동의 최소 단위)" "리퀴데이트(liquidate, 포지션을 청산하고 나오다)" 같은 말이다. "마진(margin, 증거금)"에 관한 말도 상당히 많다: "마진 어카운트(margin account, 신용거래를 할 수 있는 계좌)" "마진 콜(margin call, 투자 손실로 인해 예치금이 부족할 경우 추가로 증거금을 내라는 요구)" "이니셜 마진(initial margin, 처음에 거래를 하면서 내는 최초 증거금)" "메인터넌스 마진(maintenance margin, 유지 증거금)" 등이 여기서 속한다. 그런가 하면 은유적인 말도 튀어나온다: "뛰어들다(jumping in)" "빠져나오다(jumping out)" "소멸되다(expiring)" "폭락하다(crashing)" "덤핑을 치다(dumping)" "청산해버리다(liquidating)" 등이다. 영어가 아닌 다른 언어에서 파생된 용어들도 꽤 있다: "콘탱고(contango, 선물 가격이 현물 가격보다 높은 현상)"가 그렇고, 그 반대말—영어 교사와 교열 전문가는 차라리 눈을 감는 게 낫다—인 "백워데이션(backwardation, 선물 가격이 현물 가격보다 낮은 현상—이상 옮긴이)"도 마찬가지다. 주식시장에서도 그렇지만 (실은 야구선수에서 마케팅 전문가에 이르기까지, 또 배관공에서 고대미술사 교수에 이르기까지 특별한 전문 분야에서 일하는 사람들은 모두 그렇다) 상품시장에 몸담고 있는 사람들도 자신들만의 독특한 은어와 약어를 쓴다. 상품시장에서 쓰이는 말에 완벽할 정도로 익숙해지려면 우선 상품 거래가 실제로 어떻게 이루어지는지 이해해야 한다. 이번 장에서는 상품시장의 메커니즘이 어떻게 변해왔는지 그 역사를 설명하면서 상품시장을 이해하는 데 필요한 용어들을 정의하고, 실제 상품 거래가 이루어지는 과정을 설명할 것이다.

그러나 낯선 용어들을 곧장 접하기에 앞서 우선 상품을 거래하는 데 가장 중요한 펀더멘털이라고 할 수 있는 두 가지 개념을 짚고 넘어가는 게 중요하다: 수요와 공급이다. 시장이 요동을 치고, 상품 가격이 춤추는 것은 이 두 가지 힘이 작용하기 때문이다. 원리는 아주 간단하다. 간단하지 않은 것은 가격이 어느 쪽으로 움직일 것인가를 예측하는 것이다. 상품 생산자나 상품 사용자 모두 가격이 갑자기 큰 폭으로 변동하게 되면 돈을 벌거나 손해를 보든가, 아니면 겨우 사업을 유지하든가 하는 극명한 차이를 맛보게 된다. 상품 생산자들–밀이나 면화를 경작하는 농부들, 금속을 채굴해 시장에 내놓는 광산 회사들, 엄청난 석유 매장량을 갖고 있는 산유국이나 석유 기업들–은 상품을 생산해서 시장에 내다 파는 비용보다 상품 가격이 더 높을 때 자신들의 생산물을 더 많이 팔기 위해 사업 계획을 가다듬고 열심히 전략을 수립한다. 그러나 예기치 못했던 일들이 발생할 수 있다. 날씨가 좋지 않거나 정부 정책이 바뀔 수 있고, 파업 사태가 벌어질 수도 있다. 요즘에는 테러 행위까지 발생해 생산 차질과 공급 위축을 빚고, 가격을 올리

상품시장에 투자하라

는 요인으로 작용한다.

상품 사용자들–시리얼 제조업체들, 휘발유와 난방유를 많이 소비하는 기업, 막대한 양의 알루미늄과 구리를 필요로 하는 자동차 및 부품 제조업체들–도 경쟁업체들과의 가격 경쟁에서 이기기 위해서는 제품 가격을 최대한 낮춰야만 한다. 이들 역시 통제할 수 없는 외부적인 돌발 사건과 기본적인 추세, 특히 수요와 공급의 급격한 증감에는 순종할 수밖에 없다. 가령 알루미늄이나 구리의 수급이 매우 타이트하다면 자동차 제조업체들은 필요한 물량을 조달 받기 위해 더 많은 비용을 지불해야 할 것이고, 이는 자동차 제조원가를 상승시켜 결국 순이익이 줄어들게 될 것이다.

상품시장과 같이 아무런 규제도 받지 않는 시장에서는 늘 이상한 일들이 벌어지고, 변동성 역시 당연한 것처럼 받아들여진다. 이처럼 가격이 출렁이게 되면 상품을 사들이고 판매하는 게 사업의 성패에 결정적인 영향을 미치는 기업이나 개인에게 상당한 재무 위험이 뒤따른다. 따라서 이들은 마땅한 구매자나 판매자를 찾아내 적정한 가격으로 납품 계약을 맺거나 구매 계약을 체결하려고 한다. 또 상품 사용자 입장에서는 해당 상품이 정확한 시점에, 정확한 장소에 배달되는가의 여부에 사업의 성패가 달려있다. 상품 생산자의 경우에는 구매자가 상품 인도 시 실제로 상품 대금을 지불하느냐가 가장 중요하다. 내가 집에서 필요한 난방유를 당신에게서 사기로 했는데, 당신이 약속을 지키지 않았다. 이로 인해 나는 집안을 따뜻하게 할 기름을 구할 수 없다. 나는 화를 내겠지만 그렇다고 무슨 방도가 있겠는가? 경찰을 부를 수도 없다. 물론 법원에 소송을 걸 수는 있을 것이다. 그러나 판결이

나기 전에 나는 얼어죽을지도 모른다.

상품 생산자와 상품 소비자는 굳이 이런 종류의 리스크를 부담할 필요가 없다. 다행히도 이런 리스크는 불기피한 것이 아니다. 선물시장에서 선물 계약을 매매하면 실물 형태의 상품이 거래되는 현물시장에서 나타나는 변동성과 돌발적인 문제에 무조건 순종하는 대신 가격을 미리 확정짓고 리스크에서도 벗어날 수 있다. 다른 시장과 마찬가지로 선물시장에도 매수자와 매도자가 함께 섞여 있다; 이들이 활동하는 공간은 수요와 공급이 만나는 곳이다.

선물의 기본

우선 여기서부터 시작해보자:

"상품 거래"와 "선물 거래"는 똑같은 것이다.

반드시 그렇지는 않다. 오래 전 미국의 농부들은 매년 가을이면 갓 수확한 곡물을 말이나 마차, 기차에 실어 대도시로 실어 날랐다. 그런데 이들의 수확물이 더 크고 좋을수록, 또 더 많은 옥수수와 밀, 건초가 쌓여갈수록 가격은 더 떨어졌다. 심지어 창고에 쌓아둘 공간이 없을만큼 수확량이 많을 때도 있었다. 그러면 옥수수와 밀은 거리에서 썩어갔다. 다음해 봄이 되면 공급이 달려 보통 사람들에게는 기본적인 먹거리 이상의 아주 귀한 존재가 될 똑같은 상품이 일시적으로 이런 처지에 놓이게 되는 것이다. 농부들은 식료품 제조업체가 필요로 하는 원재료를 생산했지만 합리적인 가격으로 사고 파는 것이나, 변덕스

상품시장에 투자하라

러운 날씨와 열악한 운송수단으로 인한 피해는 각자 알아서 처리해야 했고, 수완을 발휘해 거래하는 것 역시 전적으로 자신에게 달려있었다. 철도는 터무니없이 높은 운송비를 물렸고, "중간 상인"은 말도 안 되는 이익을 챙겨갔으며, 은행 역시 구두쇠처럼 돈놀이를 했다. 미국이 독립한 뒤 처음 80여 년 동안 미국의 농산물 거래 현실은 바로 이런 모습이었다. 이것은 결코 미국인들이 기술적으로 뛰어나다는 증거가 될 수 없었다.

경제원론에 나오는 가장 기본적인 원칙을 기억할 것이다. "시장은 경제 주체들의 활동이 조직적으로 이루어질 수 있는 훌륭한 수단이다." 상품과 관련된 사업만큼 이 원칙이 그대로 들어맞는 곳은 없다. 공식적인 시장, 즉 거래소가 출현하면서 상품 판매자와 상품 구매자 모두 예전의 그리 좋지 않았던 시절보다 훨씬 더 효율적으로, 또 작은 리스크로 사업을 할 수 있게 됐다. 1948년에 하나의 통합된 시장이 절실하다고 생각한 82명의 시카고 상인들이 모여 인근의 한 밀가루 상점에서 시카고 상품거래소(CBOT)를 설립했다. 미국 최초의 상품거래소가 탄생한 순간이었다. CBOT의 공식기록에 따르면 출범 후 1년도 안 돼 밀가루와 큰조아재비(벼과의 목초) 종자, 건초 등을 미래의 도착 시점에 거래하는 계약을 처음 사용했다. CBOT에서 최초의 선물 계약이 이뤄진 것은 1851년인데, 옥수수 3000부셸을 현물 인도가 아닌 조건(즉, 현장에서 인도가 이뤄지지 않았다)으로 계약한 것이다. 1860년 당시 미국 내 농민은 200만 명으로 이들이 미국의 수출액 가운데 82%를 차지했다. 농산물은 이제 막 뻗어나가기 시작한 신생국 경제의 성장 동력이었지만, 농민들은 열심히 일한 노동의 대가를 다른 사람들이 이용해 부를 쌓아가는 모습을 발견했다. 이들은 곧 이런 착취자들로 부터 스스로를 보호하기 위해 "협동조합"과 "농민공제조합"을 조직하기 시작했고, 농민 보호를 위한 법안을 제정하라고 정치인들에게 압력을 넣었다. 이들은 또한 지역 상인들과 협력해 자신들이 생산한 상품을 보다 효율적으로, 또 이익도 많이 얻으면서 시장에 내놓을 수 있는 방법을 찾기 시작했다. 남북전쟁이 끝난 직후인 1865년 CBOT는 곡물 거래의 규약을 새로 만들었다. 새로운 규약은 미리 정한 가격으로, 특정 지점에서, 미래의 시점에 인도하는 조건으로 일정 분량의 상품을 사거나 팔기로 하는 기본적인 합의를 발전시켜나간다는 내용이었다. 이에 따라 선물 계약(futures contracts)이 비로소 새로이 탄생하게 된 것이다.

이것은 정말 획기적인 진보였다. 물론 과거에 있었던 것을 다시 새롭게 변모시킨 또 하나의 사례이기도 했다. 일본에서는 이미 17세기에 쌀 선물을 거래했다. 그러나 새로운 시카고 거래 규약은 농산물의 수요와 공급이 균형을 이룰 수 있도록 기여했고, 가격을 고정시키는 문제를 비롯해 운송, 신용 등 방대한 대륙에서 현물로 상품을 거래할 경우 벌어질 수 있는 숱한 예측 불가능한 변수들을 해결하려고 노력했다. 기존의 선도 계약(forward contracts, 미리 정해진 시점에 상품을 사거나 팔기로 하는 계약—옮긴이)과 마찬가지로 선물 계약도 매도자와 매수자 간의 개인적인 협상에 의해 이뤄졌다. 즉, 특정 상품을 매도자가 팔고자 하는 시점과 장소를 정해 거래가 이뤄지는 것이었다. 매수자와 매도자는 모두 조건에 맞는 상대방을 찾아야 했고, 서로를 필요로 했다. 밀을 팔고자 하는 매도자와 사려고 하는 매수자는 거래를 표준화하고, 농산물 거래에 불가피하게 수반되는 리스크를 줄이며, 거래 기회를 늘리고, 필요할 경우 이미 체결한 거래에서도 빠져나올 수있는 방안을 찾았다. 카우보이 영화를 본 적이 있다면 텍사스에서 시카고까지 수천 마리의 소떼를 몰고 이동하는 게 얼마나 어려울지 상상할 수 있을 것이다. 그러나 1898년 설립돼 현재 미국 내 최대의 선물거래소로 성장한 시카고 상업거래소(CME)까지 가축 무리를 몰고 온 사람은 지금까지 아무도 없다; 버터와 치즈를 거래하기 위해 1872년 처음 개설돼 현재는 상품만 거래하는 거래소로는 세계 최대 규모로 성장한 뉴욕 상업거래소(NYMEX)에서도 마루바닥에 기름 한 방울 떨어져 있지 않다. 20세기로 접어들 무렵 미국 내에는 약 1000곳의 상품거래소가 있었다. 지금은 7곳의 상품거래소에서 전문적으로 상품 거래를 하고 있다.

〈뉴욕타임스〉와 〈월스트리트저널〉을 보면 마치 미국 바깥에서는 상품이 전혀 거래되지 않는 것처럼 여겨지지만 (영국의 런던 국제석유거래소에서 거래되는 북해산 브렌트유가 유일한 예외일 것이다) 전세계적으로 상품 거래가 이뤄지는 곳은 수없이 많다. 가령 고순도 구리선물은 NYMEX의 금속 시장 부문인 COMEX에서 거래될 뿐만 아니라런던 금속거래소(LME)와 상하이 선물거래소에서도 거래된다. 세계최대의 설탕 수출국인 브라질의 상품선물거래소(BM&F)는 남미 최대의 상품거래소 가운데 하나로 당연히 설탕 선물을 거래하고 있다. 설탕은 또한 일본과 영국의 상품거래소에서도 거래되고 있고, 뉴욕 상품거래소(NYBOT)의 한 부문인 커피, 설탕 및 코코아 거래소(CSCE)에서도 거래된다.

상품선물의 가장 돋보이는 점은 우리가 손으로 만질 수 있고, 심지어 냄새까지 맡을 수 있는 유형의 가치를 지닌 재화를 통째로 종이로 바꿔 아주 쉽게 거래할 수 있도록 했다는 것이다. 선물 계약에 관한 모든 정보는 상품거래소 현장에서 울긋불긋한 자켓을 입은 트레이더들이 흔들어대는 거래명세서(pit cards)에 집약돼 있다. 이 거래명세서에는 특정 계약에 관한 모든 사항들이 다 적혀 있다. 이런 시스템 덕분에 굳이 비행기를 타고 국경을 넘어가지 않고도 아프리카인이 미국인에게 코코아와 석유를 팔 수 있고, 미국인은 브라질로부터 설탕을, 칠레로부터 구리를 살 수 있는 것이다. 미국의 상품 소비자와 생산자들은 선물시장을 통해 거래를 함으로써 자신들이 통제할 수 없는 시장의 급격한 출렁임으로 인한 피해를 입을 걱정 없이 원하는 가격에 필요한 상품을 사거나 팔 수 있는 것이다. 모든 선물 계약은 다음의 네 가지 기본사항을 포함하고 있다:

1. 양(Quantity)–어떤 상품을 얼마나 많이 사거나 팔 것인가; 가령 옥수수 한 계약은 언제나 5000부셸로 똑같다. 마찬가지로 원유는 1000 배럴, 구리는 2만5000파운드, 금은 100트로이온스가 한 계약이다.

2. 품목(Description)–가령 난방유는 원유나 천연가스와 구별되는 별개의 상품이다; 옥수수 한 계약과 콩 한 계약은 다르고, 콩기름도 별도의 상품으로 분류된다.

3. 인도 일자와 장소(Delivery date and location)-매도인이 상품을 인도하고, 매수인이 인도받을 장소; 가령 난방유는 연중 매달 뉴욕 항에서 인수하는 조건으로 거래가 이뤄질 수 있고, 밀은 통상 밀 인도의 기준월인 3월, 7월, 9월, 12월에 오마하, 시카고, 세인트루이스, 캔자스시티 등의 곡물 창고에 인도하는 조건으로 거래할 수 있다. 모든 상품은 미리 정해진 연도의 특정한 월에 인도할 장소를 정해놓고 있다.

4. 지급 조건(Payment terms)-통상적인 어음 만기일처럼 60일 이내도 아니고, 주식처럼 거래 후 3일째 되는 날 결제하는 것도 아니다. 선물시장에서는 반드시 현금으로 지급해야 한다. 매일매일 선물 계약의 거래가 끝나면 모든 계약의 이익과 손실이 한꺼번에 정산된다.

이 같은 정보는 상품거래소의 트레이더들이 늘 소리치는 것이다. "사려는 게 몇 월 물, 얼마에 몇 계약이야?" 이들은 다 들리도록 고함치는 전통을 그대로 이어가고 있다. 화려한 색상의 자켓을 입은 트레이더와 브로커들은 탁 트인 넓은 거래소에서 문자 그대로 고래고래 매수 호가와 매도 호가를 외쳐댄다. 이처럼 다 들리도록 고함치는 방식은 미국 내 상품거래소에만 남아있다. 그렇게 해서 가격이 결정되는 것이다.(미국 이외 지역의 상품거래소에서는 대부분 컴퓨터화한 거래 시스템으로 매수 및 매도 주문을 처리하는 전자 거래를 기본으로 하고 있다. 미국에서도 울긋불긋한 옷차림의 트레이더들이 소리치며 주문하는 모습을 볼 수 있는 날은 앞으로 얼마 남지 않았다.)

상품을 사고 파는 것이 다른 자산을 거래하는 것과 얼마나 다른지 생각해보라. 주식이나 자동차, 우표, 회화 작품 등과는 달리 상품은 완벽할 정도로 대체가 가능하다. 즉, 1갤런의 난방유나 디젤은 다른 어느 곳에 있는 1갤런의 난방유나 디젤과 동일하다. 여기에 있는 5000부셸의 밀은 저쪽에 있는 5000부셸의 밀과 아무런 차이도 없다. 100트로이온스의 금은 당연히 100트로이온스의 금이다. 상품이 가지는 유용성이나 가치 이외에 이들이 특별히 구분되는 것은 아무것도 없다. 이 같은 특성 덕분에 어떤 상품을 같은 종류의 다른 상품과 대체해서 필요한 시간에 선적하거나 저장할 수 있다. 이런 대체 가능성은 또한 상품선물의 거래를 간편하고 용이하게 해준다. 원유나 면화 한 계약은 어디를 가나 똑같다. 이 모든 거래 활동들 덕분에 상품선물의 유동성은 매우 높다. 즉, 상품선물은 언제든 비교적 쉽게, 빨리, 그리고 가격에 영향을 주지않고 사거나 팔 수 있다. 내가 주식보다 상품이 훨씬 단순하다고 생각하는 이유는 바로 이 같은 대체 가능성과 유동성 때문이다. 구리는 전세계 어디를 가나 구리다. 구리가 너무 많으면 가격은 떨어질 것이다. 구리가 너무 적으면 가격은 오를 것이다.

상품거래소는 또한 실물 상품이 거래되는 현물 시장에서는 찾아볼 수 없는 안정성과 일정한 규칙이 있다. 생산자와 사용자는 서로를 찾아 다닐 필요가 없다. 당신이 어떤 상품을 팔고 싶거나 사고 싶다면 거래소에 가보라. 늘 다른 쪽 상대방이 있다. 그리고 실물 상품의 경우에는 인도하기로 해놓고 약속을 어길 수도 있지만 상품거래소에서는 절대 늦을 수도 빠를 수도 없다. 어느 거래소나 마찬가지지만 상품거래소 역시 운영 규정이 있고, 이사회가 있다. 모든 이사진은 혹시 잘못될 여지가 없는지 늘 감시하기 때문에 거래소는 스스로 통제하는 시장이 될 수 있는 것이다. 미국 의회는 1936년 미국 선물시장을 제도화한 상품거래법(CEA)을 통과시켰다. 농무부는 기존의 선물 계약과 새로운 선물 계약을 만들 경우 이를 감독하는 연방 정부 기관인 상품선물거래위원회(CFTC)의 설립법안을 의회에서 통과시킨 1974년까지 CEA를 시행했다.(NYMEX는 CFTC의 승인을 받아 철강 선물 계약을 새로 거래할 계획이라고 발표했으며, 미국 내 에탄올 생산업체들은 브라질처럼 에탄올 선물 계약을 거래할 수 있는 상품거래소를 만들 것이라는 보도가 나오기도 했다.)

이 같은 효율성과 조직화, 엄격한 규정 덕분에 상품 구매자와 판매자 모두 훨씬 편하게 거래할 수 있고, 선물 계약 규모가 매년 수 조 달러에 이를 정도로 상품 거래가 대중적인 투자 수단으로 자리잡은 것이다. 내가 투자 업계에서 경력을 쌓아나가는 동안 일어났던 선물시장의 진화 과정 역시 비약적인 것이었다. 1960년대 말 내가 처음으로 상품을 거래하기 시작했을 무렵만 해도 선물시장은 남북전쟁 직후 시카고에서 첫 발을 내딛었을 때와 크게 다르지 않았다. 밀, 옥수수, 콩, 면화, 설탕이 선물시장에서 거래되는 거의 전부였다. 가축 선물은 1960년대 들어 처음 거래됐다. 오늘날에는 원유가 상품 지수에서 가장 큰 비중을 차지하고, 선물시장 뉴스에서도 가장 중요하게 취급되지만 원유와 휘발유 선물은 1970년대 말이 되어서야 거래되기 시작했다. 미국 국채 선물이나 외환 선물 같은 금융상품 선물도 1970년대에 도입됐고, 다우존스 지수 선물이나 S&P 500 지수 선물, 나스닥 100 지수 선물 등은 1980년대로 접어든 뒤에야 거래를 시작했다. 많은 사람들은 콩이나, 육류, 원유 선물을 거래하면서 엄청난 부를 쌓거나 큰돈을 날렸을 거라고 생각하지만 사실 선물시장에서 거래대금이 가장 많은 것은 금융상품 선물이다. 유로화나 미국 국채 선물의 거래 단위는 한 계약 당 100만 달러다.(옥수수나 밀, 콩 같은 곡물의 계약 기준은 한 계약 당 5000부셸을 넘지 못하도록 하고 있다. 따라서 1부셸에 3달러로 밀 한 계약을 산다고 해도 1만5000달러 수준이다. 금융상품 선물을 거래하는 금액에 비하면 그야말로 아무것도 아니다.)

그러나 상품 사업을 하는 데 따르는 리스크는 절대로 없어지지 않는다. 사실 리스크야말로 상품 거래를 더욱 활기차게 만드는 요인이다. 모든 거래소에서 이뤄지는 손짓과 외침 속에는 트레이딩 리스크가 있다.

리스크를 구분해내기

선물은 가격이 고정돼 있다. 그러나 선물 가격 그 자체는 절대 고정돼 있지 않다. 구매자와 판매자가 특정 상품에 대한 수요와 공급을 예측하는 데 따라, 즉 미래의 특정 시점에 이 상품이 어느 정도의 가치를 가질 것인가에 따라 선물 가격은 끊임없이 오르내림을 반복한다.(상품시장에서 거래되는 선물 가운데 만기일이 가장 먼 최원월물(最遠月物)은 통상 2년 뒤에 인도하는 계약이다; 최근월물(最近月物)은 현재 시점에서 가장 빠른 달에 만기일이 있는 것인데, 대개는 몇 주 뒤에 인도하게 되고, 드문 경우 며칠 안에 인도하는 계약일 수도 있다. 앞으로 설명하겠지만 "현물" 가격은 현재 시점의 가격이다; 선물은 나중의 가격이다. 그러나 실제로 상품을 인도 받기 이전에 선물 계약을 팔아야 하므로 인도일이 코앞에 닥칠 때까지 선물 계약을 보유하고 있는 것은 어리석은 짓이다.)

가격은 새로운 정보(가령 병충해로 인해 밀 수확에 차질을 빚을 것이라든가, 혹은 주요 상품 생산국의 정치적 갈등 요인이 심화하고 있다는 정보)에 따라 변동한다. 또 상품과 관련된 새로운 진전이 있을 때(브라질에서 에탄올 생산에 더 많은 설탕을 투입하게 되면 브라질의 설탕 수출량은 줄어들 것이다; 저탄수화물 식품 섭취가 인기를 끌면서 많은 사람들이 고탄수화물 식품인 오렌지주스를 멀리하게 됐다)도 가격은 변동한다. 트레이더들은 가끔 미래의 수요와 공급 예측치를 재평가하는데, 이에 따라 특정 상품 계약의 주문 가격이 아래위로 움직인다. 6월에 거래되는 12월 인도분 난방유 선물 계약의 가격은 구매자와 판매자가 생각하는 이번 겨울 난방유 가치를 반영하는 것이다. 그러나 몇 달 뒤 난방유 공급이 모두들 생각했던 것보다 훨씬 더 타이트하다는 사실을 알게 되면 가격은 올라갈 것이다. 그런데 갑자기 11월에 기상학자들이 역사상 가장 따뜻한 겨울이 찾아올 것이라는 예측을 내놓으면 난방유 가격은 도로 떨어질 것이다.

이 같은 수요와 공급 요인은 먼 옛날 시장이 처음 탄생했을 때부터 가격에 영향을 미쳐왔다. 그러나 시장의 가격 결정은 어쩔 도리 없이 받아들여야 한다. 선물시장이 등장하면서 수요와 공급의 방향을 어느 정도 가늠할 수 있게 됐고, 결과적으로 특정 상품의 미래 가치에 가격표를 붙일 수 있게 됐다. 이는 구매자나 판매자에게는 물론 경제 전체적으로도 큰 이득이다.

하지만 가격은 틀릴 수 있다. 선물시장에서 유일하게 확실한 것은 가격이 변동한다는 사실이다. 내가 초콜릿 회사를 하나 갖고 있다고 생각해보자. 사업은 잘 되고 있다. 그런데 밤마다 잠자리가 불편하다. 초콜릿을 만드는 데 필요한 코코아 가격이 오를까 걱정이 되기 때문이다. 사실 초콜릿 사업을 하는 사람이 이렇게 노심초사하는 것은 벌써 수십 년째다. 세계 최대의 코코아 생산국은 공교롭게도 아이보리코스트라는 나라인데, 이 나라는 끊이지 않는 내전과 종교 갈등으로 바람 잘 날이 없다. 서아프리카에 있는 이 나라에 불행한 사태가 닥친다면 코코아 가격은 천정부지로 뛰어오를 수 있다. 그러면 내 초콜릿 사업의 이익은 바닥으로 추락할 것이다. 과자류 사업이 어린아이들을 상대로 하는 것이라는 생각은 버리기 바란다. 미국에서만 매년 30억 파운드의 초콜릿이 소비되고, 초콜릿 산업은 이미 130억 달러 규모로 성장했다.

지금은 6월이다. 내가 현재 갖고 있는 코코아 재고를 처음에 사들인 가격으로 따지자면 초콜릿 사업은 이익이 난다; 지금 코코아의 시장 가격은 톤 당 1280달러로 적당한 수준이다. 그러나 코코아 재고가 떨어지는 앞으로 6개월 뒤에는 다시 코코아를 사야 하는데, 그 때 코코아 가격이 어떻게 될지는 확신할 수 없다. 멀리 아프리카에서 어떤 일이 벌어질지 모르는 상황에서 일단 사업을 안전하게 유지하기 위해 선물시장에서 코코아를 사둘 수 있다. 현재 선물시장에서 거래되는 12월 인도분 코코아 가격은 톤 당 1300달러다. 나는 코코아 선물 10계약을 사기로 결정하고, 브로커에게 전화를 걸어 매수해달라고 주문했다. 코코아 한 계약의 표준 수량은 10톤이므로 계약 당 1만3000달러가 되고, 10계약을 사기로 했으니 내가 지불해야 할 구매금액은 총 13만 달러가 된다.

이것은 아주 좋은 가격이다. 코코아 가격은 과거 한때 톤 당 2000달러를 넘어서 사상 최고치를 기록한 적도 있는데, 이보다 훨씬 낮은 가격으로, 그것도 현재 가격 수준보다 톤 당 20달러를 더 준 셈이니 괜찮은 조건이다. 이제 내가 운영하는 초콜릿 회사는 당분간 사업을 해나가는 데 아무런 문제도 없게 됐다.(나도 두 발 쭉 뻗고 잠잘 수 있게 됐다.) 만약 6개월 이내에 아이보리코스트에서 큰 사건이 터져 코코아 가격이 천정부지로 뛰고, 따라서 초콜릿 제조원가가 큰 폭으로 증가한다 해도 내가 갖고 있는 코코아 선물 계약의 가치도 크게 오를 것이므로 보유하고 있는 선물을 팔면 비용 상승분을 충분히 상쇄할 수 있다.

이런 식으로 가격이 급등할 것에 대비해 안전장치를 마련하는 것을 헤지라고 부른다. 주식시장에 투자해본 경험이 있는 사람이라면 누구나-실은 신문의 경제면을 자주 읽는 독자라면 누구든-"헤지를 한다"거나 "헤지 펀드"라는 말을 들어봤을 것이다. 헤지 펀드는 한때 아주 특별한 투자 수단이었는데 지금은 쉽게 듣는 보통명사가 되어버렸다. 헤지 펀드 사업이란 원래 급격한 가격 변동의 위험으로부터 자기 자신이나 다른 사람의 돈을 보호하는 것이다. 헤지 펀드 회사는 고도의 복잡한 전략을 사용해 평균적인 투자자나 종목 선정가들보다 더 뛰어난 실적을 내는 것처럼 선전한다. 하지만 나 자신도 헤지 펀드 매니저를 해봤지만 헤지 펀드는 결코 우주과학처럼 정확한 게 아니다. 기본적으로 성공적인 헤지 투자자는 한 곳에 투자하면 그것을 보호할 수 있는 다른 투자 대상을 본능적으로 찾아낸다. 상품 소비자 역시 초콜릿 회사의 경우처럼 자신이 구매할 대상에 대해 헤지를 할 수 있다.

그렇다면 다시 초콜릿 사업 이야기로 돌아가보자. 만약 아이보리코 스트의 상황이 주기적으로 그래왔던 것처럼 평온한 상태를 유지해 코 코아 가격이 6개월 만에 톤 당 20달러 떨어진다면 어떻게 되겠는가? 내가 보유한 코코아 선물은 갑자기 굉장히 비싸게 주고 산 결과가 됐 지만 나는 그대로 보유할 것이다. 어쩌면 깊이 생각하지 않고 코코아 선물에 걸어놓은 롱 포지션을 청산해버릴지도 모르겠다. 그러나 여기 에 또 다른 배울 점이 있다:

헤지는 방어적인 수단이다

나는 현물 시장에서 더 떨어진 가격으로 코코아를 살 수 있고, 이를 통 해 선물시장에서의 손실을 상쇄시킬 수 있다. 결국 분명한 사실은 가 격이 오르건 내리건 나는 돈을 더 벌지 못한다는 점이다. 그러나 헤지 는 돈을 벌기 위한 수단이 아니다; 헤지는 너무 많은 것을 잃지 않기 위한 방어 수단이다. 보험을 든다고 해서 안좋은 일이 발생하는 것 자 체를 막을 수 있는 것은 아니다.

상품 생산자 역시 선물시장에서 헤지를 할 수 있다. 가령 당신이 대 형 유전을 하나 갖고 있다고 하자. 당신의 유전에서는 휘발유를 만드 는 데 최상등급 원유인 "저유황 경질유"가 쏟아져 나올 것이다. 여기 서 생산될 원유는 4만2000배럴로 추정된다. 그러나 아직은 원유가 땅 속에 묻혀있고, 현재 유가는 사상 최고치에 근접한 수준인 배럴 당 35

상품시장에 투자하라

달러지만 실제로 당신의 유전에서 원유를 생산해 시장에 내다 팔 수 있는 시점인 6개월 후에 유가가 어떻게 될지는 아무도 모른다. 당신과 같은 석유 생산업자는 NYMEX의 선물시장에서 35달러에 4만2000배럴을 팔아버릴 수 있다. 그러면 4만2000배럴의 저유황 원유를 생산하기 이전에 유가가 떨어지더라도 아무 걱정 없이 사업에 전념할 수 있다. 당신은 아직 땅속에 있는 원유의 가격을 확정지음으로써 가격 하락으로부터 스스로를 보호할 수 있는 것이다. 즉, 헤지를 한 것이다.

그런 점에서 선물시장은 위험 회피가 필요한 상품 생산자와 상품 구매자에게 훌륭한 피난처가 되어준다. 그러나 이처럼 상업적인 목적만 갖고 있는 선물시장은 존재할 수 없다. 선물시장에는 제 3의 상품 구매자와 판매자가 추가로 있어야만 한다: 투기자가 바로 그들이다.

리스크로부터 이익을 얻는다

투기자라고 하면 일반적으로 좋지 않은 의미로 받아들여진다. 그러나 상품의 세계에서 투기자는 아주 중요하다. 상품시장이 제대로 움직이고, 유동성을 유지할 수 있도록 해주는 시스템 내부의 윤활유 같은 존재다. 상품시장에서 거래가 가능한 것도 투기자가 있기 때문이다: 상품 생산자와 소비자가 리스크를 줄이기 위해 선물시장에서 헤지를 할 경우 거래 상대방은 투기자가 된다. 이 경우 투기자는 월 스트리트의 메이저급 은행과 헤지 펀드들, 그리고 돈을 벌겠다는 목적만으로 선물계약을 사고 파는 개인 투자자들이 된다. 감정에 좌우되지 않는 보다 냉정한 트레이더의 성격을 가진 이들 투기자는 결코 상품을 만져보거나 냄새조차 맡지 않는다. 투기자들은 심지어 상품거래소에 나와보려고도 하지 않는다. 단지 자신의 계좌를 관리해주고, 자신을 대리하는 브로커를 통해 상품선물을 거래한다. 투기자를 대리하는 브로커는 다른 브로커나 로컬, 거래소 회원사, 그리고 상품거래소의 플로어에서 소리를 치며 직접 거래하는 플로어 트레이더들과 선물 계약을 사고 판다.

투기자들은 직접 시장에서 "조사한" 리스크에 따라 가격을 정한다. 매일매일의 거래소는 거대한 경매시장과 흡사하다. 이곳에서 트레이더들은 어떤 상품의 가치가 얼마나 되는지 스스로 생각하고, 또 다른 트레이들은 어떻게 생각하는지 알게 되는 것이다. 가격이 오를 것이라고 생각하는 트레이더들도 있고, 가격이 내릴 것이라고 생각하는 트레이더들도 있다. 이들이 선물 계약을 사겠다거나 팔겠다고 주문을 하게 되면 어디로 튈지 모르는 변동성 심한 시장이 비로소 안정성과 유동성을 갖게 되는 것이다. 상품 구매자나 상품 생산자와 마찬가지로 투기자들도 시장에서 포지션을 취한다. 시장의 위험으로부터 스스로를 보호하기 위해 선물을 사고파는 헤지 투자자와는 달리 투기자들은 선물이 오르내리는 데 따른 이익을 얻기 위해 곧장 덤벼든다.

투기자들은 어느 상품이든 거래할 수 있지만 대부분의 투기자들은 전문적으로 거래하는 상품을 정해두고 있다. 상품을 대량으로 소비하는 대기업이나 대규모 생산업자와는 달리 투기자들은 시장에 들어오면 반드시 빠져나간다. 실제로 상품을 현물로 인수하는 리스크는 전혀 부담하지 않는다. 대부분의 트레이더들은 옥수수 낟알 하나, 원유 1갤런, 살찐 돼지 한 마리도 갖고 싶어하지 않는다. 한 조사 결과에 따르면 실제로 거래되는 상품선물 계약 가운데 인도가 이뤄지거나 그 상품을 직접 사용하는 경우는 3%에도 미치지 못하는 것으로 나타났다. 상품을 인도하거나 인수하는 것은 상품계약의 최종 인도일이 닥칠 때까지는 아무런 상관도 없다. 5000부셸의 옥수수 선물과 2만 달러 상당의 쇠고기 선물을 매수하거나 매도한 투기자는 당연히 이를 현물로 인수하지도, 혹은 인도하지도 않을 것이므로 선물 계약의 만기일 이전에 자신의 선물 포지션을 모두 팔거나 도로 사들일 것이다. 즉, 자신의 계약을 전부 청산한다는 말이다.

투기자들은 일반적으로 상품을 인도하는 달에는 선물 계약을 절대로 거래하지 않는다.(가령 12월 인도분 원유 선물의 경우 투기자들은 12월에는 이 선물 계약을 거래하지 않는다─옮긴이) 투기자들은 한마디로 인도하거나 인수할 수 있는 가능성마저 피하는 것이다. 12월 인도분 선물 계약을 보유하고 있는 트레이더들 대부분은 11월에 빠져 나온다.(만약 실수로 제때에 빠져 나오지 못했다 해도 그가 매수한 옥수수나 쇠고기, 커피 등이 그냥 방치되지는 않을 것이다; 하지만 이를 쌓아둘 창고나 곡물 저장고가 필요할 것이고, 따라서 저장하는 데 들어가는 금전적인 지출도 추가로 부담해야 한다. 결국 만기일까지 보유하는 바람에 증거금의 몇 배나 되는 선물 계약의 가격 전부를 지불해야 하는 것은 물론 부주의로 인한 추가적인 부담이 상당할 것이다.)

투기자가 하는 일은 간단하다:

시장의 방향에 맞게 선물 포지션을 취한 뒤 시장이
그 방향으로 움직이기를 기다린다.

노련한 선물 트레이더들은 수많은 투자 전략과 다양한 변수들을 고려하며, 이를 통해 시장에서 최대한 많은 이익을 얻어내려고 노력한다. 이들이 돈을 버는 가장 기본적인 두 가지 방법은 가격이 올라가는 데 돈을 거는 것과 가격이 내려가는 데 돈을 거는 것이다.

고잉 롱-또는 숏

당신은 선물 계약을 사서 롱 포지션을 취할 수 있다. 이것은 가격이 오르는 데 돈을 거는 것이다.(즉, 쌀 때 사서 비쌀 때 파는 것이다.) 가령 어떤 트레이더가 아이보리코스트의 정치적 상황을 면밀히 조사한 것은 물론 코코아의 수요와 공급 여건을 충분히 분석했다고 하자. 그는 비록 아이보리코스트의 상황이 지금까지는 너무나 평온했지만 연말이 되기 전에 폭발할 가능성이 높고, 따라서 코코아 가격도 오를 것이라는 결론을 내렸다. 그는 코코아 선물을 한 계약 매수해 롱 포지션을 취하기로 마음먹었다. 그의 이 같은 시나리오가 어떻게 결말을 맺을지 살펴보자:

• 앞서 내가 초콜릿 회사를 예로 들면서 12월 인도분 코코아를 6월에 톤 당 1300달러를 주고 헤지를 한 사실을 기억하는가? 나와 마찬가지로 다른 트레이더들도 코코아 선물을 1300달러에 샀을지 모른다. 그런데 이제 9월이 됐다. 12월 인도분 코코아 가격은 이미 선물시장에서 1310달러로 올랐다.

- 현재 코코아 선물 한 계약을 갖고 있는 소유자는 아이보리코스트의 상황에 대해 잘 모르는 것은 아니지만 코코아 가격이 추가로 톤 당 10달러나 더 오르지는 않을 것이라고 생각한다. 그는 팔기로 마음먹었다.

- 투기자의 브로커는 매수호가 1315달러로 주문을 내기 시작해, 최종적으로 톤 당 1320달러 매수할 수 있었다. 코코아 선물의 매도자는 앞서 1300달러에 매수했는데, 단기간에 톤 당 20달러라는 짧짤한 이익을 올리게 됐다.(코코아 선물 한 계약의 표준 단위는 10 메트릭톤이므로 매도자가 거둔 총이익은 200달러가 된다.)

- 다음날 아이보리코스트에서 소요 사태가 벌어졌다. 12월 인도분 코코아 가격은 한꺼번에 톤 당 40달러나 급등했다. 트레이더 입장에서는 어제 매수한 선물 계약을 지금 팔아서 이익을 실현하든가, 아니면 12월 인도일이 오기 전까지 계속 올라가도록 기다릴 수 있다.

그런데 만약 그가 기다렸는데, 그의 판단이 틀렸다면 어떻게 될까? 갑자기 아이보리코스트가 평온을 되찾고, 코코아 가격이 톤 당 1300달러로 급락할 수 있다. 그러면 아마 이 투기자는 진정제라도 한 알 먹은 다음 손실을 보고 그의 포지션을 청산한 뒤 내일은 더 나은 거래를 할 수 있기를 바라야 할 것이다.

그러나 투기자는 선물을 매도해 숏 포지션을 취할 수도 있다. 가격이 내리는 데 돈을 거는 것이다.(즉, 비쌀 때 팔고 쌀 때 사는 것이다.) 숏 매도는 초보 단계의 투자자가 가장 어렵게 생각하는 투자 방법이다. 그러나 프로들에게는 다른 사람의 불행을 자신의 이익으로 돌리는 아주 편리한 수단 가운데 하나다. 대학교 재학 시절 여름방학을 이용해 월 스트리트의 한 회사에서 처음으로 일했을 때의 기억이 아직도 생생하게 남아있다. 당시 나는 어떤 회사의 주식이 떨어질 것이라는 데 투자해 돈을 벌 수 있다는 사실을 알고 놀랐었다. 더구나 자신이 갖고 있지도 않은 주식을 실제로 (또 합법적으로) 팔 수 있다는 것을 발견하고는 내가 얼마나 경탄했을지 상상해보기 바란다.

이상하게 들리지도 모르겠지만 우리는 늘 수중에 갖고 있지 않은 것을 팔고 있다. 자동차 딜러는 매장에 들어오지도 않은 특정 모델이나 특정 색상의 승용차를 판매한다. 1970년대와 2004년에 휘발유 가격이 천정부지로 치솟자 미처 생산되지도 않은 하이브리드 승용차와 연비가 높은 승용차를 사려는 사람들이 대기자 명단에 자신의 이름을 올려놓았다. 잡지 회사들은 아직 발행하지도 않은, 단지 발행할 계획만 잡혀있는 잡지를 대상으로 정기구독자에게 잡지를 판매한다. 음악회에 자주 가는 사람들은 앞으로 열릴 콘서트의 티켓을 한참 전에 구입한다. 만약 플라시도 도밍고가 감기에 걸리거나 브리트니 스피어스가 무릎을 다치게 되면 콘서트는 취소될 것이고, 티켓을 판 극장 주인(숏 매도자)은 티켓을 구입한 사람들에게 돈을 돌려주어야 할 것이다.(숏 포지션을 청산할 것이다.)

주식시장에서 숏 매도를 하는 이유는 어느 회사의 주식이 과도하게 고평가돼 주가가 곧 급락할 것이라고 생각하기 때문이다. 닷컴 거품이 최후의 절정기에 도달했을 무렵에는 나스닥 시장에 상장된 종목 가운데 아무거나 골라도 숏 매도하기에 괜찮은 종목이 됐을 것이다. 2000년 당시 시스코는 사상 최고치인 82달러까지 치솟았다; 비슷한 시기에 JDS 유니페이스는 140달러 수준까지 올랐다. 영리한 숏 매도자들-"더 숏츠(the shorts)"라고 부른다-은 그 때 증권회사에 전화를 걸어 시스코와 JDS 유니페이스 주식을 대규모로 팔아달라고 주문했다.

숏 매도가 어떻게 이루어지는지 설명하겠다. 누구나 투자를 할 때면 싸게 거래되는 것을 사서 좀 더 비싼 값을 받고 팔려고 한다. 가령 A기업의 주식 100주를 1주 당 10달러를 주고 샀는데, 주가가 15달러로 오른 뒤에 팔았다면 500달러의 이익을 거뒀을 것이다. 숏 매도 역시 마찬가지다. 그러나 과정을 거꾸로 돌린 것이다: 어떤 물건을 15달러에 판 뒤 이를 10달러에 사는 것이다. 앞서와 똑같은 거래를 했고, 이번에도 정확히 앞서의 거래에서 번 금액만큼의 이익을 남겼지만 주문 순서는 앞서의 과정과 정반대다. 먼저 팔고 그 다음에 산 것이다. 가격이 떨어질 것에 돈을 걸게 되면 이처럼 높은 가격에 팔고 낮은 가격에 사서 그 차익을 얻는 것이다. 이 같은 숏 매도는 주식이나 채권, 외환, 상품 등 어느 것이나 가능하다.

그렇다면 당신이 갖고 있지도 않은 자산을 어떻게 팔 수 있는가? 간단하다: 빌리는 것이다. 거래하는 증권회사나 투자은행에서 빌릴 수 있고, 친구도 가능하다. 실제로 그 자산을 갖고 있는 사람이라면 누구에게서나 빌릴 수 있다. 가령 이들이 당신에게 A사의 주식 100주를 빌려주었다고 하자. 당신은 이 주식을 1주 당 15달러에 팔아 1500달러를 받았다. 그런데 A사의 주가가 10달러로 떨어진 뒤 당신은 1000달러를 주고 100주를 다시 샀다. 당신은 A사의 주식을 빌려준 쪽에게 100주를 돌려주고 500달러의 이익을 손에 쥐었다. 물론 당신이 의도했던 방향과 반대로 움직인다면, 즉 A사의 주가가 계속해서 오른다면 당신은 눈물을 머금고서라도 당신의 돈으로 그 차액을 메워야 한다.

상품 투기자 역시 가격이 떨어지는 것을 기회로 삼아 이익을 올릴 수 있다. 특히 주식시장에서는 주가가 상당히 저평가돼 있을 경우 숏 포지션을 취하는 투기자를 찾아보기 힘들지만 상품시장에서는 롱 포지션 투기자가 있는 한 언제든 숏 포지션 투기자가 있다. 누군가가 이기면 누군가는 진다. 그 반대도 성립한다.(당신이 만약 뉴욕 양키즈가 승리하는 데 돈을 걸었다면 그 상대팀이 패배하기를 바랄 것이다. 상대팀 입장에서 보면 당신은 숏 포지션을 취한 셈이다.) 그런데 주식이나 채권, 외환시장과는 달리 상품시장에서는 숏 포지션을 취할 경우에도 자신이 매도할 투자 대상을 실제로 갖고 있는 사람을 찾아야 할 필요가 없다. 상품 투기자가 파는 것은 실제로 존재하는 실물 상품이 아니라 미래에 인도할 계약이기 때문이다. 숏 매도를 하는 투기자는 그저 자신의 브로커에게 특정 상품 계약을 특정 가격(혹은 특정 가격대)에 팔아달라고 한 다음 그 가격보다 떨어지기를 기다리기만 하면 된다. 매도 대상 자산을 빌리는 대신 약간의 담보를 갖고 있어야 하는데, 이것 역시 매도한 계약 금액의 5~10% 정도로 그렇게 많지 않다. 코코아를 예로 들어 숏 매도자가 어떻게 하는지 살펴보자:

• 아이보리코스트에서 벌어졌던 소요 사태가 가라앉았다. 그러자 한 트레이더가 12월 인도분 코코아가 톤 당 1360달러나 하는 것은 너무 비싸다고 생각했다. 이 같은 가격은 코코아의 수요와 공급이라는 펀더멘털보다는 시장의 두려움이 반영된 것이라는 이유였다. 코코아의 수급에는 아무런 문제도 없었다.

• 이 트레이더는 코코아 가격이 내려가는 데 돈을 걸기로 했다. 그는 자신의 브로커에게 전화를 걸어 12월 인도분 선물 1계약을 톤 당 1360달러에 숏 매도해달라고 주문했다. 이 트레이더는 12월 인도일이 오기 전에 훨씬 낮은 가격으로 똑같은 선물 1계약을 사서 거래를 청산할 계획이다.(코코아 선물 1계약은 10메트릭톤이므로 전체 가치는 1만3600달러다.) 브로커는 거래를 성사시켰다.

• 상품 투기자는 누구에게도 코코아를 줄 생각이 없다. 앞서 설명한 것처럼 선물시장에 참여하는 대부분의 트레이더들은 인도일이 닥치기 전에 거래를 청산한다. 그러나 선물시장은 원래 상품 소비자와 생산자를 리스크로부터 보호하기 위해 만들어진 것이므로 일부 트레이더들은 실제로 상품을 인도하거나 인도받을 것을 염두에 두고 거래한다. 코코아 가격이 내려갈 것이라고 생각한 코코아 농장주인도 12월 인도분 계약을 톤 당 1360달러에 팔 수 있다. 인도일이 되었을 때 실제로 코코아 가격이 내려가면 이 농장주인은 이익을 보게 될 것이다. 그의 이웃에 있는 다른 코코아 농장주인은 자신이 미리 팔아버린 상품과 똑같은 코코아를 더 낮은 가격에

판매할 것이다.

- 앞서 트레이더가 숏 매도를 한 지 한 달 만에 국제연합(UN)이 아이보리코스트에 평화유지군을 보내기로 결정하자 코코아 가격은 떨어지기 시작했다. 이 투기자의 코코아 매도 결정은 정확한 것이었다. 코코아 가격은 톤 당 1340달러로 떨어졌다. 그는 브로커에게 전화를 걸어 현재 시장 가격으로 코코아 선물 1계약을 매수해 달라고 주문했다. 브로커는 최대한 낮은 가격에 매수하려고 노력했고, 결국 톤 당 1330달러에 사들였다. 숏 매도자는 톤 당 30달러, 즉 한 계약을 거래하면서 300달러의 이익을 올렸다.

상품 트레이더들은 이따금 특별한 이유 없이 숏 매도를 하기도 한다. 본능적으로 폭락이 올 것을 느끼는 것이다. 나도 1987년에 그랬다. 당시 콩 선물 가격이 부셸 당 9달러를 넘어서자 나는 콩 선물을 숏 매도했다. 내가 알고 있는 모든 트레이더들이 콩을 미친듯이 사들였고, 가격이 계속 올라갈 것이라는 강세론자의 주장이 득세하고 있었다. 그러나 나는 지난 경험을 통해 시장의 신경질적 발작에 대해 여러 차례 배워왔다. 강세장의 시작은 아무도 눈치채지 못한다. 그러나 가격이 올라가기 시작하면 영리한 투자자들이 먼저 밑그림을 그리고, 곧 이어 다른 투자자들도 뛰어들어 마침내 강세장이 펼쳐진다. 그러면 시장은 주기적인 조정을 보이면서 계속해서 상승한다. 시장에 뛰어든 모든 투자자들이 돈을 번다. 시장을 멀리서 바라보던 사람들마저 그냥 지나치지 못하고, 더 많은 사람들이 시장에 덤벼든다. 상당히 합리적이

　　　　　　　　　　　　　상품시장에 투자하라

었던 사람들마저 잘 다니던 직장을 그만두고 데이 트레이더로 나선다. 거침없는 신경질적 발작은 이렇게 진행되는 것이다. 그러면 나는 숏 포지션을 취한다. 1987년에 내가 콩 선물을 숏 매도한 것도 이 같은 신경질적 발작을 이용한 것이었다. 콩 선물 가격은 떨어졌고, 나는 돈을 벌었다. 신경질적 발작을 이용해 숏 매도하는 것은 대개 올바른 결정으로 귀결된다. 하지만 내가 권하는 방법은 가격이 떨어질 가능성이 높다는 것을 확신할 수 있는 펀더멘털상의 훌륭한 이유를 찾아내야 한다는 것이다.

숏 매도를 하는 투기자의 이익은 처음에 매도한 가격과 나중에 떨어진 가격으로 매수한 가격 간의 차이가 얼마나 큰가에 달려있다. 그의 판단이 틀렸다면 가격은 올라갈 것이다. 그는 더 높은 가격으로 선물을 사서 숏 포지션을 청산해야 할 것이고, 손실을 보게 될 것이다.

모든 투기자들은 한 번이든, 몇 번이든 틀릴 수 있다. 나 역시 1980년에 원유 선물을 숏 매도했던 때를 생생하게 기억한다. 당시 유가는 몇 년에 걸쳐 계속 올랐다. 원유 생산량이 늘어나고 재고량이 증가하고 있는데도 상승세는 이어졌다. 1978년에는 석유 공급이 수요를 넘어섰다. 그러나 가격은 비이성적으로 올라가기만 했다. 1980년에 나는 석유의 펀더멘털이 완전히 바뀌었다는 사실을 시장이 곧 알아차릴 것이라고 판단하고, 유가가 떨어지는 쪽에 돈을 걸기로 결정했다. 내가 전혀 생각하지 못했던 것은 "우리의 친구"(당시 이라크는 미국의 우방이었다) 사담 후세인이 아야툴라 호메이니가 통치하는 이란이슬람공화국을 침공할 수 있다는 사실이었다. 석유수출국기구(OPEC)의 두 회원국이 서로 총질하며 전쟁을 벌이는 것은 나처럼 유가가 떨어지는 쪽에 돈을 건 투기자에게는 좋지 않은 일이었다. 전쟁은 치열하게 전개됐다. 유가가 하늘 높은 줄 모르고 치솟기 시작하자 나는 할 수 없이 숏 포지션을 청산했다.(지금 뒤돌아보면 그 때 나는 숏 매도한 것을 그대로 유지했어야 했다. 유가는 정말로 너무 고평가된 상태였고, 결국 유가는 추락하고 말았다. 나는 석유의 펀더멘털을 정확히 읽었지만 다른 사람들과 마찬가지로 패닉에 빠져버렸던 것이다.)

내가 숏 매도를 할 때 기본으로 삼는 원칙은 바로 이것이다:

믿기지 않을 정도로 비싸지 않다면
절대로 숏 포지션을 취하지 않는다.

나는 여기서 *믿기지 않을 정도로*라는 말을 썼다. 나는 지금까지 살아오면서 단지 비싸다고 생각해 숏 매도를 했는데, 더욱 비싸지는 것을 수없이 경험했다. 월 스트리트의 초년병 시절이던 1970년 나는 시장의 신경질적 발작에 관해 잊을 수 없는 중요한 교훈을 얻었다. 당시 나는 유니버시티 컴퓨팅 주식을 48달러에 팔아 숏 포지션을 취한 뒤 주가가 떨어지기를 기다렸다. 나는 결국 이 회사의 주가가 72달러까지 오르자 숏 매도한 주식을 도로 사들여 내 포지션을 청산했다. 유니버시티 컴퓨팅의 주가는 계속 올라 마침내 96달러까지 갔지만 결국 2달러로 폭락하고 말았다. 내가 이 회사 주식을 숏 매도한 것은 정확한 판단이었다. 그러나 나는 돈을 날리고 말았다. 그 이유는 당시 이 회사 주가가 고평가됐다는 나의 믿음을 지켜줄 만한 용기도, 돈도 갖고 있지 못했기 때문이다. 닷컴 거품이 일었을 무렵 나는 훨씬 더 똑똑해져 있었다. 하지만 마치 마법사 같은 젊은 신세대들도 나처럼 첨단 기술주를 숏 매도할 것이라고 생각했다. 당시 첨단 기술주는 아무런 이유도 없이 천정부지로 치솟기만 했으니까. 가령 JDS 유니페이스는 이제 겨우 걸음마를 뗀 첨단 기술 기업으로 전형적인 숏 매도 대상이었다. 이 회사 주식은 1년 만에 20달러에서 129달러로 뛰어올랐다. 문제는 시장이 이 주식의 진짜 가치에 아무런 관심도 두지 않았다는 점이다. 주식시장에 새로 들어온 투자자들은 마치 영원히 마르지 않는 이익의 샘을 갖기라도 하는 것처럼 무조건 이 주식에 올라탔다. 정말 믿을 수 없게도 JDS 유니페이스의 주가는 그 후 20달러나 더 올랐다. 그리고는 80달러 수준으로 급락한 뒤 다시 한번 신고가를 경신할 듯이 강한 반등세를 보였다. 하지만 결국 다시 떨어졌고, 거의 1달러 수준까지 추락해 그 후 3년간 더 이상 오르지 못했다.

금값이 온스 당 100달러에서 수직 상승했던 1970년대에 정상적인 사고를 가진 투자자였다면 100달러씩 추가로 오를 때마다 숏 매도를 했을지 모르겠다. 과연 누가 금값이 온스 당 860달러까지 치솟을 것이라고 생각했겠는가?(나는 그 무렵 금을 숏 매도하지 않았다. 내가 금을 숏 매도한 것은 한참 뒤에 온스 당 675달러가 됐을 때였다. 실은 이 것도 너무 빠른 것이었다. 금값은 내가 숏 매도하고 4일이 지나서 사상 최고치를 기록했다.) 역시 1970년대에 설탕 가격이 파운드 당 4센트에서 40센트로 급상승하자 나는 다른 많은 사람들도 설탕 가격이 정말 믿기지 않을 정도로 비싸다고 생각할 것이라고 판단했다. 그러나 설탕을 파운드 당 40센트에 숏 매도한 사람에게는 안타깝게도 설탕 가격은 66센트까지 치솟은 뒤에야 비로소 정상 수준으로 떨어지기 시작했다.

스톱!

이미 눈치챘을지 모르겠지만 선물 거래를 한다는 것은 고상한 직업이
아니다. 모든 트레이더는 반드시 패배의 쓴 잔을 맛봐야 한다. 어떤 트
레이더든 전부 패배하기 때문이다. 사실 대부분의 트레이더들은 패배
한 시간이 대부분을 차지한다. 정말로 중요한 것은 패배한 것보다 더
큰 승리를 거두는 것이다. 그러나 어쨌든 패배란 피할 수 없는 것이기
에 트레이더에게는 또 하나의 기본적인 원칙이 있는데, 손실을 키우지
말라는 것이다.

  선물 트레이더들은 갑자기 시장이 자신의 의도와는 정반대로 움직
일 때 이로 인해 회복할 수 없는 치명적인 손실을 입지 않기 위해 한
가지 편리한 수단을 갖고 있다: 손절매 주문(stop order)이 그것이다.
가령 당신이 은 선물 1계약을 트로이온스 당 5.90달러에 매수했다고
하자. 당신은 롱 포지션을 취했으므로 가격이 오르기를 기다릴 것이
다. 그런데 당신은 손실이 날 경우에도 온스 당 10센트를 넘어서는 안
된다고 마음먹었다. 그러면 손절매 주문을 미리 걸어놓을 수 있다. 당
신의 브로커에게 만약 은 선물 가격이 온스 당 5.80달러로 떨어지면
손실을 보고 팔아달라고 주문하는 것이다. 당신의 브로커는 은 선물
가격이 실제로 5.80달러가 되면 매도 거래를 성사시킬 것이다. 당신이
만약 숏 매도를 했다면 가격이 내리는 것에 돈을 건 셈이므로 손절매
주문은 매도 가격보다 더 높은 가격으로 내야 한다. 손절매 주문은 자

동으로 이루어진다: 일단 손절매 주문을 냈다면 잊어야 한다. 미리 정해놓은 가격까지 떨어지면 거래를 성사시키는 것은 당신의 브로커가 할 일이다.

그러나 당신이 원하는 가격에 거래가 체결될 것이라는 100% 확실한 보장은 없다. 변동성이 매우 심한 시장에서는 특정 상품의 가격이 한쪽 방향으로 아주 급격하게 움직일 수 있다. 그러면 당신이 미리 정해놓은 손절매 가격에서 포지션을 청산하고 빠져 나오는 것이 불가능할 수 있다. 이런 경우 브로커는 시장에서 거래할 수 있는 최선의 가격으로 당신의 손절매 주문을 처리해야만 한다.

일반적으로 브로커가 성사시키는 가격은 당신이 정한 손절매 주문 가격과 매우 근접한 수준일 것이다. 일반적으로 그렇다는 것이다. 그러나 손절매 주문이 절대적인 안전을 보장해주지는 못한다. 시장이 극히 예외적일 정도로 변동성이 심할 때 가격은 하루 거래 제한폭까지 상승하거나 하락할 수 있다. 이 같은 제한폭은 상품거래소에서 모든 상품에 대해 정해놓은 것으로, 상품시장이 주식시장이나 채권시장과 다른 점 가운데 하나다. 예를 들어 현재 옥수수 선물의 가격 제한폭은 하루에 1부셸 당 20센트다. 월요일에 옥수수 선물 가격이 1부셸에 3.00달러로 거래를 마쳤다고 하자. 그런데 화요일에 옥수수 선물이 3.20달러로 올랐다면 모든 거래는 중단된다. 물론 3.20달러에 매수하려는 사람이나 이보다 약간 낮은 가격으로 매도하려는 사람은 거래할 수 있다. 가격 제한폭까지 오르거나 떨어지게 되면 거래소는 가격 제한폭까지 도달한 상태에서 거래 중단을 선언할 수 있다. 이렇게 되면 브로커는 당신의 손절매 주문을 처리하지 못할 것이다. 앞서의 경우를 예로 들자면 3.20달러에도 팔려는 사람이 전혀 없는 것이다. 이런 상황에서 시장에 신경질적 발작이 일어나면 옥수수 선물은 수요일에도 팔려는 사람이 전혀 없어 한 건의 거래도 이루어지지 않은 채 곧장 3.40달러로 오를 수 있다. 만약 당신이 3.00달러에 옥수수 선물을 숏 매도했다면 가슴이 철렁 내려앉을 것이다. 옥수수 선물 가격이 계속 올라 매도자가 시장에서 자취를 감춰버린 상태에서는 당신의 브로커도 어떻게 주문을 처리할 수 없을 것이다. 상품 가격은 이렇게 1주 혹은 2주 동안 가격 제한폭까지 계속해서 오르거나 내리는 경우가 있다. 이미 손해를 보고 있는 포지션의 손실 금액은 눈덩이처럼 불어날 것이다. 증거금이 적다고 해서 과도하게 투자한 경우 종종 이런 최악의 상황에 부딪친다.

손절매 주문을 활용해 이미 거둔 이익을 안전하게 지킬 수도 있다. 만약 당신이 은 선물을 온스 당 5.80달러에 매수했는데 6.10달러로 올랐다고 하자. 은 선물 가격은 언제든 급격하게 떨어질 수 있다. 이럴 때 투기자는 6.00달러에 손절매 주문을 내놓을 수 있다. 온스 당 20센트의 이익은 확실하게 챙겨놓는 것이다.(혹시 브로커가 손절매 가격을 지키지 못했을 경우에도 이보다 약간 작은 이익은 거둘 수 있을 것이다.) 물론 가격이 계속해서 오르면 당신이 낸 손절매 주문은 체결되지 않을 것이므로 당신의 포지션은 그대로 유지된다.

롱 포지션을 취하든 아니면 숏 매도를 하든, 또 손절매 주문을 하든 그렇게 하지 않든 관계없이 트레이더는 언제나 자신의 계좌에서 거래 대금을 지불해야 한다. 트레이더가 자신을 위해서나 고객을 위해서 거래를 하는 동안에는 가장 중요한 생명선, 즉 잔고를 끊임없이 주시해야 하는 기관의 일부라는 점을 명심해야 한다.

사업으로서의 상품 거래

상품시장은 "제로 베이스"다. 이 말은 매일매일 모든 포지션의 손익이
균형을 이룬다는 것이다: 시장이 오르든 내리든 그 방향을 올바르게
판단하고 그 쪽에 돈을 건 승자가 패자의 돈을 가져간다.(누구든 그 날
의 손실을 메우지 못하면 즉시 그 사람의 포지션은 강제로 청산된다.)
트레이더들이 실제로 상품 거래를 하는 중개회사에 예치해놓은 신용
계좌는 이렇게 매일매일 결제되고, 이들은 계속해서 거래할 수 있다.
손익을 하루 단위로 정산하는 것 역시 상품시장이 주식시장과 구분되
는 중요한 차이점이다. 주식시장에서는 주식을 매매한 날짜로부터 거
래일로 3일째 되는 날 결제한다.

　상품 거래가 주식 거래와 다른 또 한 가지 중요한 점은 거래할 때 이
행증거금으로 갖고 있어야 하는 금액이다. 현재 주식시장에서는 신용
으로 주식을 매수한다 해도 최소한 매수 대금의 50%를 예치금으로 갖
고 있어야 한다. 상품 거래에서는 레버리지 효과가 이보다 몇 배나 크
다. 즉, 자신이 갖고 있는 예치금의 수십 배에 달하는 상품을 사고 팔
수 있다. 상품 거래를 할 때 중개회사가 요구하는 최소한의 예치금, 즉
최초 거래 증거금은 고객이 사고자 하는 선물 계약 금액의 2% 수준인
경우도 있다; 물론 이 같은 경우는 예외적이고, 대개는 5~10% 정도다.
또 상품거래소에서 정한 최소한의 예치금보다 더 많은 금액을 증거금
으로 요구하는 중개회사도 있다. 상품거래소는 늘 시장을 주시하면서

리스크의 변화에 따라 증거금의 최저 한도를 높이거나 낮춘다. 가령 시장의 변동성이 매우 심하다고 판단되면 거래소는 최초 증거금을 더 높게 조정한다. 그렇게 함으로써 선물시장을 안전하게 보호하고, 레버리지 효과를 이용해 과도하게 덤벼드는 투기자들도 보호할 수 있기 때문이다.(예를 들어 CBOT의 2004년도 밀 선물 최초 거래 증거금은 675달러였다. 밀 선물 1계약은 5000부셸이고, 밀 가격이 부셸 당 3.50달러 수준이었으므로 밀 선물 1계약의 금액은 대략 1만7500달러라는 점을 감안할 때 이 같은 최초 증거금은 선물 계약 금액의 4% 정도에 불과하다. 즉, 1만7500달러 어치의 밀 선물 1계약을 사면서 675달러만 예치하면 되는 셈이다. 이 기간 중 CBOT의 옥수수 선물 최초 거래 증거금 역시 540달러로, 옥수수 선물 1계약 금액 약 1만2500달러의 4% 수준이었다. 반면 NYMEX가 2004년도에 신규 고객들에게 부과한 원유 선물 최초 거래 증거금은 3375달러였다. 이는 원유 선물 가격의 오름세를 반영한 것이었다. 원유 선물 1계약은 1000배럴로 당시 유가가 배럴 당 40달러 선이었음을 감안하면 4만 달러의 원유 선물 계약을 사기 위해 약 8%의 최초 증거금을 내야 하는 셈이다.)

그러면 이 같은 레버리지 효과가 어떻게 작용하는지 알아보자:

• 2월의 어느날에 당신은 8월 인도분 콩 선물 1계약을 샀다. 당시 콩 선물의 가격은 부셸 당 5달러였고, 콩 선물 1계약은 5000부셸 이므로 전체 금액 2만5000달러의 5%인 1250달러를 최초 증거금 으로 냈다.

- 당신은 콩 선물 가격이 오를 것이라고 생각한 투기자다. 5월이 되자 당신이 예상했던 대로 부셸 당 50센트, 즉 10%가 올라 콩 선물 1계약은 2만7500달러가 됐다. 당신은 보유하고 있는 8월 인도분 콩 선물 1계약을 팔아 2500달러의 이익을 얻을 수 있다. 콩 선물 가격은 10%밖에 오르지 않았는데 당신의 투자 수익률은 100%가 되는 것이다. 아주 멋진 거래를 한 셈이다.(물론 여기서 거래 비용이나 중개 수수료 등을 차감해야 한다.)

- 그러나 만약 5월이 되자 콩 선물 가격이 부셸 당 50센트 떨어졌다고 하자. 당신은 팔기로 결정했다. 그러면 손실은 2500달러가 된다. 이 같은 손실은 당신의 최초 거래 증거금을 전부 날리는 데 그치는 게 아니라 추가로 1250달러를 더 내야 한다는 것을 의미한다. 즉, 콩 선물 가격은 10% 떨어졌는데, 당신의 투자 수익률은 마이너스 200%가 되는 것이다.

다시 강조하겠다: 당신의 친척이 콩 선물에 투자했다가
전재산을 날린 것은 이런 이유 때문이다.

산술적으로 생각해보자. 최초 거래 증거금만 내고 선물 계약 여러 개를 매수한 투기자는 가격이 오르기만 하면 그야말로 아주 적은 금액으로 엄청난 이익을 거둘 수 있다. 하지만 가격이 떨어지면 레버리지가 높은 만큼 그 손실도 치명적일 수 있다.

당신의 친척은 물론 대부분의 상품 트레이더들이
결국 투자 원금까지 다 잃게 되는 이유가 바로 이 때문이다.

앞서의 사례처럼 큰 손실을 보았다면 당신의 브로커는 매일 전화를 걸어올 것이다. 마진 콜(margin call)이다. 브로커는 당신에게 손실을 즉각 채워넣고, 다시 거래를 하려면 필요한 최소한의 예치금인 유지 증거금을 입금하라고 요구할 것이다.

　매우 중요한 경고: 상품거래소에서는 거래 증거금 요구액을 수시로 변경하고, 중개회사는 당신을 상대로 소송을 제기할 수 있다. 따라서 선물을 거래하기 전에 반드시 중개회사의 신용 공여 조건을 꼼꼼히 살펴봐야 한다. 특정 선물 계약을 거래할 때 예치해야 하는 최소한의 금액이 얼마인지 확인해야 하는 것이다. 선물 거래의 증거금 비율은 워낙 낮기 때문에 아주 극적인 결과를 낳는다. 배짱 두둑하고 동원할 수 있는 현금도 넉넉한 프로 투기자들은 손실을 봐도 이를 채워넣을 여유가 있다. 그래서 이들은 레버리지 효과를 최대한 이용해 큰돈을 벌 수 있는 것이다. 그러나 경험이 많은 상품 투기자라 하더라도 이렇게 레버리지 효과를 최대한 이용해 대박을 터뜨리는 경우는 극소수에 불과하다. 나머지 대부분은 훨씬 더 조심해야 한다. 레버리지를 사용한다 하더라도 가능한 한 적게 써야만 한다. 선물 거래를 하겠다고 마음 먹었다면 레버리지에 대해 심사숙고 해야 한다. 일단 실제로 거래를 시작하면 시장이 당초에 당신이 예상했던 방향과 정반대로 움직일 경우 당신이 매수하거나 매도한 선물 계약에서 얼마까지 손실이 나도 견딜 수 있는지 명확히 그 금액을 정해두어야 한다. 당신은 원유나 면화, 혹

은 어떤 상품이든 IBM 주식을 사듯이 전액 현금을 주고 살 수 있다는 점을 명심하라. 그리고 손실을 봐도 정말로, 정말로 괜찮은 "리스크 캐피털(risk capital)"을 반드시 갖고 있어야 한다는 점도 잊지 말아야 한다. 집세로 낼 돈이나 의료비, 자녀 교육비, 노후 대비용 자금 같은 돈은 당신의 신용 계좌에 예치하지 말아야 한다.

일단 선물 중개회사에 신용 계좌를 개설하게 되면 당신의 브로커는 당신의 주문을 처리할 적당한 상품거래소에 충분한 자금을 예치할 것이다. 모든 상품거래소는 청산소를 갖고 있는데, 여기서 매일매일 승자의 계좌에는 그 날의 이익을 넣어주고 패자의 계좌에서는 그 날의 손실을 차감하는 것이다. 청산소는 문자 그대로 모든 거래의 중간지대다. 현물 상품을 거래하는 것과는 달리 선물 매수자와 매도자는 서로서로를 찾아 다닐 필요가 없다; 자기들끼리 약속을 하거나 의무도 질 필요도 없다. 얼굴 한번 맞대지 않고도 각자 계약을 청산할 수 있다. 자신이 산 상품 계약을 팔거나, 자신이 판 상품 계약을 사면 된다. 청산소는 그런 의미에서 늘 거래의 담보자로서 역할을 한다. 내가 7월에 12월 인도분 옥수수를 숏 매도했다면, 사실상 내게서 선물 계약을 산 당사자는 미국에서 옥수수 선물을 취급하는 거래소인 CBOT의 청산소가 될 것이다. 내 예측이 적중해 9월에 옥수수 가격이 떨어졌다면 나는 선물 계약을 도로 사들여 이익을 취할 수 있다. 이 때도 내 거래의 상대방, 즉 나에게 선물 계약을 판 쪽은 청산소가 될 것이다. 청산소는 또한 CFTC의 감독을 받는다.

상품 뉴스를 해석하기

아직 상품 뉴스를 읽어본 적이 없다면 〈월스트리트저널〉이나 〈배런스〉, 혹은 일반 신문의 상품 섹션을 들춰보면 다양한 상품들의 가격이 나와있는 것을 확인할 수 있을 것이다. 그런데 당신의 눈에 들어온 내용이 전혀 이해되지 않을지도 모르겠다. 혹은 CNBC를 틀면 텔레비전 화면 하단으로 하루종일 흘러나가는 상품 시세를 볼 수 있다. 하지만 이것 역시 당신의 눈에는 의미없는 글자와 숫자만 나열한 것처럼 보일 것이다;

GH 355.5 ... WU 369 ... SN 725 ... HOX 101 ... CLN 39 ...

그러면 당신이 구리에 관심을 갖고 있다고 하자. 요즘 구리 시황이 어떤지 알아보기 위해서는 그저 〈월스트리트저널〉이나 〈뉴욕타임스〉, 혹은 〈파이낸셜타임스〉를 한 부 집어 들어 상품 섹션을 펼쳐보면 된다. 이들 신문이 아니더라도 가장 거래가 많이 이뤄지는 상품 선물들, 가령 원유나 옥수수, 밀, 콩, 비육우, 돼지고기살, 설탕, 커피 등의 전날 종가나 금, 은, 구리 등의 주간 단위 현물 가격 정도는 싣고 있을 것이다. 〈월스트리트저널〉은 "선물(Futures)" 페이지로 한 면을 할애하고 있는데, 여기에서는 곡물 및 유지(油脂) 종자, 가축, 식료품 및 천연섬유, 금속, 원유 등 상품 부문별로 가격 움직임을 보도한다.

이 가운데 "금속 선물(Metals Futures)"란을 보면 어느 날짜의 〈월스트리트저널〉이든 항상 맨 위에 이렇게 쓰여져 있다:

COPPER-HIGH (CMX) 25,000 lbs; cents per lb.

상품시장에 투자하라

이를 해석해보자: 고순도 구리, 뉴욕 상업거래소(NYMEX)의 한 부분인 금속거래소(COMEX)에서 거래, 구리 선물 계약의 기준은 2만 5000파운드, 구리 선물의 호가 단위는 파운드 당 센트. 아마도 구리가 COMEX에서 계속 거래되는 동안에는 이 같은 표현이 변하지 않을 것이다.

그 밑으로는 이런 내용이 나와있을 것이다:

	OPEN	HIGH	LOW	SETTLE	CHGE	LIFETIME HIGH	OPEN LOW	INT
June	124.30	124.40	123.50	124.05	-2.80	139.30	73.50	1,892

또 그 밑으로는 7월물, 9월물, 11월물, 12월물, 다음해 5월물, 7월물, 12월물 등 구리 선물의 인도일별로 이와 비슷한 내용이 적혀있을 것이다. 여기서는 6월물만 이야기하자. 우선 앞에 나오는 네 개의 숫자는 구리의 개장 가격과 그 날 거래에서의 최고 가격 및 최저 가격, 그 날 거래가 끝났을 때의 마지막 가격이다. 그 다음에 나오는 수치는 변동 폭으로 구리 선물 가격이 전날 종가에 비해 파운드 당 2.80센트 떨어졌다는 의미다.(《배런스》는 주간 경제 전문지이므로 이 같은 시세를 매주 한 차례 싣는데, 그 주의 최고 가격과 최저 가격이 표시된다.) 그 뒤에 나와있는 두 개의 숫자는 6월 인도분 구리 선물이 거래를 시작한 이래 기록한 최고 가격과 최저 가격으로, 독자들에게 구리 가격의 변동 범위가 어느 정도인지, 또 현재 가격은 그 동안의 구리 시세와 비교할 때 어느 수준인지를 알려준다. 마지막으로 "미결제 약정(Open

Interest)"은 문자 그대로 시장에 이해관계를 갖고 있는 트레이더라고 할 수 있는데, 6월 인도분 구리 선물 계약이 얼마나 발행됐는지, 즉 아직 청산되지 않은 계약의 숫자가 얼마인지 나타내는 것이다. 당신이 구리 선물 계약을 사거나 팔게 되면 이 숫자는 늘어날 것이다. 또 당신이 매수하거나 매도한 구리 선물 계약을 청산하게 되면 이 숫자는 줄어들 것이다.

만약 12월 인도분 구리 선물 계약을 사고 싶다면 앞서의 경우와는 다소 차이가 나는 가격들을 발견할 것이다:

Dec 110.00 110.00 108.40 109.25 -2.60 119.00 99.00 856

12월 인도분의 가격이 훨씬 낮다는 점에 주목하라. 시장은 12월에 구리 가격이 떨어질 것으로 예상하고 있는 것이다. 현재 가격뿐만 아니라 거래 개시 후 최고 가격이 파운드 당 119센트로 6월물보다 매우 낮은 편이다. 이날 현재 12월 인도분 구리 선물 계약의 미결제 약정은 6월물보다 훨씬 적은데, 만기일이 몇 달 뒤인 선물의 경우 대개 이렇게 미결제 약정이 적다. 그러나 미결제 약정이 적다는 것은 12월물 시장이 6월물 시장보다 유동성이 떨어진다는 것을 의미한다.

CNBC 방송을 보면 하루 종일 매 10분 단위로 상품 가격들이 화면 하단에 흘러가는데, 처음 보는 사람에게는 이 티커들이 알파벳과 숫자가 조합된 도저히 이해할 수 없는 암호처럼 느껴질 것이다. 통상 주가지수를 비롯한 금융시장의 시세들이 나온 다음 상품 선물 가격이 나오고, 처음에는 금속, 그리고 곡물, 가축, 에너지 관련 상품, 그밖에 거래가 활발했던 다른 개별 상품들 순으로 시세가 흘러간다.

대부분의 초보자들은 누가 옆에서 해석해주지 않으면 이 암호 같은 글자와 숫자를 이해할 수 없다. 실제로 상품 시세를 나타내는 기호는 말도 되지 않을 정도로 비논리적이다. 그러나 어느 언어든 이해되지 않는 구석이 다 있게 마련이다. 정교한 문법 속에도 논리적으로 맞지 않는 부분이 있다. 상품 시세를 나타내는 기호도 마찬가지다. 주식과 마찬가지로 상품도 각각의 고유한 코드 기호가 있다. 그러나 코드 기호를 한번 해석해보면 기억하기는 무척 쉽다. 인도하는 월도 약칭이 있다. 올해 것도 있고, 내년 것도 있다. 이것은 외우기가 그리 만만치 않다.

CNBC의 화면에서 흘러가는 상품 시세는 대부분 가장 거래가 활발한 월물(즉, 5월물이나 7월물 식으로)의 가장 최근에 거래가 형성된 가격이다. 가령 당신은 이런 티커가 화면 하단에 지나가는 것을 보게 될 것이다:

GH 355.5 … WU 369 … SN 725 … HOX 101 … CLN 39 …

이를 해석해보자: 금 선물시장에서 현재 가장 거래가 활발한 3월 인도분 금값은 트로이온스 당 355.50달러다; 9월 인도분 밀 가격은 부셸 당 3.69달러다; 7월 인도분 콩은 부셸 당 7.25달러다; 11월 인도분 난방유는 현재 갤런 당 101센트에 거래되고 있다; 7월 인도분 저유황 경질유는 배럴 당 39달러다.

여기서 실제로 쓰고 있는 상품 선물의 코드 기호는 대부분 당신도

충분히 예상할 수 있는 것이다. C는 옥수수(corn), O는 귀리(oats), NG
는 천연가스(natural gas) 식이다. 그러나 인도일이 속한 월의 약칭은
그렇게 와닿지 않는다:

F 1월(January)

G 2월(February)

H 3월(March)

J 4월(April)

K 5월(May)

M 6월(June)

N 7월(July)

Q 8월(August)

U 9월(September)

V 10월(October)

X 11월(November)

Z 12월(December)

여기에도 숨어있는 논리가 있다. 상품을 나타내는 코드 기호와 겹치
는 알파벳은 쓰지 않고–가령 S는 콩(soybeans)이다–숫자와 혼동될 수
있는 글자인 I와 L은 사용하지 않는다. 그러나 월별 약칭을 익히는 가
장 좋은 방법은 이를 기억한 뒤 텔레비전 화면에서 볼 때마다 상기해
내는 것이다. 화면 하단의 티커는 순식간에 지나가버린다. 상품 시세
를 정확히 보려면 수없이 반복해서 보고, 그 다음에 어떤 상품이 나올
것인지 미리 파악하는 것이다.

상품시장에 투자하라

숫자

조금 복잡한 게 한 가지 더 있다: 상품 시세를 표시할 때의 가격 단위
는 각각의 상품별로 다르다. 앞서 이미 살펴봤지만 어떤 상품은 단위
당 달러로 표시하고, 어떤 상품은 센트로 나타낸다. 가장 혼란스러운
것은 소수점 아랫자리로 표시된 숫자다. 실제로 오해하기 쉽다. 당신
이 만약 지금까지 주식 시세만 보아왔다면 신문에서 7월 인도분 밀 선
물 가격이 299.75달러로 나온 것을 보고, 밀 가격이 부셸 당 299.75달
러라고 잘못 생각할지도 모른다. 하지만 잠시 생각해보면 밀 가격이
그렇게 높을 수는 없다는 사실을 알아챌 수 있을 것이다. 밀 시세는 부
셸 당 센트 단위로 표시된다. 따라서 "299.75"라는 숫자는 2.9975달러
를 의미한다.

상품 시세를 볼 때 더욱 혼란스러운 것은 텔레비전 화면에 나오는
티커의 경우 이 같은 숫자마저 더욱 줄여버린다는 점이다: 예를 들어
GH 55.5라는 시세가 화면 하단으로 지나갔다. 분명히 3월 인도분 금
선물 시세다. 그러나 금 선물의 가격이 55.5달러는 아닐 것이다. 금 시
세를 조금이라도 아는 사람이라면 금값이 이미 400달러 선을 넘어섰
다는 사실을 잘 알고 있다. 따라서 55.5라는 숫자는 455.50달러를 의
미한다.

또 텔레비전에 나오는 앵커나 해설자, 혹은 브로커들은 어떤 상품이
"2틱 올랐다(up two ticks)"고 말하기도 한다. 상품 시세를 이야기할
때 1틱은 특정 상품이 오르내릴 수 있는 최소한의 가격 변동폭이다.
최소한의 가격 변동폭은 상품들마다 다르다. 1센트도 안될 수 있고, 1

센트, 10센트, 1달러, 1포인트 식으로 매우 다양하다.(최소한의 가격 변동폭을 1포인트로 나타낼 때 혼란은 더욱 가중된다. 포인트로 표시하는 경우는 대개 단순한 상품 시세가 아니라 상품 선물 1계약의 가격 변동을 나타내는 것이다. 설탕 선물 1계약의 기준 단위는 11만2000파운드다. 또 최소한의 가격 변동폭은 파운드 당 100분의 1센트다. 따라서 상품 선물 1계약의 최소 가격 변동폭은 11.20달러가 된다. 이것이 1포인트인 것이다.)

어떤 상품의 가격이 1틱 변동했다고 해서 다른 상품의 가격이 1틱 변동한 것과 같은 것은 아니다. 곡물의 경우 1틱은 4분의 1센트다. CBOT에서 거래되는 곡물 선물 1계약의 단위는 5000부셸이므로 최소한의 가격 변동폭은 12.50달러가 된다. 따라서 "밀 가격이 오늘 2틱 올랐다"고 말하는 것은 밀 선물 1계약의 가격이 25달러 올랐다는 의미다. 마찬가지로 난방유의 1포인트는 4.20달러다.(난방유의 1틱은 0.10센트, 1계약은 4만2000갤런이다.)

다시 말하지만 상품 시세를 전하는 방송사의 앵커나 브로커의 리포트를 제대로 이해하려면 어느 상품의 최소한의 가격 변동폭을 알고 있어야 한다. 번거롭지만 그렇게 해야만 한다. 상품시장의 가격 체계가 그런 식으로 움직이고, 따라서 당신도 배우고 익혀야 한다. 그러나 상품시장에 투자한다고 해서 모든 상품을 거래하는 것은 아닐 것이다. 당신도 한두 가지 상품의 거래를 시작하게 되면 최소한의 가격 변동폭과 1틱이 얼마인지를 기억해두는 게 그렇게 어려운 일은 아닐 것이다.

경고: 상품 시세가 변동하는 것을 하루 종일 주시하는 것은 당신의 건강을 해칠 수 있다. 육체적으로, 또 금전적으로 모두 좋지 않다.

당신이 거래하는 상품선물의 코드를 알고 있으면 그 상품과 관련된 뉴스를 이해하고, 당신의 브로커와 대화하는 데 도움이 될 수 있다. 하지만 그것이 전부는 아니다. 텔레비전 화면 하단에 흘러가는 상품 시세를 이해하지 못해도 상품에 투자할 수 있다. 어느 주식의 종목 코드를 몰라도 주식에 투자할 수 있는 것과 같은 이치다. 하루 종일 텔레비전이나 컴퓨터에서 상품 시세를 확인하고, 당신의 브로커 사무실에서 시간을 보내는 것은 당신이 상품 거래에 너무 빠져있다는 신호일 수 있고, 어쩌면 과도하게 레버리지를 이용하고 있는 것인지도 모른다. 레버리지를 활용해 상품에 투자하게 되면 어떤 트레이더든 하루종일 모든 거래에 주의를 집중하게 된다; 시세가 변동하는 데 따라 자신의 전재산이 오락가락하기 때문이다. 당신은 이런 사람이 되지 않기를 바란다.

콘탱코를 할 준비가 됐는가?

상품 시세를 표시하는 숫자는 단순히 가격 정보만 알려주는 게 아니다. 여기에는 여러 뉴스가 담겨있고, 시장을 읽을 수 있는 단서가 숨어있다. 특히 초보자는 상품 시세를 그저 가격을 나타내는 숫자로 받아들이지 않는 자세가 필요하다. 〈월스트리트저널〉의 "선물" 페이지를 다시 들춰보라. 잘 보면 인도일이 최근 월에 속하는 곡물 선물 가격이 인도일이 나중에 오는 곡물 선물 가격보다 더 싸다는 사실을 발견할수 있다. 그렇다고 해서 당신이 내년 2월 인도분 밀 선물보다 부셸 당 50센트 싼 12월 인도분 밀 선물을 사면 그냥 앉아서 50센트의 이익을 본다는 얘기가 아니다. 아무 일도 일어나지 않고, 수요와 공급이 전혀 아무런 문제 없이 이루어진다 해도 인도일이 더 멀어지게 되면 통상 유지 비용이 추가된다. 창고료와 보험료, 은행 이자, 폐기 비용 등 상품을 보관하는 데 따르는 비용이 들어가는 것이다.

장래에 인도될 많은 상품들이 더 비싸게 거래되는 이유 가운데 하나가 바로 이 같은 상품 유지 비용 때문이다. 내가 창고를 갖고 있다 해도 설탕 1000파운드를 사서 창고에 보관하게 되면 매일 보관비와 유지 비용이 들어갈 것이다. 또 설탕을 사기 위해 은행에서 빌린 돈에 대한 이자도 지급해야 하고, 설탕을 창고까지 운반하는 데 들어간 운송비와 보험료, 창고 근무 직원의 급여도 주어야 한다. 지금이 2월이라면 12월 인도분 밀 선물은 3월 인도분 밀 선물보다 보관 비용이 훨씬 많이 들 것이다. 금 역시 보관 비용은 들지만 밀에 비해 보험료는 적을 것이다. 밀은 보관 중에 폐기되는 양도 적지 않고 화재 위험도 있지만 금처럼 비싼 금속은 이런 위험이 크지 않기 때문이다.

이런 이유로 선물은 인도일이 멀리 떨어져 있을수록 가격이 더 비싸지고, 근월물이 원월물보다 더 싸다. 가령 장래에 인도될 설탕 가격은 합리적인 비용을 감안해 현물로 거래되는 설탕보다 더 비싸다. 상품 트레이더들은 이를 가리켜 설탕 선물 가격이 콘탱고(contango) 상태에 있다고 말한다. 즉, 보관비용과 보험료 등으로 인해 선물 가격이 현물 가격보다 높은 상황이 벌어지는 것이다.(참으로 멋져보이는 콘탱고라는 단어가 도대체 어디서 연유했는지 알아보려고 노력했지만 안타깝게도 그 어원을 아는 사람은 아무도 없었다.) 가령 올해 설탕 수확기에 심한 가뭄이 닥쳐 설탕 가격이 파운드 당 10센트로 상승했다고 하자. 모두들 이번 수확기에 설탕 공급량이 줄어들 것이라고 생각할 것이다. 그런데 설탕은 누구나 먹어야 한다. 당신은 물론 나도 설탕을 필요로 하고, 초콜릿을 생산하는 허쉬 역시 설탕을 사야 한다; 네슬레도 과자를 만드는 데 설탕을 쓴다. 다들 이번 수확기에 설탕을 사야 하는 것이다. 설탕 가격은 시간이 지날수록 더 올라갈 것이다. 어쩌면 부르는 게 값이 될 정도로 이들은 무조건 설탕을 사야 한다. 콘탱고 시장이 되는 것이다.

그런데 〈월스트리트저널〉을 자세히 보니 앞으로 1년 뒤에 인도될 설탕 선물 가격이 파운드 당 6센트에 거래되고 있다는 것을 발견했다. 이런 일은 어떻게 벌어질 수 있을까? 현재의 설탕 가격이 너무 높아 생산자들이 너도나도 사탕수수와 사탕무 경작지를 늘렸다는 사실을 모두가 알게 된 것이다; 또 가뭄이 이제 끝났고, 내년 수확기에는 설탕 생산량이 정상 수준을 회복할 것이라고 예상했을 수도 있다. 트레이더들은 1년 뒤 설탕 생산량이 크게 늘어나 설탕 가격이 6센트로 떨어질 것이라고 기대하고 있는 것이다. 이처럼 선물 가격이 현물 가격보다 낮은 것을 가리켜 콘탱고와 반대되는 백워데이션(backwardation)이라고 부른다.

다음 단계

다음 장으로 넘어가기 전에 잠시 생각해볼 여유를 갖는 게 좋을 것 같다. 이번 장에서 설명한 여러 사실들은 두고두고 되새길 필요가 있다. 약간은 복잡하고 혼란스러웠을 수도 있겠지만 여기까지 오는 동안 얼마나 많은 정보를 습득하게 됐는지 한번 생각해보라. 어쩌면 많은 독자들은 이번 장을 읽으면서 "증거금"이니 "마진 콜" 같은 말을 처음 들어봤을지도 모른다. 심지어 "상품 거래"와 "선물 거래"의 차이가 무엇인지 몰랐을 수도 있다. 이제는 적어도 선물시장의 기본적인 어휘 정도는 알게 됐을 것이다. 또한 롱 포지션과 숏 매도가 어떤 것인지, 신문이나 방송에 나오는 상품 시장 정보는 어떻게 읽어내는지 충분히 이해했을 것이다. 혹시 이번 장을 읽으면서 배운 내용을 친구나 가족에게 설명해주었을지도 모르겠다. 그러지 않았다면 한번 다른 사람에게 이번 장에 나온 개념들을 설명해보라고 권하고 싶다. 당신이 배운 내용을 시험하고, 복습할 수 있는 완벽한 기회가 될 수 있다.

이제 당신도 이 세상을 전혀 다른 시각으로 볼 수 있었으면 하는 게 내 바람이다. 어느새 그동안 당신이 아무런 관심도 두지 않았던 설탕이나 구리 따위와 관련된 여러 뉴스와 사실들이 당신의 삶 속으로 들어오고, 신문을 읽으면 알루미늄이나 비육우 같은 단어가 당신의 눈을 사로잡을 것이다. 상품시장에 대해 알게 되면 단지 새로운 세상을 바라보는 눈을 가질 뿐만 아니라 큰돈을 벌 수 있는 기회의 세계로 들어설 수 있다.

그러나 당신이 투자하는 상품에 대해 정말로 제대로 배워야 한다. 〈월스트리트저널〉의 선물 페이지나 CNBC 방송에서 상품 가격을 확인하는 것만으로는 충분하지 않다. 우선 각각의 상품에 대해 호기심을 갖는 게 출발점이다. 그리고 진지하게, 광범위하게 공부하고 분석하는 데 전력을 기울여야 한다. 어떤 상품의 가격이 언제 왜 올랐는지 이해하기 위해서는 수요와 공급의 역사적 흐름과 현재의 추이를 조사

상품시장에 투자하라

해야 한다. 과거의 강세장과 약세장을 확실히 파악하고 있어야 한다. 현재의 생산 능력과 생산량, 가동 중인 광산의 현황은 물론 새로 문을 열 광산과 탐사 중인 광산, 재고 물량 등을 알려주는 사실들을 늘 주시해야 한다. 농산물과 난방유 수급에 영향을 미치는 기상 정보도 이해하고 있어야 한다. 무엇보다 중요한 것은 상품시장이란 상품을 생산하고 소비하는 나라의 정치적인 사건과 특성에 따라 좌우되는 세계적인 시장이라는 점을 잊지 말아야 한다는 점이다.

상품 투기자들 가운데는 차트를 보면서 기술적 분석을 토대로 투자하는 이들도 있다. 이들은 다양한 수학적 모델과 이론으로 무장하고 있다. 이들에게 행운이 있기를. 솔직히 말해 내가 경험해본 바로는 기술적 분석으로 큰돈을 번 경우는 거의 본 적이 없다.(다만 기술적 분석 기법을 팔거나 그것을 책으로 써서 큰돈을 번 사람은 알고 있다.)

당신이 만약 기술적 분석에 이끌린다면 한번 열심히 연구해보라. 하지만 당신도 이미 눈치챘겠지만 나는 상품시장은 물론 어떤 시장에서도 이런 식으로 접근하지 않는다. 나는 펀더멘털을 분석한다. 이 책의 목적 역시 상품시장이 수요와 공급이라는 실제 세계에서 어떻게 작동하는지를 보여주려는 것이다. 상품을 거래하면서 돈을 버는 왕도는 지식을 터득하는 것이다. 나는 절대 "솔깃한 정보"를 제시하지 않는다. 내가 지향하는 목표는 당신이 상품시장에 돈을 걸기 전에 상품을 어떻게 생각해야 할 것인지 알려주고자 하는 것이다.

다음 장부터는 여러 상품들을 분석할 것이다. 현재와 과거의 흐름을 보여주고, 왜 가격이 오르고 내렸는지, 또 앞으로 가격이 어떻게 움직일지 설명할 것이다. 어떤 상품이든 내가 제시하는 내용이 결코 정답은 될 수 없다. 이 책에 나오는 다른 모든 내용들도 상품시장이 어떤 것인지 처음 배울 때의 초심을 갖고 고민하고 생각해야 한다. 진지한 투기자는 이 책의 내용보다 더 많은 것을 공부할 것이다. 관심이 가는 상품이면 무엇이든 깊이 탐색할 것이다.

상품시장을 처음 접하는 투자자에게 무엇보다 중요한 것이 있다. 전 세계 상품시장에 가장 큰 영향을 미치는 요인을 이해하는 데서 출발해야 한다는 점이다. 그것은 중국이다.

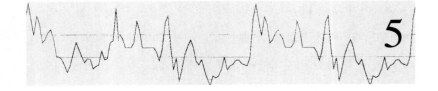

중국 대륙에서 불어오는 거센 폭풍

나는 1984년 이후 중국을 여섯 번 여행했다. 가장 최근에 중국을 다녀
온 것은 2004년이었다. 중국을 여행할 때마다 나는 정말로 특별한 것
들을 보았다. 그리고 미래도 볼 수 있었다. 내가 본 미래는 상품 투자
자들에게 사상 유례없는 대단한 기회가 될 것이다. 중국이 앞으로 얼
마나 중요한 위치를 점하게 될 것인지 내 생각을 보여주는 단적인 예
를 소개하겠다: 2003년에 태어나 이제 겨우 만으로 한 살이 된 내 딸이
지금 중국어를 배우고 있다. 딸아이의 중국인 유모는 딸아이에게 표
준 중국어인 보통화만 사용한다. 내 딸아이는 아마도 영어보다 중국
어를 먼저 말하게 되지 않을까 싶다. 딸아이가 성장해 살아갈 시대에

는 중국어가 영어 다음으로 세계에서 가장 중요한 언어가 될 것이다. 여러분도 만약 지금 젊고 원대한 야망을 품고 있다면 당장 중국어를 배우라. 만약 당신의 자녀들에게 큰 기대를 걸고 있다면 어떤 식으로든 중국어를 배우도록 설득하라.

중국은 다음 세대의 세계 최강대국이 될 것이다. 스페인이 세계 최강의 경제력을 지녔던 시대는 16세기였다; 18세기에는 경제적으로 부유하고 정치적으로 영향력이 큰 사람들은 불어를 사용했다; 19세기는 영국의 시대였다; 그리고 20세기는 미국의 시대였다. 이제 21세기는 중국의 시대가 될 것이다.

역사는 대제국들에게 결코 관대하지 않았다. 어떤 강력한 국가가 세계를 정치적으로, 경제적으로, 문화적으로 지배하게 되면 반드시 쇠퇴의 길을 걷다가 결국에는 멸망해버리고 만다. 그리고 좀처럼 다시 예전의 자리로 돌아오지 못한다. 그런데 중국이 마침내 이런 고리를 끊어버릴 것이다.

중국은 지난번 새로운 밀레니엄의 시대로 접어들었던 11세기부터 200년 동안 세계 최대의 제국이었다. 당시 송나라는 1000명 이상을 태울 수 있는 범선을 건조해 국제적인 상업활동을 벌였다. 해안 지역과 내륙 지방은 순순한 시장 경제 시스템으로 긴밀히 연결됐다. 각종 산업과 무역, 해상 교역에 특화된 도시들이 번성했다. 중국은 서구보다 훨씬 앞서 11세기에 이미 지폐를 사용했다. 그 무렵 세계에서 두 번째로 큰 도시였던 송나라의 수도 카이펑에서는 24시간 문을 연 상점들이 성업했다.

이제 곧 중국인들은 대제국의 모습을 갖추고 다시 나타날 것이다.

상품시장에 투자하라

20년 정도 뒤면 중국은 경제 규모에서 세계 최대 국가가 될 것이다. 그때가 되면 나머지 국가들은 세계 최대의 경제 국가로부터 이익을 취하려면 어떻게 하는 것이 최선인가를 연구해야 할 것이다. 지금 우리 눈앞에는 역사상 가장 위대한 경제적 성공 스토리가 펼쳐지고 있다. 중국의 장구한 역사에 비하면 찰나일 수도 있는 지난 20년간 이 나라는 궁핍한 농촌 국가에서 세계 여섯 번째의 경제 대국으로 변모했다. 1959년부터 1961년까지 기근으로 인해 무려 4000만 명이 굶어죽었던 나라가 지금은 아주 빠른 속도로 성장해가고 있는 것이다. 도시에 사는 중국인들은 얼마 전까지 아는 사람을 만나면 "식사는 하셨습니까?"라고 인사했지만 이제는 "인터넷은 들어가보셨습니까?"라고 인사할 정도가 됐다. 내가 오토바이를 타고 중국 대륙을 처음으로 횡단했던 1988년까지 중국에는 도로다운 도로가 없었다; 나는 심지어 사막의 모래땅을 그냥 달려야만 했다. 내가 다시 자동차를 몰고 중국을 횡단한 1999년에는 대륙을 횡단하는 고속도로가 건설돼 있었다. 내가 생각하기에는 세계에서 가장 훌륭한 고속도로 시스템이었다.

앞서 1988년에 중국 횡단을 하면서 나는 중국 기업의 주식을 처음 샀다. 중국의 미래를 내다보며 은행 주식을 산 것이다. 당시 상하이 증권거래소에는 내가 주식을 산 은행을 포함해 몇 안되는 기업의 주식만이 상장돼 있었다. 상하이 증권거래소는 다 쓰러져가는 초라한 건물에 입주해있었고, 문을 나서면 바로 앞이 비포장도로였다. 나는 그 때 산 주식을 액자에 넣어 우리집 벽에 걸어놓고 있다. 내가 1999년에 상하이를 다시 찾았을 때는 도처에서 경제 성장의 증거들을 목격할 수 있었다: 크게 늘어난 자동차, 최신 유행의 옷을 차려 입은 젊은 남녀,

누구나 들고 다니는 휴대폰, 인터넷 열풍, 하늘을 가득 메운 건설 현장의 무수한 크레인들. 상하이 증권거래소도 번쩍거리는 새로운 오피스 빌딩에 입주해있었다. 주식 거래 부서에서만 300여 명의 직원들이 컴퓨터 모니터 앞에서 일하고 있었다. 나는 내 이름으로 정식 계좌를 만들었다. 나는 지금도 그 때 산 중국 기업의 주식들을 보유하고 있고, 나중에 내 자녀에게 유산으로 남겨주었으면 하는 게 바람이다.

내가 2004년에 중국을 방문했을 때에도 경제는 가히 폭발적으로 성장하고 있었다. 공장에서는 더 이상 빨라질 수 없는 속도로 상품들을 쏟아냈고, 사회간접자본 시설도 빠르게 건설되고 있었다. 2008년 베이징 올림픽과 2010년 상하이 세계 박람회에 대한 기대감은 건설붐을 더욱 부추겼다. 소비 지출은 기하급수적으로 늘어났고, 이에 따라 소비자들의 풍요로움도 넘쳐났다. 중국인들은 또 수많은 골프장들을 건설하고 있었다.(틀림없이 마오쩌둥은 이 뉴스를 그리 달가워하지 않을 것이다.) 전세계의 온갖 기업들이 13억 명이 넘는 중국 소비자들의 주머니를 노리고 중국으로 밀려들고 있다. 특히 중국은 20세 미만 인구가 3억 명 이상이나 된다. 중국에 살고 있는 어린이와 청소년의 숫자는 미국 전체 인구보다 많은 셈이고, 그만큼 미래가 기대된다고 할 수 있다. 독일의 자동차 기업인 폴크스바겐은 이미 독일에서보다 중국에서 더 많은 자동차를 팔고 있다. 제네럴 모터스는 한 해 25만 대 이상의 시보레와 뷰익 승용차를 중국에서 판매하고 있다. 제네럴 모터스는 최고급 승용차인 캐딜락도 판매 모델에 포함시켜 2007년까지 중국 내 자동차 판매 대수를 한 해 130만 대로 늘릴 계획이라고 발표했다.

상품시장에 투자하라

외국인 투자자들은 이미 중국 기업에 대규모로 투자하고 있다. 중국은 2002년에 미국을 제치고 세계 1위의 해외 투자 대상국이 됐다. 이전까지 외국 기업에는 거의 투자하지 않았던 워렌 버핏은 2003년 중국 최대의 석유화학 회사로 2000년에 뉴욕 증권거래소에 상장된 페트로차이나의 주식을 매수하기 시작했다. 버핏은 그 이후 페트로차이나의 주식을 계속 사들여 보유 지분을 최초 투자 당시의 두 배인 18.1%까지 늘렸다.

그러나 중국이라고 해서 끊임없이 달콤한 꿀만 흐르고 사탕이 열매 맺을 수만은 없을 것이다. 영국과 미국이 세계 최강대국으로 부상하는 과정에서 그랬듯이 중국도 일시적인 후퇴를 겪을 것이다. 하지만 결국 중국은 세계 최강대국이 될 것이다. 지금 이 나라의 경제 상황은 정말 놀라울 정도다:

- 중국 경제는 현재 세계 어느 나라 경제보다 빠른 속도로 성장하고 있다. 중국 정부가 발표한 2004년도의 공식적인 경제성장률은 9% 이상이지만 여러 분석가들은 중국의 실제 경제성장률이 12~13%에 이를 것이라고 말하고 있다.(미국의 정치 지도자들이 2004년도 미국의 경제성장률이 4%를 기록할 것이라고 희망 섞인 목소리를 내놓고 있는 것과는 매우 대조적이다.)
- 중국 정부의 보고서에 따르면 2004년도 산업 생산은 전년도보다 19.1% 늘어났다.(중국 정부의 통계수치는 다른 나라의 통계수치에 비해 정확하다고 볼 수 없지만 어쨌든 중국 경제가 붐을 타고 있는 것은 분명하다.)

- 중국 정부의 외환보유고는 4400억 달러에 육박한다.(이 통계수치는 중국 정부도 조작하기가 쉽지 않을 것이다.)
- 1조2000억 달러에 달하는 중국의 경제 규모는 그 자체만으로도 세계 6위에 해당한다. 그러나 미국 중앙정보국의 세계 연감(CIA World Factbook)에 따르면 국민들의 실질 구매력을 기준으로 경제 규모를 따질 경우 중국은 미국에 이어 세계 2위의 경제 규모를 갖고 있다. 구매력을 기준으로 한 중국의 국내총생산(GDP)은 이미 일본과 독일을 앞지른 것이다.

물론 중국인들의 평균적인 생활수준은 미국은 물론 다른 선진국들에 비해 한참 뒤떨어진다. 그러나 이 나라는 엄청난 잠재력 그 자체다. 이 잠재력은 자연자원을 비롯한 모든 종류의 상품에 대한 경제적 수요를 계속해서 늘려가고 있다

"붉은 자본주의"의 부상

내가 중국을 여행하고 있던 1999년에 주룽지 당시 중국 총리가 하버드 대학교 비즈니스 스쿨에서 강연을 했다. 강연이 끝나고 질의응답 시간이 되자 똑똑해보이는 한 남학생이 이런 질문을 했다. "위안화를 평가절하할 계획이 없나요?' 런민비(인민폐)라고도 불리는 중국의 위안화는 1984년 이후 미국 달러화에 페그제로 묶여왔다. 그 무렵 언론에서는 중국 정부가 결국 외환 제도를 자유변동환율제로 바꿀 것이라는 추측이 무성했다. 사실 자유변동환율제로 이행하는 것이야말로 중

상품시장에 투자하라

국이 진정으로 세계 최강의 경제력을 갖는 데 필수적인 요소였다. 또 중국 정부가 자유변동환율제로 이행하기 이전에 위안화를 평가절하 할 것이라는 루머가 끊이지 않았다. 주룽지 총리는 평가절하를 하지 않을 것이라고 분명하게 답했다. 그리고 한걸음 더 나아가 자신의 대답을 믿지 않는 사람이 있다면 외환시장에서 위안화의 "풋옵션"을 사라고 이야기했다. 풋옵션이란 일정한 가격에 주식이나 외화를 팔 수 있는 권리를 말한다. 즉, 풋옵션을 산다는 것은 해당 주식이나 외화의 가격이 폭락하면 큰 이익을 취할 수 있는 고도의 투자 방식이다. 그런데 이런 이야기가 정치인의 입에서 나온다는 것은 극히 이례적인 일이다. 그것도 다름아닌 중국공산당의 지도자가 이런 말을 하리라는 것은 누구도 상상하지 못했을 것이다. 주룽지 총리는 경제계에서는 꽤 고급 청중의 축에 드는 하버드의 영리한 친구들 앞에서 중국의 총리가 외환시장이 어떻게 움직이는가에 관해 중요한 것 한두 가지는 알고 있다고 증명해보인 셈이다.

이처럼 중국의 사업가들뿐만 아니라 중국의 관료들도 전반적으로 금융 지식에 정통한 편이다. 사실 세계에서 가장 뛰어난 자본가들 가운데 일부는 공산주의 국가인 중국에서 살고 있고, 중국에서 일하고 있다. 불과 얼마 전까지 중국 정부는 기업인들을 "착취자"로 규정해 중국공산당에 입당하는 것 자체를 금지했다. 그러나 2001년에 장쩌민 당시 국가주석은 기업인들이 현대화를 앞장서서 이끌어가고 있다고 치하했다; 이제 중국공산당은 노동자와 농민뿐만 아니라 수백 만 명에 이르는 기업인들의 이익을 대변하는 정당이 됐다. 그러면 이제 이런 의문이 들 것이다: 레닌 식의 독재체제 아래서 어떻게 시장 경제가 원활한 기능을 하고 꽃을 피울 수 있는가?

중국의 중앙 정부는 지금도 숱한 시행착오를 겪으며 어떻게 시장 경제로부터 이익을 얻을 수 있는지를 배워나가고 있다. 하지만 중국 관료들의 학습 속도는 매우 빠르다. 특히 관료들의 뒤에는 젊고 능력 있는 경제학자들과 은행가들, 금융인들이 있다. 이들은 점점 더 글로벌화 되어가는 세계시장에서 전례가 없을 정도로 높은 성장률을 구가하고 있는 중국 경제가 부딪치는 각종 문제들에 도전하며 관료들을 지원하고 있다. 지난 수십 년 동안 중국에서는 가장 똑똑하고 가장 능력 있는 인물들이 민간부문이 아니라 당과 정부에 들어가 일해왔다. 이들이 지금 중국을 이끌어나가고 있다. 그런 점에서 중국이 세계적으로 가장 뛰어난 정치인들을 보유하고 있다고 해도 과언이 아닐 것이다. 솔직히 말해 우리 모두는 중국 정치인들의 정치적 신념이 무엇이 됐든, 또 우리와 같든 틀리든 관계없이 이들이 잘 되기를 바라야 한다. 세계 전체의 경제 성장이, 또 사실상 세계 경제의 안정이 이들 베이징의 지도자들이 경제를 얼마나 잘 운용해나가느냐에 달려있기 때문이다.

여러 가지 도전에도 불구하고 중국 지도자들은 잘 해나가고 있는 것 같다. 앞으로 얼마나 오랫동안 중국의 지도자들이 스스로를 공산주의자라고 주장할지는 모르겠지만 어쨌든 이들은 세계 최강 수준의 자본주의 경제를 만들어냈다는 데 매우 만족해 하는 것으로 보인다. 플라톤은 정부의 자연적인 발전 과정에 대해 이렇게 썼다. 독재정부에서 과두정부를 거쳐 민주정부로, 그리고 혼란 속으로 빠져든 뒤 마지막 순간에 다시 독재정부로 회귀한다는 것이다. 중국은 지금 독재정부에서 민주정부로 이행하는 단계에 있다. 중국의 지도자들은 요즘 이런 이행 과정에서 나타날지도 모르는 혼란으로 인해 잠을 설치고 있을지도 모르겠다. 그러나 여러 가지 측면을 고려할 때 공산당 소속으로 중국 내부에서 성장한 기업가들–외국의 중국 전문가들이 "붉은 자본가들"이라고 부르는 기업가들–조차 실제로는 매우 보수적이다. 이들은 자신이 쌓은 부와 지위를 유지하기 위해 민주적인 개혁 조치들을 너무 조급하게 도입하는 것을 원하지 않고 있다. 이들은 과거 소련에서 어떤 일이 벌어졌는가를 잘 알고 있다. 공산당원 기업가들은 민주주의를 끌어들이는 트로이의 목마가 될 수도 있을 것이다. 기업 활동을 보다 생산적이고 용이하게 해나갈 수 있는 경제적, 법률적 개혁 조치들을 밀어붙임으로써 결국에는 공산당의 존립 기반인 마르크스-레닌주의 자체를 무너뜨릴 수 있기 때문이다. 이들 붉은 자본가의 성공 스토리는 이미 수천 만 명의 소규모 기업인들과 야망에 불타는 젊은 중국인들에게 부자가 되고자 하는 강한 욕구를 불어넣어주었다.

러시아는 1917년 공산 혁명 이전까지 봉건제 사회였지만 중국은 1949년 공산주의 경제체제를 선택하기 이전까지 역사적으로 오랜 세월 동안 아주 활기찬 상인 계급을 갖고 있었다; 아직도 많은 중국인들이 마오쩌둥의 공산 혁명 이전의 자본주의가 어떤 것이었는지 기억하고 있다. 중국인 자본가들의 상당수는 공산 혁명 이후 사업을 계속하기 위해 홍콩과 대만 등 해외로 빠져나갔다. 공산 혁명 이전까지 상하이 증권거래소는 아시아에서 가장 큰 주식시장이었고, 뉴욕 증권거래소와 런던 증권거래소에 이어 세계 3위 규모였다. 곧 다시 그렇게 될 것이다. 매우 엄격한 중앙 통제 방식의 공산주의 경제 체제가 반세기나 이어졌지만 중국인들은 러시아인들에 비해 문화적으로 훨씬 더 자본주의에 가까운 것 같다. 중국인들은 또한 선천적으로 자본가의 기질을 타고났다: 중국인들은 자신의 소득 가운데 40%이상을 저축하거나 투자한다.(반면 미국인들은 소득의 2%정도만 저축한다.) 이들의 근면성은 믿을 수 없을 정도다. 중국인들은 자신의 업무를 완수할 때까지 일하고, 또 일을 한다. 나는 고속도로 변에 환하게 켜져 있는 가로등 불빛 아래서 밤늦게까지 일하는 중국인들을 여러 차례 목격했다. 내가 이들에게서 본 것은 훌륭한 기업을 만드는 데 꼭 필요한 요소인 생산성과 성실성이었다.

공산주의 국가에서 세계 최강의 자본주의 국가로 이행하는 데는 물론 상당한 시일이 소요될 것이고, 그 과정도 그리 순탄하지 않을 것이다. 그래도 어쨌든 중국은 상품시장의 수요자라는 점에서는 세계 1인자 자리를 확실하게 예약해 둔 상태다.

13억 인구를 가진 성장하는 경제는 무엇이든 필요로 한다

내가 처음 중국을 여행한 뒤 네 번째 여행을 할 때까지의 10년간, 그리고 1999년 다섯 번째로 중국을 여행한 이후 지금까지, 나는 중국에서 벌어지고 있는 변화의 바람에 입을 다물 수 없을 지경이다. 1990년대에 생산시설 확충에 전력을 기울였던 중국은 새로운 밀레니엄이 시작된 첫 4년을 제조업의 엄청난 붐과 함께 맞았다. 이 기간 중 중국에서 생산된 냉장고와 텔레비전, 휴대폰, 오토바이의 숫자는 현재 미국 전체에서 사용하고 것보다 많았다. 더 많은 제품을 만들어내고, 또 들여놓기 위해 중국은 각종 공장들을 세웠고, 오피스 빌딩과 주택을 미친 듯이 지어나갔다; 과거 그 어느 때보다 많은 자동차와 트럭, 중장비를 쏟아냈다. 중국 정부의 공식적인 통계에 따르더라도 2003년 4월부터 1년간 산업 생산 증가율은 무려 19.4%에 달했다. 이 같은 수치가 단순히 중국 정부의 숫자 놀음에 불과한 것이라고 폄하하는 사람들조차 중국이 열심히 일해서 거둔 성과가 정말 얼마나 놀라운 것인지 무시할 수 없을 것이다:

- 중국의 냉장고와 세탁기, 에어컨, 컬러 텔레비전, 비디오 플레이어 생산량은 100배 증가했다.
- 중국의 휴대폰과 음향기기 생산량은 이미 세계 1위로 올라섰다.
- 중국의 화학섬유와 플라스틱, 평면 유리 생산량은 해마다 두 배씩 늘어나고 있다.
- 중국의 기계제조 산업은 최신형 섬유 제조용 기계뿐만 아니라 가스터빈과 핵발전소 설비와 같은 고도의 발전소 장치들을 생산해낼 수 있는 수준이다.
- 중국 자동차 산업의 연평균 성장률은 20%에 육박한다.

이 같은 생산시설의 확장 행진을 뒷받침해준 것은 그야말로 초저금리로 돈을 빌려준 은행들이었다. 기업가들과 국유 기업들은 금리가 아주 낮은 이런 자금으로 더 많은 공장과 더 많은 주택을 지었다.(일부는 자신의 정치적 명성을 높이는 데도 사용했다.) 대부분의 도시 주택들은 1990년대 말 사유화됐고, 부유한 중국인들은 난생 처음으로 돈을 빌려 주택시장으로 달려갔다. 집값이 뛰자 부동산 투기자들은 제조시설을 담보로 돈을 빌려 부동산을 구입하는 데 썼다. 현재 이런 식으로 국유 기업들에게 대출된 금액 가운데 25%는 상환이 불가능한 미회수 채권으로 추정되고 있다.

어쨌든 무엇이든 생산하기 위해서는 유형의 물건과 원자재, 상품이 필요하다. 중국 국가통계국과 국제산업기구에서 발표한 통계에 따르면 중국은 2003년도 전세계 원유 수요 증가분의 37%를 차지했고, 2004년에는 30%에 달했다. 시멘트와 알루미늄 공장은 완전히 100% 가동했다. 철강 소비 증가율은 상상을 초월했고, 더 빨리 철강을 만들어내기 위해 엄청난 양의 철광석과 코크스가 투입됐다. 중국 국가통계국은 2003년도 한 해 중국의 철강 소비량이 2억6000만 톤에 달했다고 발표했는데, 이 같은 수치는 전세계 철강 소비량의 36%에 달하는 것이다. 또한 전세계 시멘트 소비량의 절반과 석탄 소비량의 30%, 알루미늄 소비량의 25%가 중국이 소비하는 것이다. 최근 세계적인 철광석(철강을 만드는 데 반드시 필요한 재료다) 수요 증가의 대부분은 중국으로 인한 것이다. 중국은 현재 국내 구리 수요의 80%와 백금 수요의 전부를 수입으로 충당하고 있다. 이 같은 통계는 정말 대단한 것이고, 전례가 없는 것이다. 덕분에 세계 각국의 광산업체와 금속 생산업체들은 늘어나는 이익에 비명을 지르고 있다.(대규모 다국적 광산업체인 리오틴토, 영국과 호주의 합작 광산기업인 BHP 빌리톤, 세계 최대의 알루미늄 생산업체인 알코아, 이런 기업의 주식을 보유하고 있었다면 역시 큰 이익을 거두었을 것이다.)

중국은 지금 몇 년째 상품시장의 강세를 불러올 바람을 일으키고 있

다. 그 이유는 아주 간단하다:

공급은 쉽게 늘어나지 않는데, 중국은 갈수록 더 많은 원자재를 필요로 한다.

미국의 대(對) 중국 철스크랩 수출은 2002년 이후 3배나 늘었다. 중국은 또한 유럽의 철강 재생 공장에서 나오는 철스크랩도 남김없이 모두 사들이고 있다. 아시아 전역과 구소련 지역에서는 철스크랩과 같은 쇠붙이가 될 수 있는 것이라면 오래된 군사 장비든 노후화된 산업 시설이든 전부 해체해 왕성한 식욕으로 눈앞에 보이는 제철 재료는 모두 집어삼키는 중국으로 수출하고 있다. 중국의 철스크랩 수입량은 2000년 이후 두 배로 늘었고, 2010년 이전에 다시 두 배 더 늘어날 전망이다. 2003년에 중국이 철스크랩을 수입하는 데 들인 금액은 1200억 달러로 중국의 원자재 수입액의 절반을 차지했다. 상하이의 외국계 은행들은 중국이 2004년에는 철스크랩을 수입하는 데 1500억 달러 이상을 지출했을 것으로 추정하고 있다. 중국은 지금 세계 어느 나라보다 많은 상품을 소비하고 있고, 소비량은 더 빠른 속도로 늘어나고 있다. 그 결과 중국은 현재

세계 1위의 구리 소비국이며
세계 1위의 철강 소비국이며
세계 1위의 철광석 소비국이며
세계 1위의 콩 소비국이며
세계 2위의 석유 및 에너지 관련제품 소비국이다.

미국 중앙정보국(CIA)과 중국 정부의 공식적인 통계부처를 비롯한 세계 각국의 정부 기관과 산업 연구소에서 발표하는 자료를 취합하는 상품연구소(CRB)의 조사에 따르면 중국의 구리 수입량이 2001년 이후 25% 늘어나면서 구리 가격은 2004년에 8년 만의 최고치를 기록했다. 중국의 알루미늄 수입량 역시 2001년부터 2003년 말까지 두 배 가까이 증가했다.

중국의 석유 소비량은 1987년에 하루 200만 배럴을 겨우 넘는 수준이었지만 2003년 말에는 하루 540만 배럴로 늘었다.(미국의 석유 소비량은 하루 약 1500만 배럴로 전세계 석유 소비량의 22%를 차지한다. 중국의 인구를 감안하면 현재의 석유 소비량은 아직 한참 적은 것이다.) 중국은 현재 전세계 석유 소비량의 8%를 차지할 뿐이지만, 2000년부터 2004년까지 증가한 전세계 석유 소비의 37%는 중국으로 인한 것이다. 중국의 석유 수입량은 2003년에 하루 200만 배럴로 2002년에 비해 33% 이상 늘어났다. 미국을 포함한 26개 선진국들의 석유 정책 포럼으로 파리에 본부를 두고 있는 국제에너지기구(IEA)는 중국의 석유 수입량이 2010년까지 두 배로 불어나 하루 400만 배럴에 달할 것으로 예상하고 있다. 매사추세츠에 있는 케임브리지에너지연구소의 연구원들에 따르면 그 무렵에는 중국의 석유 소비량이 전세계 석유 소비량의 9%를 차지할 것이라고 한다. 또 IEA는 중국이 2030년에는 국내 석유 소비량의 85%를 해외에서 수입할 것으로 내다보고 있다.

중국은 이미 멀리 브라질과 아르헨티나로부터 콩을 수입하고 있다. 중국의 다롄 상품거래소에서 거래되는 콩 선물 거래량은 세계 어느 상품거래소보다 많다. 중국인들은 과거 어느 때보다 더 많은 양의 쇠고기와 닭고기, 각종 과일과 야채를 먹는다. 그러나 중국의 1인 당 콩 소비량은 중국과 인접해있는, 중국보다 부유한 홍콩이나 대만에 비해 여전히 훨씬 적다. 시카고에 있는 농업 예측 기업인 애그리소스(AgResource)에 따르면 14억 중국인이 한 해에 콩기름을 티스푼으로 한 숟가락씩만 더 먹어도 전세계 콩 거래량은 지금보다 두 배로 늘어날 것이라고 할 정도다.

전세계 상품시장은 이미 공급이 달리는 상황이 됐는데, 여기에 거침없이 모든 것을 집어삼키는 중국이라는 존재가 갑자기 출현해 상품시장의 수요를 전례가 없는 수준으로 부풀려 놓았다. 내가 앞서 지적했듯이 생산량을 늘리는 데는 시간이 필요하다; 가령 어떤 금속이 매장돼 있는 광산을 정확히 찾아냈다고 해도 이 금속을 시장에 내놓으려면 몇 년의 세월이 걸려야 한다. 여러 분석가들이 발표한 자료를 종합해보면 지금 전세계적으로 가장 큰 철광석 회사와 구리 생산업체들이 계획하고 있는 생산시설 확장 계획이 예정대로 추진된다 해도 2010년에는 중국의 철광석 및 구리 수요를 충당하지 못할 것이라는 결론에 이른다.

향후 20년 내에 세계 최대의 경제 규모를 갖출 것으로 보이는 중국은 이 과정에서 거의 모든 종류의 상품 소비를 크게 늘릴 것이다. 상품 가격도 장기적으로 이 같은 수요에 따라 움직일 것이다. 상품시장의 이런 움직임을 이미 반영하듯 중국의 3대 상품선물거래소의 2004년도 거래대금은 사상 최대인 1조3000억 달러를 기록했고, 계속해서 증가하고 있다. 중국 정부는 현재 내국인들이 해외의 상품선물거래소에서 거래하는 것이나 외국인들이 중국 내 상품선물거래소에서 거래하는 것에 대해 상당한 규제를 가하고 있다. 그러나 중국 정부의 이 같은 조심스러움은 곧 풀릴 것이다. 시카고 상품거래소(CBOT)는 이미 다롄 상품거래소와 2003년에 협약을 체결하고 상호 거래 상품을 발전시켜 나가는 데 정보를 공유하기로 했다. 또 다른 미국의 상품거래소 경영 진들도 중국을 방문해 일단 규제가 완화되기 시작하면 중국에서 상품 거래를 할 수 있는 방안을 논의했다는 보도도 여러 차례 나왔다.

중국은 자신들이 갖고 있는 자연 자원을 놀라운 속도로 활용하고 있지만 그 중에서도 가장 귀중한 자원은 영원히 사라지지 않을 것이다: 바로 화교들이다. 현재 최소한 5700만 명의 화교가 세계 각지에 퍼져 있고, 이 가운데 85%가 동남아시아에 살고 있다. 미국 캘리포니아 주에만 100만 명 이상의 화교가 살고 있다. 대부분의 화교는 이미 훌륭한 사업 기반을 닦아놓았다. 가령 인도네이아와 필리핀에서는 화교가 국가 전체 자산의 70%를 보유하고 있다; 태국에서는 전체 기업의 81%가 화교가 소유한 회사들이다. 한 연구에 의하면 화교들이 보유한 자산을 모두 합치면 세계 3위의 경제 규모에 달할 정도라도 한다.

이보다 더 중요한 사실은 화교의 90%이상이 이미 새로 이주한 나라의 국민이 되었지만 대다수 화교는 중국어를 사용하며, 모국인 중국과 아주 가까운 관계를 맺고 있고, 중국에 투자하고 싶어한다는 점이다. 중국 정부 역시 이들이 갖고 있는 자본과 전문기술을 기꺼이 받아들이려고 한다. 실제로 현재 중국에서 벌어지고 있는 모든 민간 투자 활동의 80%가 화교들로부터 나오는 것이다. 화교들의 이 같은 경제적 애국심을 더욱 북돋아주기 위해 중국 정부는 해외에 거주하고 있는 중국인의 후손들에게는 거의 모두 자국 여권을 발행해줄 계획을 갖고 있다.

다음 세계 화폐는?

중국의 통화인 위안화(인민폐)는 매우 저평가되어 있는 상태다. 일부 전문가들은 적어도 15% 이상 저평가되어 있다고 말한다. 하지만 만약 위안화의 미국 달러화 대비 환율이 절반으로 떨어지더라도, 즉 위안화 가치가 두 배로 높아지더라도 중국은 여전히 경쟁력을 가질 것이다.(일본의 엔화는 지난 30여 년간 미국 달러화 대비 가치가 400%나 상승했지만 지금도 대미 무역 흑자 규모는 천문학적이다.) 위안화는 현재 세계적으로 환율을 고정시켜놓은 몇 안되는 통화다. 중국 정부는 현재 8.28위안 당 미화 1달러로 위안화 환율을 묶어놓고 있는데, 알다시피 미국 달러화는 최근 몇 년간 유로화를 비롯한 세계 주요 통화들에 대해 약세를 보여왔다. 달러화 가치가 떨어진다는 것은 중국산 제품과 용역이 유럽과 일본 시장에서 더욱 싸게 팔릴 수 있다는 것을 의미한다. 미국이 중국으로부터 수입하는 금액은 상대적으로 작다. 그러나 미국 정치인들은 값싼 중국산 제품으로 인해 미국 기업들이 전 세계 시장에서 궁지에 몰리지 않을까 우려하면서 중국 정부를 향해 미국 달러화에 페그제로 묶어놓은 위안화 환율을 "자유화"하라고 요구하고 있다.(중국 정부는 2005년 7월 21일 위안화 환율을 달러 당 8.11위안으로 평가절상했다. 동시에 페그제를 폐지하고, 자유변동환율제로 이행하기 전단계인 복수통화바스켓제를 시행한다고 발표했다—옮긴이)

중국의 보호 장벽은 미국과 유럽연합 모두에게 위협이 되고 있다. 특히 유럽연합 회원국들은 중국이 현재 달러화로 갖고 있는 외환보유고를 앞으로 유로화로 대체할지도 모른다는 입장을 밝힌 바 있다. 그러나 대부분의 유럽 및 아시아 국가 정치인들은 중국에 대한 비난을 삼가려는 입장이다. 이들 나라가 중국에 엄청난 금액의 제품을 수출하고 있고, 또 대부분의 나라들이 중국과의 무역에서 흑자를 내고 있기 때문이다. 자신들의 최대 고객에게 불평을 살 만한 일을 누가 하겠는가.

역사적으로 볼 때 중국의 지도자들은 환율을 자유화하는 데 매우 주저해왔다. 일단 중국인들이 돈을 해외로 반출해나가게 되면 위안화의 가치는 폭락할 것이라고 생각한 것이다. 또 갑자기 환율이 올라가게 되면 외국인들의 대 중국 투자가 줄어들고 수출도 타격을 입어 경제 전체가 휘청거릴 수 있다. 그래서 중국 지도자들은 지금까지 위안화의 재평가를 거부하는 것으로 해석되는 입장을 일관되게 유지하고 있다. 이런 입장은 20년 전이라면 맞을 수 있을 것이다. 그러나 현재 중국은 훨씬 더 매력적인 투자 기회를 갖고 있다. 가령 환율을 자유화했더니 위안화 가치가 떨어졌다고 하자. 사람들이 너나없이 위안화를 시장에 내다 팔게 되면 위안화 가치는 당연히 더 떨어질 것이다. 나는 위안화 가치가 떨어지거나 오르거나 상관없이 위안화를 살 것이다. 그리고 위안화를 사는 사람은 나 혼자만이 아닐 것이다. 더구나 위안화 가치가 떨어진다고 해서 화교들이 모국으로 송금하는 것을 중단할 것도 아니고, 세계에서 가장 크고 가장 빠르게 성장하는 경제에 투자하는 것을 멈출 리도 만무하다. 일단 위안화 환율이 자유화되면 수많

상품시장에 투자하라

은 펀드 자금들이 몰려들어 위안화를 사들일 것이라는 게 내 생각이다. 자본이란 늘 외환 통제로 인한 걸림돌이 없는 곳으로 흘러 들게 마련이다. 그러나 고정환율제에 대한 가장 통렬한 비판은 고정환율제가 제대로 작동한 경우가 없으며, 앞으로도 그럴 것이라는 점이다. 역사적으로 볼 때 정부가 페그제로 묶어놓은 통화의 가치는 그대로 유지된 적이 없다.

중국의 지도자들은 지극히 민족주의적이며, "자본가의 주구"의 본부 격인 워싱턴에 따리를 붙는다는 비판에 매우 민감하게 반응한다. 이런 중국 지도자들이 틀림없이 아주 좋아할 또 하나의 주장이 있다: 위안화는 지금 달러화는 물론 유로화와 엔화를 제치고 세계에서 가장 확실한 통화로 부상할 만한 위치에 와있다. 전세계 사업가들은 그동안 오랜 세월에 걸쳐 미국의 소비자들에게 무엇을 팔 것인가를 고민해왔다. 중국은 2004년에 세계적으로 가장 많은 제품을 수입하는 나라 가운데 하나가 됐다. 지금 세계적인 사업가들은 누구나 자신들이 팔고 있는 제품 가격에 13억 중국 인구를 곱한 금액을 계산해보면서 군침을 흘리고 있다.

더구나 중국이 다른 나라로부터 과거 그 어느 때보다 많은 제품을 수입하고 있고, 그래서 결국 무역수지 적자에 봉착하게 된다 해도 중국은 넉넉한 외환보유고를 갖고 있다. 중국의 현재 외환보유고는 4000억 달러가 넘고, 이는 일본에 이어 세계에서 두 번째로 많은 규모다. 미국은 1987년에 다시 순채무 국가가 되었고, 그 이후 세계 최대의 채무 국가로 남아있다. 미국의 해외 부채 규모는 8조 달러가 넘고, 21개월마다 1조 달러씩 불어날 정도로 빠르게 증가하고 있다. 미국인들은 오랫동안 외국인들의 돈으로 헤픈 씀씀이를 메워온 셈이고, 지금 미국인들의 가장 큰 자금줄 가운데 하나가 바로 중국이다.

위안화가 가장 완벽한 세계 통화의 후보 자격을 얻을 수 있는 이유는 바로 이 같은 종속 관계 때문이다. 일단 중국의 지도자들이 위안화의 환율을 자유화하고, 세계 무역시장에서 결제 통화로 널리 쓰이도록 만든다면 위안화는 세계 통화의 반열에 오를 수 있을 것이다. 자유무역의 필수조건은 어느 나라 국민이나 자기 나라 통화를 갖고 어디든 갈 수 있는 것이다. 중국에서 언제 이런 일이 가능할지 분명하게 말할 수는 없다. 그러나 확실한 것은 지금 중국인들이 외국으로부터 원자재는 높은 가격으로 수입하고, 자신들이 만든 제품은 낮은 가격으로 수출하는 데 따른 애로를 느끼고 있다는 점이다. 더욱 확실한 것 한 가지가 있다: 중국의 지도자들은 단지 외국의 정치인들이 그렇게 하라고 요구한다고 해서 미국 달러화에 페그제로 묶어놓은 위안화 환율을 자유화하지는 않을 것이다. 아이러니 하게도 중국이 위안화의 페그제를 도입한 1994년 당시 미국 정부는 중국의 이 같은 조치가 매우 적절한 것이었다며 환영했다. 이제 와서 미국이 제발 위안화의 페그제를 풀어달라고 사정하고 있지만, 중국 정부는 스스로 가장 적절한 시점이라고 판단될 때 위안화 환율을 자유화하는 것이야말로 중국의 주권이라는 뜻을 밝히고 있다. 중국은 이미 세계무역기구(WTO) 가입을 승인받았고, WTO는 회원국들로 하여금 환율을 자유화할 것을 요구하고 있다. 내가 생각하기에는 2008년 베이징에서 올림픽 성화가 타오르기 이전까지는 위안화 환율이 완전 자유화되지 않을까 싶다.

상품시장에 투자하라

중국 대 인도

나는 1999년부터 2001년까지 3년간의 세계 일주 여행을 마치고 돌아온 이후 북미 지역은 물론 아시아와 유럽 등지에서 수많은 청중들을 상대로 강연하는 기회를 가졌다. 나는 이런 자리에서 늘 세계 경제의 차세대 맹주(盟主)는 중국이 될 것이라는 생각을 밝혔다. 강연이 끝나고 질의 응답 시간이 되면 누군가가 꼭 묻는 질문이 있다. "인도는 어떻습니까?"

요즘 인도는 미국인들의 상상력 속에 거대한 존재로 다가오고 있다. 내가 생각하기에 이것은 주로 대부분의 미국인들이 컴퓨터를 사거나 신용카드 계산서를 정산할 때 문제가 생겨 전화를 걸면 뉴델리나 인도의 어느 도시에서 일하는 인도인과 통화를 하게 된다는 사실 때문이다. 인도에서 전화를 받는 인도인들은 미국 기업이 아웃소싱을 준 현지 근로자들이다. 또한 각종 언론매체에서는 인도를 가리켜 현대 자본주의의 가장 위대한 성공 스토리라고 추켜세운다. 생각하기도 어려운 매우 빈곤한 국가에서 어느새 IT(정보기술) 혁명의 주도 국가로 부상해 세계 경제를 문자 그대로 세계화하는 데 한 축을 담당하고 있기 때문이다. 인도는 더구나 민주주의 국가다. 미국의 언론과 정치인들, 정부기관은 오랜 냉전 시절 미국의 적국이었던 러시아와 중국은 아직도 과거의 권위주의적 정부에서 벗어나지 못하고 있다고 여기면서도 인도에 대해서는 높이 평가하고 있다.(인도 역시 냉전 시절 대부분의 기간에 걸쳐 소련과 동맹 관계를 맺었으며, 지금도 인도의 정치 제도는 여전히 사회주의에 더 가깝다는 사실을 미국 언론은 잊고 있는 것

같다.)

　나는 인도를 높이 평가하거나 좋아하는 부류가 아니다. 적어도 투자자로서는 그렇다. 여행을 하기에는 세계에서 가장 멋진 곳 가운데 하나로 인도를 손꼽을 것이다. 광활한 대지에 가득 차있는 아름답고 잘 생긴 인도 사람들, 더할 나위 없이 근사한 인도 요리들, 드라마틱한 인도의 역사, 깊은 풍취가 넘쳐 나는 인도의 문화, 그리고 정말 장엄하면서도 숨이 멈춰버릴 것만 같은 인도의 숱한 명소들. 그러나 2001년과 2004년에 인도를 여행하면서 훌륭한 투자 기회를 찾아본 뒤 내가 얻은 것이라고는 실망뿐이었다. 분명히 이 나라는 15년 전에 경제를 민영화했고, 인도 정부는 필요한 해외 자본과 기술을 도입할 수 있도록 허가했다. 그러나 내가 다녀본 인도의 전반적인 정서는 여전히 반(反)자본주의적이었다.(더구나 과거 네루와 그의 딸 인디라 간디가 이끌었고, 지금은 인디라 간디의 며느리로 이탈리아 태생인 소냐 간디가 주도하고 있는 국민의회당이 2004년 총선에서 다시 집권당이 됐다는 점도 인도의 반자본주의 정서를 부추기고 있다.) 내가 여기서 말하고자 하는 것은 인도에 결코 위대한 자본가의 성공 스토리가 없다는 게 아니다. 10억이 넘는 사람들이 살고 있는 나라라면 당연히 어느 정도의 성공 사례는 있을 것이다.

　그러나 가장 중요한 경제 분야와 사회 분야에 있어서 인도는 중국의 상대가 되지 못한다. 중국의 근처에도 따라가지 못한다. 나는 이 나라를 여행하는 동안 어느 도시를 가든 거의 매번 다른 휴대폰을 사야만 했다. 중국에서는 휴대폰 한 대로 어디서나 쓸 수 있었다. 뭄바이(옛 봄베이)와 델리에서 쇼핑을 할 때 우리 눈에 들어온 가장 최신의 컴퓨터는 미국에서는 이미 나온 지 3년이나 된 구식 시스템이었다. 인도 정부는 자국 산업을 보호한다는 명분 아래 최신 기술이 들어오는 것을 막고 있는 것이다.

특히 이 나라의 사회간접자본 시설은 결코 세계 수준급이 아니다. 인도 대륙의 동서쪽 양쪽 끝에 자리잡은 뭄바이와 캘커타를 잊는 도로는 그야말로 낡고 오래돼 2000마일도 채 되지 않는 거리를 자동차로 달리는 데 거의 1주일이나 걸렸다. 그나마 시속 30마일 정도의 속도로 달리면 운이 좋은 편이었다. 이 도로는 포장된 2차선의 고속도로였지만 온갖 트럭들과 낙타, 당나귀들까지 도로 위를 달렸다. 중국에서는 어떤가. 중국의 운전자들은 세계적으로도 최고로 손꼽힐 만한 고속도로를 인도 운전자들보다 네 배나 빠른 속도로 질주한다. 많은 사람들이 사회주의는 인도의 지나간 과거 정치사일 뿐이며, 지금 인도는 세계화한 자본주의의 일원이라고 말하고 있지만 내가 2001년에 인도를 여행하면서 놀랐던 것은 이 나라가 국영 기업의 민영화를 시작한 뒤 10년 동안 민영화된 기업은 단 한 곳, 그것도 빵을 만드는 회사뿐이라는 사실이었다.

물론 인도에는 대기업들도 여럿 있다. 하지만 나는 이들 기업이 세계 시장에서 경쟁력을 갖고 있을 것이라고 생각하지 않는다. 중국은 지금 다양한 공산품과 각종 농산물을 수출하고 있지만 내가 세계 일주 여행을 두 차례 하는 동안 다른 나라에서 인도산 상품을 본 적은 거의 없다. 10억의 인구를 가진 국내 시장을 정부가 오랫동안 보호하다 보니 인도는 국경을 넘어 해외에서 경쟁하는 데 필요한 자본과 전문기술, 추진력 등을 집중적으로 육성하지 못하고 있다.

더욱 우려되는 것은 인도의 교육 시스템이다. 중국에서는 모든 어린이가 최소한 초등학교를 졸업한다. 인도에서는 여러 조사에서 드러났듯이 절반 이상의 어린이들이 초등학교조차 마치지 못한다. 대학 교육은 엘리트 가문이나 권력층에 줄을 댈 수 있는 집안의 자제들만 받을 수 있다. 인도의 수많은 젊은이들이 학업을 위해 외국으로 나가는 이유 가운데 하나는 고등 교육을 받고자 하는 학생들의 수요를 소화시킬 만한 대학교의 숫자가 충분하지 않기 때문이다.

중국인들과는 달리 인도인들은 자기 나라가 민주주의 국가라는 점을 언제든 내세운다. 그러나 이런 주장은 중국과 비교할 때 이들에게 불리한 또 하나의 약점을 부각시킬 뿐이다. 이미 죽어버린 공산주의 독재체제 아래서 이루어낸 경제가 자신들보다 훨씬 더 앞서가 있지 않은가? 인도는 또한 건국 초기부터 정치적인 폭력과 불안정으로 점철된 민주주의 국가였고, 전통적인 카스트 제도에 따른 사회 관습이 아직도 뿌리깊게 남아있다. 내가 1988년에 인도를 여행했을 때는 무장한 호위 병력과 동행하지 않고는 갈 수 없는 곳이 꽤 많았다. 내가 최근에 인도를 여행했을 때는 이보다 훨씬 나아졌지만, 여전히 끊이지 않는 분쟁으로 수 만 명의 희생자를 낸 인도령 카슈미르의 이슬람 분리주의자들로 인해 인도와 파키스탄 간에 핵전쟁이 발발할지도 모른다는 우려가 잔존해있다. 최근에는 인도의 힌두교 극단주의자들이 일반 국민들을 상대로 잔학한 테러를 저지르고 있다. 인도의 동부 지역은 비록 서방 언론으로부터 주목 받지 못하고 있지만 거의 모든 주에서 반정부군이 활동하고 있다.

인도는 또한 여성을 인간이라기 보다는 재산으로 대우하고 있는 민주주의 국가다.(인도 여성에게는 자신들을 "이류 시민"으로만 대우해준다 해도 엄청난 진보일 것이다.) 인도 여성의 절반이 넘는 54%가 문맹이다. 중국 여성 가운데 글을 읽지 못하는 비율은 인도의 절반도 안된다. 인도에서는 신생아 10만 명 당 440명의 산모가 출산 중 목숨을 잃는다; 이 같은 숫자는 출산 중 사망하는 중국 여성에 비해 7배나 많은 것이다. 상당수 농촌 지역에서는 여성들이 남자의 호위가 없이는 집 밖으로 나가지도 못한다. 지난번 인도를 여행하던 중 한 마을에서 어떤 남자가 별 생각 없이 내 처의 엉덩이에 손을 갖다 댔다. 이 친구는 곧 페미니즘이 무엇인지 배우게 됐다. 내 처는 이 친구의 윗도리를 붙잡고는 안면을 세 차례나 가격했다. 마치 영화『말타의 매The Maltese Falcon』에서 험프리 보가트가 피터 로어를 내갈긴 것처럼 말이다.

중국의 어두운 이면

중국은 쉽사리 무너져 내릴 수 있는 거인이다. 일단 경제 성장에 힘입어 용기를 갖게 됐지만 그 여파를 두려워하고 있다. 중국의 최고 지도자들은 그런 점에서 매우 조심스럽다. 중국 정부는 레닌주의 원칙들을 버리지 않고도 시장을 포용함으로써 긴장관계 속에서 자생적으로 성장한 자본주의를 유지해나가는 방법을 배우고 있다. 이제는 자본가들에게도 중국공산당 입당을 허용했지만 이윤 추구의 자유를 용납하지 못하는 마오쩌둥주의자들은 여전히 많이 남아있고, 이들은 기업가 동지들의 행동을 제한하려고 한다. 결국 이해의 충돌이 불가피할 것이고, 시행착오도 나올 것이며, 그럴 때마다 세계 경제에는 충격을 주게 될 것이다.

자유시장 경제를 향한 역사상 가장 크고, 또 가장 대담한 실험에서 예상할 수 있는 다른 것은 없을까? 중국의 지도자들은 대양을 횡단하는 거대한 화물선의 선장이 됐다. 그리고 이들은 어떻게 배를 이끌고 나갈지 충분히 알고 있다. 1970년대 마오쩌둥의 참모 가운데 가장 영리하고 수완이 좋았던 저우언라이 총리는 잠자고 있는 중국 인민의 상인 정신을 일깨우자는 것을 기치로 내걸고 "4대 현대화 계획"을 발표했다. 저우언라이 총리가 지병으로 업무를 돌보지 못하자 중국 경제의 현대화 계획은 당시 부총리였던 덩샤오핑에게 맡겨졌다. 덩샤오핑은 대장정에 참여한 중국공산당의 핵심 간부로, 1950년대 말 중국 경제의 재건설을 추진하다 "자본가의 주구"로 몰려 숙청당한 뒤 트랙터 공장에서 노동자로 일하기도 했다. 1973년에 저우언라이 총리의 주도로 복권돼 부총리에 기용된 덩샤오핑은 후견인 역할을 했던 저우언라이가 1976년 사망하자 다시 부총리 직에서 물러났다. 그러나 덩샤오핑은 1년 만에 두 번째로 재기에 성공해 부총리에 재차 기용됐다. 그는 곧 중국공산당을 장악해 마오쩌둥 이후 가장 영향력 있는 중국 지도자로 부상했고, 경제 개발을 앞당기기 위한 노력의 일환으로 경제 전반에 대한 정부의 규제를 풀어나갔다. 덩샤오핑이 중국의 국가 권력을 쥐었던 1980년대에는 "부자가 되는 것은 영광스러운 일"이라는 슬로건이 중국인들 사이에 가장 대중적인 목표가 되었으며, 중국인들은 자본주의를 열정적으로 실천해나갔다.

내가 중국을 처음 여행했던 1984년은 마오쩌둥의 광기에 찬 문화대 혁명이 처참하게 종말을 고한 지 8년밖에 지나지 않은 시점이었지만 덩샤오핑이 몰고 온 변화의 물결을 생생하게 목격할 수 있었다. 농촌에서는 사람들이 새 주택을 짓고 있었고, 도시에서는 물가 상승을 우려하는 목소리가 많았다. 중국 정부의 해결책은 인민들에게 보너스를 주는 것이었다. 이를 위해서는 더 많은 돈을 찍어내야 했다. 경제는 결국 위축됐다. 기대에 부풀었던 중국인들은 실망이 컸고, 흥분한 군중은 거리로 나와 불만을 토로하는 시위를 벌였다.

덩샤오핑의 자유주의는 정치까지 확대되지는 않았다. 그는 중국공산당이 정부를 확실히 장악하고 반정부주의자에도 강력하게 대처해야 한다는 신념을 갖고 있었다. 1989년 베이징의 천안문 광장으로 시위대가 몰려들자 덩샤오핑은 군병력의 동원을 명령했다. 이로 인해 중국을 세계적인 경제 강국으로 키워낸 그의 오랜 노력과 이미지가 반감되는 결과를 낳았다. 중국의 정부 관리들은 하루빨리 전세계가 천안문 사태를 잊어주었으면 하고 바란다. 당연한 일이다. 많은 미국인들은 중국이 미국식 민주주의 향해 나아가다가 갑자기 주저앉아버린 결정적인 사건으로 천안문 사태를 인식하고 있다. 총을 든 군대와 함께 천안문 광장으로 진주하는 탱크를 정면에서 용감하게 막아선 학생을 보지 않았던가?

우리는 텔레비전을 통해 생생하게 보았다. 우리가 접하는 서방 언론은 이런 극적인 장면을 절대로 빠뜨릴 수 없기 때문이다. 그러나 우리가 본 것이 전부가 아니다. 그 해 봄 거리로 몰려나온 대부분의 중국인들은 민주주의를 요구한 게 아니다. 그들은 통화 긴축 정책을 비판하기 위해 거리로 나온 것이었다. 중국 정부는 당시 너무 과열된 경기를 식히려고 애쓰고 있었다. 경제는 가라앉았고, 일반 국민들도 경기가 하강하는 것을 느끼기 시작했다. 전국 각지의 노동자들은 갑자기 일자리를 걱정하게 됐다. 노동자와 농민은 물론 서구식 민주주의를 결코 선호하지 않는 공산당원들까지 천안문 광장으로 쏟아져 나온 것은 바로 이런 이유 때문이었다. 마침 민주주의를 요구하는 구호를 내걸고 몇 주째 시위를 벌이고 있던 학생과 지식인들이 이런 기회를 놓칠 리 없었다. 이들은 자신들의 입장을 보다 널리 알리기 위해 군중들과 함께 천안문 광장으로 향했다. 그리고 학생들이 주인공으로 부각됐다. 무력진압의 대상도 학생이었다. 정부 관리들은 곧 자신들이 너무 무리하게 대응한 것을 후회했고, 그들이 외부 세계에 심어주고자 오랫동안 노력해왔던 개방적이고 현대적인 중국의 이미지가 산산조각 나고 있음을 깨달았다. 천안문 사태의 여파로 중국 경제는 비틀거렸으나 덩샤오핑이 추진해왔던 자유시장 체제로의 개혁은 마침내 제 기능을 하기 시작했다. 덩샤오핑이 일찌감치 자신의 후계자로 지목한 장쩌민이 통화 긴축 정책을 거둬들이고, 통화 확대와 재정 축소 정책을 시행하자 경제는 몇 년 만에 다시 정상 국면으로 복귀했다. 내가 1990년 중국을 다시 여행했을 때 앞서 친하게 지냈던 중국 기업가들은 전부 사업이 잘 되고 있었다.

그러나 1994년이 되자 중국 경제는 과열 양상을 보였다. 중국 정부는 다시 한번 제동을 걸어야 했다. 원래 경직된 스타일인 공산주의자들에게는 매우 익숙한 초긴축 프로그램이 시행됐다. 그 결과 도시 지역에서는 오피스 빌딩마다 빈 사무실이 넘쳐났고, 반쯤 짓다 만 고급 주택들이 줄을 이었으며, 백화점은 손님이 없어 썰렁할 정도였다. 국영 은행들의 부실 대출은 눈덩이처럼 불어났다. 중국 경제는 걷잡을 수 없을 정도로 냉각되어 갔고, 급기야 위안화의 평가절하를 단행하기에 이른 것이다. 이게 1994년의 상황이다.

금융 개혁을 단행하면서 인플레이션도 잠재웠다; 금리를 인상해 시중은행으로부터 너도나도 대출을 받아가는 것을 차단했다; 이렇게 해서 10년 만에 중국 경제는 세계에서 가장 빠르게 성장할 수 있었다. 사실은 너무 빠르다. 전형적인 투자 거품처럼 느껴질 정도다. 정부 통계를 보면 중국 경제는 매년 더욱 빠른 속도로 성장하고 있다. 2004년도 경제성장률은 9.7%에 달한 것으로 알려져 있다.(일부 서방 경제학자들은 최고 12%에 달했을 것이라고 말한다.) 이 같은 수치는 2004년도 전세계 경제성장의 15%가 중국에서 나왔다는 말이 된다. 경제의 모든 부분이 최고 속도로 줄달음치고 있다. 중국인들은 제철소와 각종 제조공장을 지었고, 섬유와 제약, 아파트 건설 사업에도 투자를 확대하고 있다. 은행들은 규모에 관계없이 국유 기업들에 대한 대출을 경쟁적으로 늘려나갔다. 국유 기업 경영자들은 지역 경제의 성장률을 높이고, 또 자신의 정치적 위상도 높이기 위해 은행에서 빌린 돈으로 부동산 개발 프로젝트에 투자했다. 낮은 금리로 쉽게 조달할 수 있는 돈이 넘쳐나자 자연히 건설 과잉 현상이 벌어졌다. 2004년 말 현재 은행들의 부실 대출 규모가 어느 정도나 되는지 아무도 가늠조차 하지 못한다; 중국 정부는 전체 여신의 20% 정도가 부실 대출일 것이라고 인정하고 있지만 민간 조사기관에서는 시중 은행들이 제때에 회수하지 못하고 있는 부실 대출 규모가 전체 여신의 40% 이상일 것이라고 주장하고 있다. 투기 광풍이 몰아치고 있는 상황에서 은행마저 한몫 거든 셈이다. 이로 인해 과도한 과잉 투자라는 결과가 초래됐다. 중국의 고정자산 투자가 국내총생산(GDP)에서 차지하는 비중은 50%에 육박한다. 생활비, 특히 음식료품 가격과 교통비는 갈수록 치솟고 있다. 물가상승률은 중국 정부가 억제선으로 설정한 연간 3%를 훌쩍 뛰어넘어 빠른 속도로 상승하고 있다. 외국계 은행들은 중국의 연간 실질 물가상승률이 7~8%에 달한다고 밝히고 있다. 중국 지도자들은 어떻게 하든 폭주하는 기관차의 속도를 늦출 방안을 찾으려고 애쓰고 있다. 그러나 1989년과 1994년에 경험했던 것처럼 갑작스러운 충돌은 피해야 한다.

중국 관측통들은 중국 정부가 또 한번의 "경착륙(hard landing)"을 피하기 위해서는 보다 유연하고 현대적인 접근이 필요하다는 사실을 과거의 경험을 통해 충분히 배웠을 것이라고 기대하고 있다. 중국의 경제성장률이 7% 밑으로 떨어진다면 그것은 경착륙이다. 7% 성장률은 동북아시아 경제에도 매우 중요하다. 이들 국가는 대 중국 상품 수출이 늘면서 경제가 호전됐기 때문이다. 중국은 한국과 일본의 전체 수출액 증가분 가운데 3분의 1을 차지하고 있다. 중국에 대한 외국인들의 장기 투자도 증가하고 있다. 마치 100~150년 전 미국에서 그랬던 것과 같은 양상이다. 그러나 중국에 투자하는 외국인들은 달러화와 유로화를 빌려서 투자한다. 위안화가 평가절상되면 나중에 이를 달러화나 유로화로 바꿔서 갚는 게 훨씬 유리하기 때문이다. 이처럼 외국인 투자자들이 위안화 절상에 "베팅"을 하다 보니 엄청난 외화 자금이 중국으로 몰려들고, 중국은 4000억 달러가 넘는 어마어마한 외화 현금 자산을 갖게 된 것이다. 만약 중국에 무슨 변고라도 생기게 된다면 엄청난 외화가 빠져나갈 것이다. 더욱 우려되는 것은 중국이 보유하고 있는 4000억 달러의 외환보유고 대부분이 미국 재무부 채권에 투자돼 있다는 점이다. 중국 정부가 만약 이 돈을 찾아가기 위해 미국 재무부 채권을 팔아치운다면 무슨 일이 벌어지겠는가?

경기 붐에 따른 열기는 농촌 지역이 훨씬 덜 하다. 도시와 농촌 간의 이런 불균형은 결코 작은 문제가 아니다. 중국 인구의 60%가 "농촌 빈민"이라는 계층으로 전락하고 만 것이다. 중국 농민들의 생활여건에 관해 조사한 한 연구에 따르면 도시 주민들의 재산은 크게 늘었지만 9억 명에 이르는 중국 농민들의 소득은 그리 많이 늘어나지 않은 것으로 나타났다. 한때 농민의 나라였던 중국이 지금은 두 개의 나라로 갈라져 있다. 한쪽에는 점점 더 부유해지고 있는 도시 주민들이, 다른 한쪽은 일자리가 있어도 형편없는 저임금을 받고 있는 농촌 지역의 노동자와 농민들이 있는 것이다. 중국에서 활동하고 있는 민간 금융 애널리스트의 보고서에 따르면 농촌 지역의 불완전 취업자와 실업자는 1억5000만~2억5000만 명에 이르는 것으로 파악되고 있다. 〈뉴욕타임스〉는 이를 가리켜 "현재 중국의 농촌 지역에는 미국의 전체 근로자수보다 더 많은 실업자들이 있다"고 꼬집었다. 많은 중국인들이 일자리를 찾아 도시로 밀려들고 있고, 이로 인해 도시기반시설의 부족은 더욱 가중되고 사회 불안 요인도 점증하고 있다. 중국 정부는 농촌 인구의 생활수준 향상을 위해 "인민 우선"이라는 특별 프로그램을 시행하기 시작했다. 인민 우선 프로그램의 한 가지 계획은 2020년까지 3억~5억 명의 농촌 인구를 도시로 이주시킨다는 내용을 담고 있다.(이 계획의 목표는 중국의 도시 인구 비율을 60%까지 끌어올린다는 것이다.)

중국의 비약적인 성장을 이뤄낸 경제 관료들이 지금 풀어야 할 숙제는 무척 골치 아픈 것이다. 경제성장률을 낮춰야 하지만 그렇다고 너무 크게 떨어뜨려서는 안된다. 대부분의 전문가들이 내놓은 추정치에 따르면 경제성장률이 7%에 못미칠 경우 중국의 대외 수입액은 급격히 감소한다. 이는 중국으로의 제품 수출 덕분에 성장세를 구가하고 있는 인근 국가의 경제에 타격을 줄 뿐만 아니라 멀리 브라질과 아르헨티나 경제에도 악영향을 줄 수 있다. 브라질은 중국에 각종 원자재를 팔아 엄청난 이익을 거두고 있고, 아르헨티나는 콩을 대규모로 수출하고 있다. 도시 지역의 높은 실업률은 중국 자체의 안정을 해칠 수 있는 위험한 요인이다. 국제통화기금(IMF)의 연구 결과에 따르면 중국은 계속 늘어나고 있는 젊은 노동력과 "차이나 드림"을 찾아 도시로 몰려든 농촌 인력, 여기에 비효율적이고 낡은 공장이 문을 닫아 일자리를 잃게 된 실업자들까지 흡수하려면 매년 900만 개의 새 일자리를 만들어내야 한다. 미국 경제가 호황 국면일 때 새로 창출되는 일자리가 300만 개라는 점을 감안하면 900만 개의 새로운 일자리가 어느 정도인지 알 수 있을 것이다. 농촌 지역의 노동자와 농민들이 저항하고 있다는 보도는 이미 나오고 있다. 중국 정부는 시위대를 가차없이 진압하고 주도자는 구속하고 있다. 그러나 더욱 나쁜 상황은 정부의 이같은 강경책이 오히려 불만을 더욱 증폭시켜 찻잔 속의 작은 소용돌이를 걷잡을 수 없는 폭풍우로 만들 수 있다는 점이다.

내가 가장 최근에 중국을 여행했던 2004년 봄 중국 정부 관리들과 IMF 및 외국 투자은행 관계자들은 중국 경제가 연착륙(soft landing)을 할 수 있을 것이라는 기대를 밝혔다. 중국 총리는 그 동안 경제성장률을 가속화하는 역할을 했던 은행 대출 증가와 통화 공급 확대의 속도를 늦출 수 있을 것이라고 분명하게 주장했다. 그러나 나는 이 같은 낙관론에 동의하지 않았다. 부동산과 일부 제조업 분야처럼 물불을 가리지 않는 투자가 진행됐던 부문에서는 그 후유증이 심각할 것이다. 경제 성장이 끊임없이 이어질 것이라는 환상에 젖어있는 지방 관리들은 여전히 은행에서 돈을 빌려 오지를 개발하는 프로젝트에 나서고 있다. 중국의 관영 통신사인 신화사에 따르면 전력난은 매우 심각해서 러시아로부터 전기를 수입하기 시작했을 정도다. 더구나 중국 정부는 지금도 위안화의 환율을 자유화하는 데 반대하고 있다.

일자리를 찾아 나선 수백 만 명의 농민과 젊은이들, 점점 더 확대되고 있는 무역수지 적자 등을 떠올린다면, 비록 늘어나는 노인 인구에 대한 사회보장비용으로 엄청난 재정이 필요할 것이라는 점은 차치하고라도 중국에 어떤 식으로든 사회적 불안과 소요 사태가 불가피하다고 생각할 수 있다. 중국의 관리들은 주도면밀하게 시장을 규제하는 방식을 배워나가고 있고, 이들 가운데는 상당히 똑똑한 사람들이 많다. 하지만 그렇다고 해서 실패하지 말라는 법은 없다. 더욱 우려되는 것은 이들이 모두 정치인과 관료라는 점이다. 자신의 직무에 대한 책임을 자기 스스로 진다는 말이다.

나는 중국이 1989년과 1994년에 그랬던 것처럼 머지않아 다시 혼란에 빠질 것이라고 예상한다. 만약 그런 일이 벌어진다면 나는 중국 시장과 상품시장에서 다시 매수할 기회를 얻게 될 것이다.

대제국의 야망?

역사적으로 대제국들은 전세계를 대상으로 호시탐탐 기회를 노리다
가 대개는 무력을 동원해 원하는 것을 얻었다. 미국이 선제 공격 정책
을 채택하자 중국 역시 어느 나라의 수출품을 사오는 것보다 오히려
그 나라를 점령하는 편이 더 싸게 먹힌다는 생각을 하지 않을까 일부
전문가들이 우려한 것도 충분히 이해할 만하다. 이미 일각에서는 중
국이 중동 지역에서 높아진 위상을 드러낼 것이라고 주장하고 있다.
중국은 현재 세계 2위의 석유 소비국이고, 세계 1위로 올라서는 것은
시간 문제일 뿐이다. 과연 중국이 다른 산유국을 점령하고자 할 것인
가? 중국은 이미 아프리카에 있는 수단의 석유에 상당한 지분을 갖고
있고, 군대를 파견해 석유 자원을 보호하고 있다. 중국과 인접한 중앙
아시아 공화국들 역시 막대한 석유 매장량을 갖고 있다.

게다가 대만 독립이라는 문제가 있다. 자칫 가만히 있는 중국이 불
같이 화가 나서 발작을 일으킬 가능성도 배제할 수 없다. 현재 대만 대
통령은 자신의 정치적인 이해관계에 따라 어떻게 하든 중국 정부를 자
극하려고 최선을 다하고 있는 형국이다. 그는 어쩌면 자살극을 벌이
고 있는 것인지도 모른다. 물론 그의 자살극으로 인한 피해는 우리에
게도 돌아올 것이다. 중국 군부는 이미 대만을 무력으로라도 다시 점
령하겠다는 위협을 하고 있다. 이들에게 중국에 대한 외국인 투자나
경제성장률, 베이징 올림픽 따위는 그 다음 문제다. 미국 정치인들은
중동과 북한에 있을지도 모를 "대량 살상 무기"에 너무 관심을 집중하
다 보니 대만을 겨냥한 500개의 중국측 미사일을 미처 생각하지 못하

고 있다. 대만은 중국 본토로부터 불과 100마일 떨어져 있을 뿐이다. 대만이 위급한 상황에 처하게 되면 미국이 군사지원에 나설 것이라는 대만의 안보 우산은 이미 미국이 중동 지역에 군사력을 집중하면서 상당히 약화됐다. 미국 국방성은 중국이 군사력을 사용할 경우 미군이 구원자로 나설 틈도 없이 대만을 점령할 수 있을 것으로 판단하고 있다는 워싱턴 발 기사가 나오기도 했다.

나는 중국 정부가 웬만큼 자극을 받지 않는 한 전쟁을 벌이지는 않을 것이라고 생각한다. 역사를 되돌아보면 중국인들은 그렇게 공격적인 민족이 아니었다. 지금의 중국인은 과거보다도 덜 공격적이라는 게 내 판단이다. 중국 지도부는 1980년부터 자녀를 한 명만 낳는 가정에게 혜택을 주는 국가적인 정책을 시행해왔다. 1가정 1자녀 정책은 2002년에 폐지됐지만 그 파급 효과는 상당하다. 한 자녀밖에 두지 않은 가정에서는 자신들의 자녀가, 혹은 자신들의 손자들이 전쟁에 나가는 것을 반대할 것이다.

그렇다고 해서 중국 내부적으로 소요 사태나 대혼란이 절대로 벌어지지 않을 것이라는 말이 아니다. 수많은 변수에 따라 중국은 곧장 더욱 부강한 나라로 나아갈 수도 있고, 세계 최강대국이 되기까지 숱한 우여곡절을 겪을 수도 있다. 노동자들의 파업과 농민들의 반란, 군사쿠데타, 심지어 내전이 벌어질 수도 있다. 중국 정부는 국내에서 이런 문제가 일어나지 않도록 일부러 대만과의 긴장을 더욱 높일지도 모른다. 대만과 중국 본토 정부가 이처럼 위험한 수순을 밟아나간다면 나 자신도 정말 당혹스러울 것이다. 대만의 전문기술 인력 및 자본을 중국 본토의 노동력 및 시장과 결합하기만 한다면 중국은 세계적인 경제력을 갖추게 될 것이다. 안타까운 사실은 역사를 뒤돌아보면 정치인들이 말도 안되는 실수를 연발하며 나라를 처참한 전쟁의 소용돌이로 몰고 간 사례들로 점철되어 있다는 점이다.

어두운 이면은 기회를 만들어낸다

중국 경제는 성장을 해나가는 과정에서 크게 흔들거리기도 할 것이다. 하지만 13억 명이 넘는 중국의 소비자들은 사라지지 않을 것이다. 중국인들은 다시 소득의 30% 이상을 저축하고 투자할 것이다. 중국 내부에서 자라난 수백 만 명의 기업가들이 부자가 되기 위한 방법을 찾아 나설 것이다. 앞으로 도시로 이주할 3억 명을 포함한 농촌 주민들도 도시 주민들이 즐기고 있는 온갖 제품들, 즉 각종 전자 제품과 휴대폰, 컴퓨터, 세탁기, 수도 시스템 등을 사용할 것이다. 지금 중국에서는 농촌 지역뿐만 아니라 도시 지역을 통틀어서 전체 인구의 4%만이 자동차를 갖고 있다. 중국인들이라고 해서 아무것도 없는 맨손으로 강철을 만들 수 있는 것도 아니고, 철광석이나 구리, 설탕, 콩 등을 그냥 손에 넣을 수도 없다. 이런 원자재들을 사와야만 하는 것이다. 그리고 이것은 상품 가격을 올리는 또 하나의 요인이 될 것이다.

미국 역시 강대국으로 부상하면서, 부강하고 영광스러운 나라로 성장하는 과정에서 심각한 후퇴를 여러 차례 경험했다. 가령 1907년에 월 스트리트와 미국 정부의 재정은 파탄이 나버렸다. 미국이 20세기 세계 최강대국으로 막 자리매김을 하려던 순간에 그런 일이 벌어졌던 것이다. 일본은 지난 60년 동안 대단한 성공 스토리를 써왔다. 하지만 세계에서 가장 부유한 나라로 부상하려던 순간인 1966년에 일본의 금융 시스템은 거의 붕괴됐다. 당시 미국과 일본이 일시적으로 후퇴하는 시점에 이들 나라에 투자한 것을 거둬들였다면 그것은 큰 실수가 됐을 것이다. 중국도 어쩔 수 없이 후퇴를 경험하게 된다면, 다시 회복할 때쯤에는 중국공산당도 이미 유명무실해져 있을 것이다. 자본가의 모습을 한 요정이 이미 너무 오랫동안 병에서 빠져 나와 있었다. 상하이의 아르마니 부티끄에서 쇼핑을 즐기는 젊은 여성들, BMW와 잠시 후면 캐딜락을 몰고 다닐 지역 특권층들은 중국공산당에 대해 거의 신경 쓰지 않는다. 내가 천안문 광장에서 마지막으로 본 시위는 부동산 개발업자들로부터 쫓겨날 처지에 놓인 한 무리의 집주인들이 이에 반발하며 벌인 것이었다. 야심을 가진 젊은 중국인들이 큰 소리로 외치는 유일한 당 구호는 덩샤오핑 시절부터 이어져온 것이다: "부자가 되는 것은 영광스러운 일이다." 내가 이 책을 쓰고 있는 사이 중국의 주요 영문 통신사인 〈차이나 뉴스 서비스China News Service〉는 브리트니 스피어스가 2005년에 중국의 5개 도시에서 순회 공연을 갖는 것을 중국 정부가 승인했다고 보도했다. 단 하나의 전제조건이 붙었을 뿐이다: "브리트니 스피어스의 의상에 대해 관련 부처에서 엄격하게 심사할 것이다."

중국이 벌였던 잊혀진 전투에 대해 잠깐 이야기해보자. 수십 년 전 강경한 마오주의자들은 외국인 투자를 자본주의의 "독소"와 구분할 수 없을 것이며, "부르주아 자유주의"에 젖은 환상과도 분리할 수 없을 것이라고 경고했다. 이들의 말은 맞았다. 중국 자본가들의 부상이 앞으로 의도하지 않은 어떤 결과를 낳을지는 여전히 예단하기 힘들다. 그러나 주도면밀한 투자자라면 자본주의를 향해 나아가는 중국의 전례 없는 모험 속에서 돈을 벌 수 있는 기회를 찾아낼 것이다.

아마도 한동안 최선의 방법은 상품을 사는 것이 될 것이다. 특히 일시적인 조정 국면이나 바닥을 다지는 시기라면 더욱 좋을 것이다.

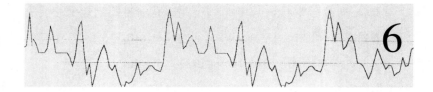

저유가 시대는 끝났다

1976년 10월 6일 이집트와 시리아 공군기들이 시나이 반도의 수에즈 운하 동안(東岸)에 있는 이스라엘 점령지와 이스라엘 북쪽 국경지대를 공격했다; 이와 동시에 아랍 보병부대와 장갑차들은 이스라엘군을 향해 일제히 불을 뿜어댔다. 이날은 유대인에게 가장 성스러운 속죄의 날(욤키퍼, Yom Kippur)이었다. 이스라엘군은 방어에 나섰지만 화력에서 상대가 되지 않았다. 러시아제 최신형 무기로 무장한 이집트와 시리아 연합군은 소련으로부터 계속적인 추가 지원을 받고 있었다. 이집트와 시리아의 공격이 시작된 지 며칠 만에 이스라엘은 미국의 닉슨 대통령에게 유대인 국가가 괴멸되기 일보직전이라고 다급하게 알렸다. 백악관에서는 이스라엘에 군사지원 물자를 긴급 공수해주기로 결정했다. 이스라엘군은 시나이 반도에서 이집트군의 거센 공격을 저지시키는 한편 성공적인 반격에 나설 수 있었다.

마침내 석유수출국기구(OPEC)는 전쟁 개시 10일 만에 "석유를 무기화 하는" 결정을 내렸다. 석유 무기화는 종종 위협적으로 언급되기는 했지만 실제로 사용된 것은 이번이 처음이었다. OPEC은 원유 생산량을 줄이고, 미국으로의 원유 수출을 중단한다고 발표했다. OPEC의 금수 조치가 발표되자 미국의 휘발유 가격은 40%나 뛰었고, 주유소마다 휘발유를 넣으려는 자동차들로 장사진을 이뤘다. 일부 주유소에서는 기름이 떨어져 하는 수 없이 사과 게시판을 세워놓기도 했다: "죄송합니다, 오늘은 휘발유가 다 떨어졌습니다." 그 해 9월까지도 배럴당 2달러 선을 유지했던 국제 유가는 12월에는 배럴 당 11.64달러까지 치솟았다. 국제 유가 급등으로 인한 파급은 유럽과 일본 경제에도 큰 타격을 주었다. 미국인들은 엄청난 충격을 받았다. 지금은 상상하기조차 어려운 일이지만 당시 대부분의 미국인들은 미국이 다른 나라로부터 원유를 수입한다는 사실을 전혀 이해하지 못하고 있었다. 더구나 아랍 국가들로부터 원유를 수입하다니.

1973년부터 1974년까지 이어졌던 "석유 위기"는 지금도 미국인들의 뇌리 속에 남아 엄청난 공포로 다가선다. 하지만 대부분의 미국인들이 잊고 있는 것은, 아니 전혀 알지 못하고 있는 것은 당시 OPEC의 석유 금수 조치가 유가 급등에 거의 영향을 미치지 않았다는 사실이다. 중동에서 전쟁이 일어나기 훨씬 전인 1970년대 초부터 원유 공급은 이미 매우 타이트해지고 있었다. 지난 수십 년 동안 볼 수 없었던 상황이 벌어지고 있었던 것이다. 미국 내 대형 유전의 생산량은 줄어들기 시작했다. 석유 생산업체들은 추가로 공급할 수 있는 잉여 생산 시설이 더 이상 없었지만 석유 수요는 계속해서 늘어나고 있었다. 더구나 닉슨 행정부는 인플레이션 억제를 위해 1971년 석유 가격을 규제했다. 이로 인해 원유 탐사나 석유 생산시설에 대한 투자는 위축된 반면 미국인들의 석유 소비는 더욱 부추기는 결과가 초래됐다. 미국의 원유 수입은 1970년 이후 불과 몇 년 만에 두 배 이상 늘어났다. 정유 회사를 비롯한 원유 수요자들은 최대한 더 많은 원유를 확보하기 위해 발벗고 나섰고, 이들은 가격을 계속해서 높일 수밖에 없었다.

이제 석유시장은 판매자의 시장(seller's market)이 되었고, OPEC은 판매할 원유를 갖고 있었다. OPEC 회원국들은 신흥 석유 재벌로 부상한 것이다. 상당수 회원국들은 왜 자신들이 마음대로 영향력을 행사하지 못하고 미국의 결정에 따라야만 하는지, 또 석유 수출로 거대한 부를 쌓을 수는 없는 것인지 의문을 갖고 있었다. 사실 OPEC이라는 카르텔 조직에서 생산량이 가장 많은 사우디아라비아는 원래 "석유 무기화"에 반대했다. 그러나 전쟁 발발 직전인 1973년 9월 오스트리아 빈에서 열린 OPEC 회의에서 사우디아라비아는 세계적인 메이저 석유 회사들로 하여금 다음달 빈에서 석유 가격의 대폭 인상을 논의하는 데 참석토록 하는 결정에 동의했다. 사실 다음달 중동에서 전쟁이 터졌을 때 사우디아라비아의 대표단은 빈으로 향하는 비행기 안에 있었고, 빈에 도착하기 전까지는 전쟁 발발 소식을 알지 못했다. 10월 8일 OPEC과 메이저 회사들은 당시 배럴 당 3달러였던 유가의 대폭 인상을 논의하기 위해 한자리에 모였다: 메이저 회사들은 유가를 3.45달러로 15% 인상하는 방안을 내놓았다; 반면 OPEC은 100% 인상안을 제시했다. 4일간 협상이 이어졌지만 합의점을 찾지 못하자 메이저 회사의 사장단은 이 문제를 매듭짓기 위해 2주간의 추가 협상 기간을 달라고 요청했다. 그러나 10월 18일 쿠웨이트시티에서 열린 OPEC 회의에서 회원국들은 독자적으로 원유 가격을 인상하기로 결정했다. OPEC은 유가를 배럴 당 5.11달러로 70% 인상한다고 발표했다. 발표가 나온 뒤 사우디아라비아의 석유 장관은 함께 온 대표단에게 이렇게 말했다. "우리 상품의 주인은 바로 우리 자신이라네."

그는 틀렸다. 진짜 주인은 바로 상품, 즉 원유였다. 그 뒤 몇 주가 지나고, 몇 달이 흐르면서 벌어진 일련의 사건들은 이런 의구심을 풀어주었다. OPEC의 일방적인 유가 인상 발표 이후 1주 만에 휴전 선언이 나왔다. 그러나 OPEC의 그 유명한 석유 금수 조치는 12월이 되어서야 다소 완화됐고, 다음해 3월에야 완전히 풀렸다. OPEC은 정치적인 긴장 관계를 이용해 유가를 인상함으로써 이익을 취하려고 하지 않았다. 1974년 1월에는 시나이에서 이집트군이 철수하는 협상이 타결됐고, 그 해 5월말에는 헨리 키신저의 중재로 이스라엘과 시리아 간의 협상도 완료됐다. 하지만 유가는 그 후 1970년대가 끝날 때까지 계속해서 상승했다. 아직도 많은 사람들은 유가가 급등하고, 휘발유 가격이 폭등할 때마다 그 배후에는 "대형 메이저 석유회사"나 "아랍 국가들", 혹은 두 세력의 협력이 있다고 주장하지만, 석유는 그것을 생산하는 기업이나 국가보다 훨씬 더 큰 존재가 됐다. 모든 시장 참여자는 수요와 공급의 결정에 좌우된다. 이들이 제아무리 시장을 통제하려고 애쓴다 해도 앞으로도 계속 그럴 것이다.

상품시장에 투자하라

2004년의 "석유 위기"

국제 유가는 2004년에 배럴 당 40달러까지 치솟았다. 배럴 당 10달러 선이 붕괴됐던 것이 불과 6년 전인데, 어느새 수십 년 만의 최고치를 기록한 것이다; 이에 따라 미국 내 휘발유 가격은 갤런 당 2달러까지 올랐다. 정치인들은 다시 한번 목소리를 높여 메이저 석유 회사와 OPEC에 유가 급등의 원인을 돌렸다. 미국의 정부 관리들은 배럴 당 28달러 선이면 괜찮다고 말했고, OPEC은 배럴 당 35달러까지는 견딜 수 있을 것이라고 이야기했다.

양쪽 모두 환상의 세계에서 살고 있는 것이다. 현실 세계에서는 석유 생산량이 지난 수 년 동안 감소해왔다. 현실 세계에서는 미국과 아시아 경제가 최근 들어 15년 만의 최고 성장률을 기록하고 있고, 석유 소비는 이미 공급을 앞서기 시작했다. 현실 세계에서는 지난 35년 동안 단 하나의 "엘리펀트" 유전(일반적으로 매장량이 10억 배럴 이상인 유전을 엘리펀트 유전이라고 부른다–옮긴이)이 발견됐을 뿐이다. 1999년 카자흐스탄의 카스피해 해상에서 발견된 이 유전은 그나마 카자흐스탄의 국내 정치 및 경제적인 이유로 인해 세계 원유 공급량을 늘리는 데 별로 기여하지 못하고 있다. 미국 내에서 새로운 정유시설이 건설된 것은 벌써 20여 년 전의 일이고, 정유회사들은 노후화한 정유 공장들을 폐쇄하고 있다. 현실 세계에서는 전쟁과 테러로 인한 "예측할 수 없는 불확실성"이 이제는 우리가 살아가고 사업 활동을 해나가는 데, 또 경제 성장과 국가 안보를 위협하는 요인으로서 예측 가능한 것이 되어버렸다.

사실 현실 세계에서는 2004년 여름과 가을에 유가가 사상 최고치 행진을 계속하며 배럴 당 50달러를 넘어섰을 때조차도 인플레이션을 감안하면 그렇게 유가가 비싼 편은 아니었다. 이란에서 혁명이 일어난 직후에 벌어졌던 1979년의 "오일 쇼크" 당시 평균 유가를 오늘날의 물가 수준으로 환산하면 배럴 당 87달러에 이른다. 상품시장의 투자자들은 수요와 공급이 가격 결정의 가장 중요한 요인으로 작용하는 현실 세계에 살아야 한다. 매수와 매도 결정이 이루어지는 곳이 바로 현실 세계이기 때문이다. 2004년 가을 현재 석유를 둘러싼 현실 세계의 숫자는 간단하고 함축적이다:

공급 = 하루 8350만 배럴……감소하고 있다.
수요 = 하루 8240만 배럴……증가하고 있다.*

어떤 석유 전문가들은 이 같은 수치가 유가 상승을 초래한 "완벽한 폭풍우"라고 말했다. 내가 보기에는 돌풍 정도 되는 것 같다. 하지만 누구도 부인할 수 없는 사실은 석유 산업의 펀더멘털이 변했다는 것이다. 세계적인 대규모 유전과 생산성이 가장 높았던 유전들은 이미 바닥을 드러냈다. 또 여론조사 결과 미국인들은 대형 승용차를 버리고 싶은 마음이 없으며, 에너지 절약은 자신이 아무런 고통도 받지 않을 때에만 그렇게 할 것이라고 답했다. 유럽인들의 신차 구입 대수는 사상 최대치를 경신했고, 인도와 중국의 신흥 부유층들은 승용차를 몰고 다니며 집에는 새로 구입한 냉장고와 텔레비전 등 최신형 전기제품을

---

*이 수치는 국제에너지기구(IEA)가 2004년 10월에 발표한 것으로, 앞서 예측했던 2004~05년도의 세계 석유 생산량 및 수요량을 수정한 것이다.

상품시장에 투자하라

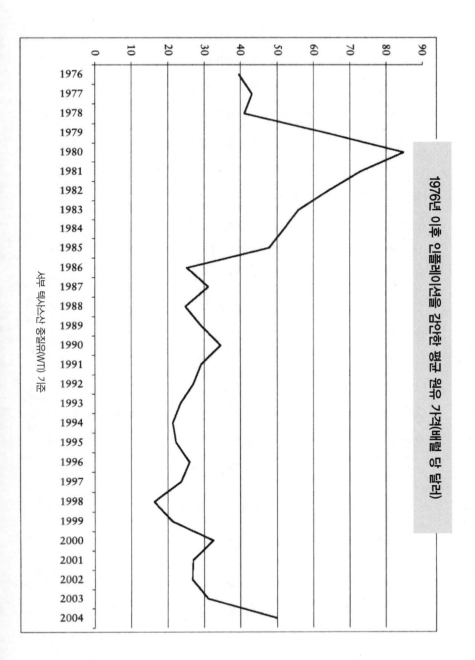

1976년 이후 인플레이션을 감안한 평균 원유 가격(배럴 당 달러)

서부 텍사스산 중질유(WTI) 기준

갖춰놓고 안락한 생활을 만끽하고 있다. 프랑스 파리에 본부를 둔 세계적인 석유 산업 감시기구인 국제에너지기구(IEA)는 앞서 내놓은 예측자료를 통해 2004년도 세계 석유 수요량은 전년도보다 하루 230만 배럴 증가할 것이라고 밝혔다. 이 같은 연간 수요량 증가는 1980년 이후 최대치다. IEA는 또 2004년 8월에 내놓은 보고서에서 OPEC 회원국들은 이미 원유 생산시설의 거의 전부를 가동하고 있다고 지적했다. OPEC 회원국들이 "효율적으로" 생산할 수 있는 여유 시설 용량은 하루 50만 배럴에 불과하다는 것이다.(여기에는 정치적인 문제와 근로자들의 파업 사태 등으로 인해 증산이 어려운 이라크와 나이지리아, 베네수엘라, 인도네시아의 여유 시설 용량은 포함되지 않았다.) OPEC은 2002년도에 하루 700만 배럴을 추가로 생산할 수 있는 여유 시설 용량을 갖고 있다고 밝힌 바 있다. 여유 시설 용량이 이렇게 급감했다는 것은 OPEC 회원국을 포함한 산유국들이 고유가에 따른 이익을 최대한 챙기기 위해 최대한 빠른 속도로 원유 생산량을 늘려왔다는 점을 감안해도 지금의 고유가보다 더 높은 초고유가 상황이 벌어져도 원유 생산량 증가는 아주 미미할 것이라는 사실을 알려주고 있다. IEA가 최근 수정 발표한 예측치를 보면 미래는 더욱 참담해 보인다:

수요(2005년) = 하루 8400만 배럴……계속 증가하고 있다.
공급(2004년) = 하루 8350만 배럴……증가할 여지는 거의 없다.

IEA의 보고서에서는 OPEC 비회원국들의 원유 생산량이 2004년 말까지 하루 120만 배럴 늘어날 수 있을 것이라고 덧붙였다. 어쩌면 그럴 수도 있을 것이다. 하지만 위의 수치가 분명하게 보여주고 있듯이

OPEC 회원국과 비회원국을 포함한 모든 산유국에서 현재 보유하고 있는 시설 용량을 최대한 가동해서 원유를 생산한다 해도 원유 수요는 공급을 웃돈다. 갑자기 세계는 수요와 공급의 극적인 불균형 상태를 향해 나아가고 있는 것이다. 수요와 공급의 이 같은 불균형은 어떤 상품시장에서든 장기적으로 이어지는 고전적인 강세장을 만들어낸다. 그러면 이제 유가의 등식을 만들어내는 양쪽 측면을 자세히 살펴보도록 하겠다.

공급

미국의 석유 회사인 셸 오일 컴퍼니의 수석 과학자 킹 허버트는 1956년 지질학자들을 상대로 한 학회 모임에서 영원히 그의 이름이 기억될 만한 학술논문을 한 편 발표했다. 그는 이 논문에서 미국의 산유량은 1970년대 초에 정점에 이른 후 감소할 것이라고 예측했다. 모두들 그를 정신 나간 사람으로 여겼다. 그 무렵 미국은 세계 최대의 원유 매장량을 갖고 있었고, 이것은 지난 100년간 그대로 이어져왔다. 시간이 흘러 1970년이 됐지만 미국은 그 해 하루 960만 배럴의 원유를 생산했고, 사우디아라비아의 원유 생산량은 미국의 절반에도 미치지 못했다. 석유는 넘쳐났고 값도 매우 쌌다; 킹 허버트는 조롱거리가 돼버렸다. "그 친구 예상대로라면 지금쯤 우리 나라 석유는 고갈되어가고 있을 것 아냐?"

그러나 마지막으로 웃은 사람은 킹 허버트였다. 모든 사람들이 "허버트 피크(Hubbert's Peak, 앞서 소개했듯이 미국의 산유량이 1970년대 초에 정점에 이른 후 감소할 것이라는 킹 허버트의 예측에 이런 이름을 붙여졌다—옮긴이)"를 농담거리로 삼고 있을 때 컬럼비아 대학교 교수를 지낸 이 지질학자의 예측은 점차 현실화하고 있었다. 미국의 산유량은 실제로 1973년에 정점에 달했다. 또 1981년이 되자 미국 석유 회사들이 알래스카 주를 제외한 미 대륙의 48개 주에서 생산한 원유는 정점에 달했던 8년 전에 비해 3분의 1로 줄어들었다. 사우디아라비아가 세계 1위의 산유국이 됐지만 미국의 휘발유 및 각종 석유류 소비량은 확고한 세계 1위였다. 미국은 이제 대부분의 원유를 수입하게 됐다. 이로 인해 미국의 국가 안보에 대한 두려움은 더욱 커졌고, 그렇지 않아도 심각한 문제인 무역수지 적자는 더욱 확대됐다. 알래스카 주를 포함한 미국의 산유량은 계속 줄어들고 있다. 1986년 미국 내 유전에서는 하루 평균 868만 배럴의 원유를 생산했다. 2001년에는 이보다 33% 감소한 하루 평균 580만 배럴을 생산했다. 알래스카 주의 산유량만 보면 1988년부터 2002년까지 50%이상이나 줄었다. 이 같은 산유량 감소에 따라 미국의 해외 석유 의존도는 큰 폭으로 높아졌다. 극단적인 수준까지. 2004년에 미국이 수입한 석유는 하루 1300만 배럴로 국내 석유 소비량의 60%가 넘는다. 미국의 석유 수입 규모는 1975년에 비해 두 배 가까이 늘어났다. 이제 미국의 경제 성장은 해외 석유의 수급 상황에 달려있다고 해도 과언이 아니다.

킹 허버트는 선지자의 예언을 우리에게 던져주었다. 그러나 더욱 놀라운 사실은 당시 알래스카 주를 제외한 미국의 산유량이 계속 감소하고 있다는 것을 주목한 사람은 세계적으로 킹 허버트 한 사람뿐이었다는 점이다. 오늘날에는 세계적으로 일단의 새로운 킹 허버트 그룹이 목소리를 내고 있다. 이들 지질 전문가와 에너지 업계의 몇몇 애널리스트들은 세계적인 석유 생산량이 곧 정점에 달할 것이라는 예측을 내놓고 있다. 하지만 이번에도 이들의 목소리에 귀를 기울이려는 사람은 아무도 없다.

이들이 주장하는 것은 당장 석유가 사라질 것이라는 말이 아니다. 인류가 지구상에서 사라진 다음에도 석유는 오래도록 남아있을 것이다. 이들이 말하는 것은 값싼 석유가 줄어들고 있다는 것이다. 유정만 뚫으면 콸콸 쏟아져 나오는 석유 말이다. 값싼 석유의 반대편에 있는 또 다른 석유, 즉 업계에서 "비재래식 석유(unconventional oil)"라고 부르는 석유는 유전을 발견하기도 어렵고, 원유를 생산해내기도 힘들며, 생산한 원유를 사용 가능한 에너지의 형태로 바꾸는 데 비용이 많이 든다. 많은 사람들이 주장하고 있듯이 유전 탐사 분야에서의 "기술 혁명"은 석유 발견이나 생산 기술을 발전시키는 데 결코 결정적인 역할을 하지 못했다; 사실 깊은 땅 속의 원유를 생산할 때 쓰이는 최첨단 시추 기술은 단지 값싼 석유를 더욱 빨리 소진시키는 기능만 했을 뿐이다.

현재 이 지구상에 얼마나 많은 석유가 매장돼 있는지, 또 앞으로 매장량이 어떻게 변할지 정확히 아는 사람은 없다. 세계 경제의 흐름을 좌우할 수 있는 중요한 자원에 대해 이처럼 쉽게 말한다는 것 자체가 아주 특별하다고 할 수 있다. 더구나 미국의 정부 관리나 석유 업계에서 활동하는 누구도 향후 20년 동안 시장에 나올 수 있는 석유가 얼마나 될지 전혀 가늠하지 못한다. 산유국에서는 저마다 석유 생산시설 용량을 발표하고 있다; 석유 회사들은 자신들이 확보하고 있는 "매장량", 즉 이미 발견된 유전에서 시장에 내놓을 수 있는 원유의 양과 함께 앞으로 얼마나 추가로 발견할 수 있을 것인지 발표한다; 미국 정부는 수요와 공급의 추정치를 발표한다.(물론 이 수치는 산유국과 석유 회사들의 발표를 근거로 한 것이다.)

한마디로 모두들 "우리를 믿어달라"고 말하고 있는 것이다. 각국 정부와 메이저 석유 회사가 세계를 상대로 연출하고 있는 이런 상황이 얼마나 불합리하고 조작 가능한 것인지는 2004년 분명히 드러났다. 당시 세계 6위의 석유 기업인 로열/더치 셸은 자사가 보유한 원유 매장량을 20% 과대 보고했다는 데 동의했고, 몇 달 후에는 22% 과대 보고했다고 다시 정정했다. 이 회사는 결국 미국 증권거래위원회(SEC)와 영국 금융감독청(FSA)에 각각 1억2000만 달러 및 3100만 달러의 벌금을 내기로 했다. 텍사스에 본사를 둔 석유 기업 엘파소 역시 보유 매장량을 40%나 과대 보고했다는 사실을 인정했다. 그나마 로열/더치 셸과 엘파소는 미국과 영국의 금융 감독 당국 및 회사 주주들에게 진실을 보고해야 할 책임이 있다. 그러나 사우디아라비아의 석유 장관이 세계를 상대로 "사우디아라비아는 앞으로 수십 년 동안 현재의 산유량을 유지할 수 있을 것"이라고 말한다 해도 우리는 그 내용을 객관적으로 검증할 어떤 수단도 갖고 있지 못하다.

독립적인 조사 기관의 세계 산유량 평가를 보면 훨씬 더 비관적이다. 가령 도이체방크의 연구 결과에 따르면 2001년부터 2003년까지 세계적인 메이저 석유 회사 15곳 가운데 단지 6곳만이 그들이 생산한 원유를 대체할 수 있는 새로운 유전을 확보했다. 실제로 도이체방크는 이 기간 중 세계적인 석유 기업들의 유전 탐사 활동은 27%나 줄어들었다고 추정했다.

이제 중요한 문제로 다시 돌아왔다: 과연 미국을 제외한 산유국들의 진짜 석유 매장량은 얼마나 되며, 앞으로도 석유는 원활하게 공급될 수 있는가? 역사적으로 유가가 오르게 되면 백악관과 미 의회에서는 "우리의 친구 사우디아라비아"를 향해 석유 공급량을 늘려 자신들을 구원해달라고 요구했다. 사우디아라비아 석유 장관은 에너지 문제에 관해서는 미국 연방준비제도이사회(FRB) 의장인 앨런 그린스펀과 대등한 수준이다: 국제 유가가 오르면 그는 마치 수도꼭지를 틀 듯 석유 공급량을 늘려 유가를 다시 합리적인 수준으로 떨어뜨린다; 너무 많은 석유가 공급돼 국제 유가가 급락하면 사우디아라비아는 생산량을 줄인다. 그러나 이 "마에스트로"가 석유 시장을 통제할 수 있는 시한은 이제 거의 소멸되어가고 있는지 모른다. 일부 지질학자와 석유 산업 애널리스트들은 사우디아라비아의 유전들 역시 허버트 피크 앞에 굴복하는 과정에 있다고 주장하고 있다.

사우디아라비아 논쟁

지질학자와 석유 산업 애널리스트들의 추정치에 따르면 OPEC은 현재까지 확인된 전세계 석유 매장량의 절반 이상을 보유하고 있으며, 세계 석유 공급량의 3분의 1이상을 차지한다. OPEC은 2004년 가을 이미 산유량을 하루 2350만 배럴에서 2600만 배럴로 늘렸으며, 언제든 추가로 증산할 수 있다고 밝혔다. 상당한 여유 생산능력을 갖고 있다고 주장하는 사실상 유일한 산유국인 사우디아라비아는 OPEC의 하루 산유량 가운데 800만~900만 배럴을 생산하고 있다. 사우디아라비아의 석유 관리들은 언제든 48시간 이내에 하루 200만 배럴을 추가로 생산할 수 있는 능력을 갖고 있으며, 이 같은 생산 능력은 2009년까지 지속될 것이라고 밝히고 있다. 이들은 또 2015년까지는 여러 곳의 새로운 유전에서 석유를 생산해 하루 200만~300만 배럴을 추가로 생산할 수 있을 것이며, 이 같은 생산 능력 역시 앞으로 50년 동안 문제 없을 것이라고 주장한다. 더구나 사우디아라비아에서는 이미 확보한 석유 매장량이 전세계 매장량의 4분의 1이 넘는 2600억 배럴에 이른다고 밝히고 있다.

주요 OPEC 회원국들이 주장하는 자국의 "원유 매장량"은 1980년대 이후 놀라울 정도로 늘어났다. 이라크의 원유 매장량은 이 기간 동안 174% 늘어났다.(사담 후세인 정부의 신뢰성이 어느 정도인지는 이미 모두가 알고 있다.) 또 베네수엘라의 원유 매장량은 262%, 아랍에미레이트연합은 202%, 이란은 62%, 사우디아라비아는 58%, 쿠웨이트는 44%씩 각각 증가했다. 석유 산업의 현황을 가장 잘 알려주는 자료로, 브리티시 페트롤리엄(BP)이 발간하는 〈스터티스티컬 리뷰Statistical Review〉에 따르면 1980년부터 2002년까지 중동 산유국과 베네수엘라가 추가로 확보했다고 주장하는 석유 매장량은 3730억 배럴에 달한다. 이 같은 수치는 2002년까지 전세계적으로 추가로 확인된 석유 매장량의 약 70%에 해당하는 것이다. 그렇다면 이런 의문이 들 것이다: 왜 OPEC 회원국들의 석유 매장량은 계속 늘어나기만 하는가? 전세계적으로 다른 산유국들의 석유 매장량은 점차 줄어들고 있는데 말이다.

지질학자들에 따르면 평균적인 유전에서 생산되는 석유의 양은 해마다 4.8%정도씩 줄어든다. 2000년에 세계적으로 생산된 석유는 하루에 약 7700만 배럴이었다. 2000년에 석유를 생산했던 유전에서 2005년에 생산해낸 석유는 하루 6000만 배럴로 줄었을 것이고, 2010년에는 4700만 배럴로 감소할 것이다. 미국의 석유 매장량은 30년째 감소하고 있다; 영국의 석유 매장량은 더욱 빠른 속도로 줄어들고 있다. 애널리스트들은 2004년에 OPEC 회원국들과 러시아를 제외한 나머지 나라들의 석유 매장량은 전혀 증가하지 않을 것이라고 예상했다.

이 같은 석유 매장량의 "제로 성장" 시나리오가 나온 뒤 일부 애널리스트들은 OPEC 회원국들의 석유 매장량 증가 주장 역시 조작된 것이라는 주장을 내놓았다. OPEC이 추가로 확인했다는 매장량은 단지 산유국들의 마음속에만 존재하는 "페이퍼 배럴(paper barrel)" 석유라는 것이다.(사실 OPEC의 생산량 쿼터는 회원국들이 주장하는 석유 매장량에 따라 결정된다. 따라서 회원국들은 저마다 더 많은 매장량이 있다고 보고하고 싶어한다.) 이보다 더욱 무서운 것은 몇몇 지질학자와 애널리스트들의 말을 통해 킹 허버트의 망령이 되살아나고 있다는 점이다. 이들은 세계적인 석유 생산량의 정점이 매우 가까워졌으며, 어쩌면 지금이 정점일지도 모르고, 혹은 10년 안에 정점에 이를 것이라는 예측을 내놓고 있다. 1957년부터 1990년까지 메이저 석유회사에서 일했고 현재는 은퇴한 영국의 지질학자 콜린 캠벨은 세계 석유 생산량이 2005년경에 정점에 도달할 것이라고 예상했다. 영국의 민간 에너지 분석 기업인 더글러스-웨스트우드는 이렇게 경고하고 있다. "세계적인 석유 매장량은 그 어느 때보다 빠른 속도로 고갈되어 가고 있으며, 세계는 현재 유가 급등 시대에 직면해 있다." 미국에도 이런 목소리는 있다. 프린스턴 대학교의 켄 데피즈는 킹 허버트의 연구를 최근 상황에 맞게 수정한 뒤 결코 낙관적이지 않다는 입장을 밝히고 있다. 휴스턴에 본사를 둔 석유 산업 분석 기업 그로프, 롱 앤드 리틀의 대표이자 50년 이상 석유 산업 애널리스트로 활동해온 헨리 그로프는 세계적인 석유 생산이 21세기 들어 처음 5년간, 즉 2000년부터 2005년 사이에 정점을 지날 것으로 확신하고 있다. 워싱턴 D.C.에서 활동하는 석유 산업 컨설팅 기업 PFC 에너지는 세계적인 석유 생산이 2015년 이전에 정점에 도달할 것이라고 예측하고 있다.

지금까지 석유 산업에 대한 가장 불길한 예언자는 휴스턴에 본사를 둔 에너지 분야 전문 투자은행인 시몬스 앤드 컴퍼니의 최고경영자 매튜스 시몬스가 손꼽힌다. 부시 행정부에서 에너지 문제 보좌관을 지내기도 했던 시몬스는 최근 몇 년 동안 일련의 인터뷰와 강연을 통해 치밀하게 조사한 자료를 근거로 사우디아라비아의 유전은 이미 정점에 도달했다고 밝혔다. "전세계는 사우디아라비아가 자신들이 필요로 하는 에너지를 얼마든지 싸게 다시 공급해줄 것이라고 믿고 있다." 시몬스는 2002년 2월 워싱턴의 전략문제연구소에서 가진 강연에서 이렇게 말했다. "만약 이런 믿음이 현실화되지 않는다면 이를 대신할 제 2의 계획은 없다."

시몬스는 우리 모두가 사우디아라비아에 기댈 수 있다는 전통적인 낙관론에 동의하지 않는다. 그는 사우디아라비아의 석유에 대한 책을 쓰기 위해 연구조사하면서 지난 수십 년간 사우디아라비아에서 나온 몇 백 편에 달하는 지질학 보고서를 읽었고, 세계적인 석유 전문가들과 의견을 나눈 것을 비롯해 그가 만날 수 있는 모든 주요 관계자들을 접촉했다고 주장했다. 그의 결론은 사우디아라비아의 유전들은 미국과 다른 산유국들의 유전들과 마찬가지로 이미 정점을 지났다는 것이다. 지난 수십 년 동안 석유 기업의 고위 임원들은 석유 시추 분야에서의 "기술 혁명", 즉 3차원 영상의 탄성파 탐사, 수평 시추, 다변 유정 시추, 심해 석유 생산 기술 등에 힘입어 석유 공급량이 꾸준히 유지될 것이라고 주장해왔다. 그러나 시몬스는 전략문제연구소에서의 강연을 통해, 또 몇 차례 이어진 인터뷰에서 이렇게 말했다. "오히려 기술 혁명은 석유 매장량이 급속도로 줄어드는 사태를 야기했다." 시몬스에 따르면 "값싼 석유가 흘러 넘치는 시대는 끝났으며, 현재 모래 밑에 매장돼 있는 석유를 유용한 에너지로 정제하기 위해서는 얼마나 많은 돈과 노력이 투입되어야 할지 아무도 알 수 없다"는 것이다. 시몬스는 지금 세계는 거대한 위기에 직면해 있다고 말한다. 그가 주장하는 주요 논거를 살펴보자:

- 1940년부터 1965년까지 발견된 사우디아라비아의 5대 엘리펀트 유전은 1951년부터 2000년까지 사우디아라비아가 생산한 석유의 90%를 차지했고, 지금 정점에 달한 상태다. 사실 사우디아라비아가 추가로 석유를 더 생산하기 위해 유정에 물을 주입하지 않았다면 이미 정점을 지났을 것이다. 이들 유전에서 나오고 있는 값싼 석유는 이제 바닥에 가까워지고 있다.
- 사우디아라비아의 대형 유전 가운데 "킹(king)"으로 불리며 세계 최대의 석유 매장량을 보유하고 있는 가와(Ghawar) 유전은 현재

까지 사우디아라비아가 생산해낸 석유의 55~60%를 차지하고 있
지만 이미 전체 매장량의 90%가 소진됐다.

• 지난 수십 년 동안 사우디아라비아의 유전에 대해 독립적인 제 3
의 검증기관이 정밀 조사한 적이 없다.(시몬스는 이를 가리켜 "세
계적으로 가장 중요한 보험 정책"이라고 부른다.) 가와 유전 지대
에 대해 아람코가 유전 별로 하나씩 원유 매장량을 조사한 것은
1975년이 마지막이었다.

• 새로 발견될 사우디아라비아 차세대 유전들은 탐사하는 데 매우
어려울 것이고, 비용도 많이 들 것이다. 또한 사막의 모래를 다루
는 문제를 비롯해 저류압력의 감소, 물 주입량의 증가 등 숱한 장
애물들로 인해 탐사 자체가 실패할 가능성도 있다.

시몬스는 2004년 말 워싱턴에서 가진 기자회견을 통해 사우디아라비
아의 석유 생산량에 대해 더욱 강력한 어조로 의문을 표시했다: "우리
는 곧 다가올 장래에 사우디아라비아의 석유 생산량이 30~40% 급감
하는 것을 목격할 수 있을 것이다. 내가 여기서 '곧 다가올 장래'라고
말한 것은 앞으로 3~5년 후가 될 수도 있지만 바로 내일이 될 수도 있
다."

당연히 사우디아라비아 측에서는 이에 동의하지 않았다. 그것도 매
우 강력하게 반박했다. 시몬스가 전략문제연구소에서 강연을 끝낸 뒤
전통적으로 여간해서는 입을 열지 않는 사우디아라비아의 국영 석유
회사 아람코의 고위 임원은 공식적으로 시몬스의 보고서에 직격탄을
날렸고, 그 후로도 계속 반격에 나섰다. 아람코의 고위 임원은 사우디

아라비아는 앞으로 수십 년 동안 엄청난 양의 석유를 공급할 만한 생산 능력을 갖고 있으며, 이 같은 생산 능력은 독립된 검증기관으로부터 인정을 받은 것이라고 주장했다. 석유 산업 역사가이자 케임브리지에너지연구협회의 회장인 대니엘 예긴은 〈배런스Barrons' s〉에 실린 기사에서 자신의 연구기관에서 새로운 시추 기술에 대해 연구한 결과는 이런 기술이 기존의 석유 매장량을 더욱 빨리 소진시키고 있다는 시몬스와 다른 학자들의 주장과 배치된다고 밝혔다; 예긴에 따르면 "미래의 디지털 유전"은 현재 경제적으로 사용할 수 없는 잠재적인 유전 지대에서 수십 억 배럴의 석유를 생산해낼 수 있다고 한다.(예긴 박사는 2003년 2월에 유가는 곧 큰 폭으로 떨어질 것이라고 예측한 바 있다. 유가는 그의 이 같은 예측이 나온 뒤 18개월 만에 50%이상 올랐다.) 미국 지질연구소와 미국 에너지부의 통계관리 부서인 에너지정보국도 OPEC과 사우디아라비아의 통계에 만족한다는 공식적인 입장을 밝혔다. 이들 두 기관은 또 현재의 유가 수준으로 앞으로 수십 년간 석유 생산이 계속될 수 있을 것이라고 주장하고 있다. 특히 에너지정보국은 지질연구소가 현재까지의 누적 석유 생산량 및 향후 생산 가능량을 추정한 것을 토대로 세계 석유 공급량은 2037년까지 정점에 도달하지 않을 것이며, 어쩌면 2047년까지도 계속 증가할 것이라는 입장을 밝히고 있다. 에너지정보국과 IEA는 사우디아라비아의 석유 생산량이 향후 15~20년 안에 두 배로 늘어날 것이라는 공통된 예측을 내놓고 있다.

〈배런스〉는 2004년에 석유 생산량의 정점이 과연 임박했는가를 놓고 벌인 논쟁을 기사로 다뤘는데, 여기서 비판론자들은 이 같은 수치가 "과도할 정도로 낙관적"이라고 주장했다. 시몬스는 OPEC과 사우디아라비아의 통계 수치는 아예 제쳐놓았고, 에너지정보국과 IEA 역시 이들의 과거 예측 결과는 "정말 형편없었다"고 잘라 말했다. 그는 산유국들의 석유 매장량을 유전별로 하나씩 조사해 검증한 데이터에 따라 보고하는 "새로운 투명성의 시대"가 필요하다고 촉구했다. 시몬스는 또한 사우디아라비아의 유전에 대해 검증 가능한 기술로 매장량을 측정한 마지막 시기인 1970년대에 아람코를 운영했던 엑손과 셰브론의 석유 전문가들의 말을 인용해 가와 유전의 매장량은 610억 배럴, 또 사우디아라비아 내 유전의 전체 석유 매장량은 1080억 배럴에 달하는 것으로 추정된다고 밝혔다. 시몬스에 따르면 이들의 말이 정확하다면 "이제 끝이 눈앞에 닥쳤다"는 것이다. 오늘날 활동하고 있는 킹 허버트의 후계자들은 최근에 개발된 첨단 시추 기술이나 압착 기술이 석유 생산량을 늘려 수요를 충당할 수 있게 해줄 것이라고 절대 낙관하지 않는다. 미국의 전설적인 석유 시굴업자이자 메사오일의 설립자이기도 한 T. 분 피킨스는 이렇게 말한다. "우리가 즐거운 표정으로 석유를 바라보는 날은 결코 다시 오지 않을 것이다. 세계적인 석유 매장량 감소는 급속도로 빨라질 것이며, 우리가 제아무리 과거와 같은 시절로 돌아가려 해도 절대 그렇게 할 수 없을 것이다."

그렇다면 누구를 믿어야 하나? 50여 년간 석유업계에서 일해온 T. 분 피킨스 같은 인물처럼 기존의 전통적인 믿음을 깨뜨린 민간 애널리스트와 과학자들을 믿을 것인가, 아니면 과거 수도 없이 분석과 예측이 빗나간 사우디아라비아와 미국의 석유 부처 관리들을 믿을 것인가? 정부 관리들에 대한 나 자신의 의구심은 논외로 하더라도, 또 광범

상품시장에 투자하라

위한 부패와 내부적인 테러 위협으로 특징지어지는 중동의 왕정 국가들에 대한 나의 불편한 감정도 개입시키지 않는다 하더라도 나는 그동안 사람들이 전통적으로 받아들이는 상식의 반대편에 돈을 걸어 큰 수익을 올려왔다. 미국과 사우디아라비아 양국의 향후 외교 관계에 있어서 석유는 단순히 우방 이상의 훨씬 더 큰 의미를 가질 것이다. 미국의 석유 수급이 차질을 빚는다면 과연 OPEC 회원국들 가운데 어느 나라가 미국을 도와주겠다고 나서겠는가? 알제리, 인도네시아, 이란, 이라크, 쿠웨이트, 리비아, 나이지리아, 카타르, 아랍에미레이트연합, 베네수엘라, 설혹 이들 나라가 석유 매장량에 여유가 있다 해도 미국에게 구원의 손길을 뻗어주겠는가? 아마도 미국을 돕기 위해 "자발적으로 연합하는" 일은 절대 없을 것이다. 반면 어느 한 나라라도 석유 생산량을 줄여야만 하는 처지에 놓이게 된다면 국제 유가는 즉각 상승하게 될 것이다. 그러나 정치보다 더욱 중요한 것은 경제적인 효율성의 문제다. 사우디아라비아가 실제로 지금 주장하는 것처럼 많은 석유 매장량을 갖고 있다고 해도 새로 시추해서 생산하게 될 석유가 시장에 나오는 데는 훨씬 더 많은 비용이 들어간다는 사실은 굳이 지질학자나 심지어 사우디아라비아 석유 장관에게 물어보지 않아도 알 수 있다. 더구나 이렇게 비싼 석유가 시장에 나온다 해도 충분하지 않을지 모른다.

나는 지금까지 사우디아라비아의 원유 정제 시설에 대한 테러리스트들의 점증하는 위협에 대해서는 언급하지 않았다. 몇 해 전 국제 유가가 갑자기 배럴 당 32달러까지 치솟자 석유 산업 애널리스트들은 이 가운데 10달러는 "테러 프리미엄" 때문이라고 이유를 달았다; 유가가 다시 42달러로 올랐을 때도 애널리스트들은 마찬가지였다; 52달러까지 급등하자 이들은 또 한번 테러에 대한 공포 때문이라고 분석했다. 그러면서 그들이 적정한 유가라고 제시한 배럴 당 35달러는 순전히 자신들의 바람일 뿐이다. 정말로 그들의 분석이 맞다면 사우디아라비아는 왜 적정 유가에 동의하지 않을까? 테러 위협이야말로 유가를 끌어올리고, 고유가를 유지하는 완벽한 구실이기 때문이다.

그러나 고유가의 진정한 원인은 늘 그래왔듯이 수요와 공급의 불균형이고, 이 불균형이 곧 사라지지 않을 것이라는 전망이다. 이 점을 명심하라: 세계를 통틀어 엘리펀트급 대규모 유전 가운데 아마도 단 하나를 제외하고는 전부가 발견된 지 35년 이상 지났다. 유전은 고갈되어가고 있다. 유가가 곧 하락하고 안정을 되찾을 것이라는 강한 믿음을 표출하는 사람들이 많다. 나는 언제나 이들에게 이렇게 묻는다: "유가를 떨어뜨릴 만한 석유는 어디서 생겨납니까?" 이들로부터의 대답은 아직까지 듣지 못하고 있다.

그러면 또 다른 우리의 "친구"-러시아는 어떤가?

대부분의 석유 산업 애널리스트들이 그려내는 세계 원유 공급 기상도의 "가장 밝은 면"에는 러시아가 있다. 그러나 내가 생각하기에 러시아는 오히려 현실이 얼마나 암울한가를 입증해주는 또 하나의 무대일 뿐이다.

대부분의 보고서에 따르면 러시아는 엄청난 석유를 갖고 있다. 중동 각국의 권위주의적 정부가 얼마나 견고하게 유지될 것이며, 또 호의를 베풀 것인가에 절대적으로 의존하고 있는 서방 국가들에게는 그야말로 가장 큰 구원의 손길인 셈이다. 역사적으로 보면 러시아의 석유 생산량은 OPEC의 유가 결정에 거의 아무런 영향도 주지 못했다. 소련체제 당시 러시아는 하루 평균 200만 배럴의 석유를 "자유 세계"에 수출했다. 런던에 본부를 둔 세계에너지연구소의 사무총장인 파드힐 찰라비에 따르면 러시아는 1960년 이후 석유 생산량을 계속 늘려 1988년에는 하루 1200만 배럴에 달했지만 수출 물량은 그대로 유지했다. 찰라비는 러시아의 석유 소비시장에 "엄청난 낭비 요인이 있다"고 주장한다; 유가를 인위적으로 낮게 유지하다보니 "연료 소비에서 상당한 비효율성이 따르고 있다"는 것이다. 한마디로 공산주의 지도자들은 석유 기업 경영자로는 적당하지 않은 것이다. 베를린 장벽이 무너지고 소련 공산주의 체제가 붕괴된 뒤 러시아의 석유 수출은 약간 늘었다. 그러나 블라디미르 푸틴 대통령이 집권한 이후에야 비로소 석유 생산 시설에 대한 대대적인 투자가 이루어졌고, 덕분에 1999년부터 2003년까지 러시아의 석유 생산량은 50% 증가한 것으로 집계되고 있다.

현재 러시아 정부의 공식 통계에 따르면 러시아는 세계 석유 매장량의 6%를 차지하고 있으며, 세계 석유 수요량의 10%를 생산하고 있다. 러시아는 2004년에 하루 400만 배럴의 석유를 수출했다. 세계에너지연구소에서는 러시아의 석유 수출이 2010년까지 3배 이상 늘어날 것으로 추정하고 있다. 일부 애널리스트들은 러시아가 사우디아라비아를 제치고 세계 1위의 산유국이 될 수 있는 충분한 석유를 갖고 있다고 말하고 있다. 석유 업계에서 권위를 인정받고 있는 〈BP 스터티스

티컬 리뷰 오브 월드 에너지BP Statistical Review of World Energy〉에 따르면 러시아는 이미 확인된 석유 매장량이 600억 배럴에 달하고, 천연가스 매장량도 석유로 환산해 2800억 배럴에 이르는 것으로 나타났다. 더구나 미국 증권거래위원회와 석유엔지니어협회의 너무 엄격한 기준으로 인해 러시아의 실제 석유 매장량이 다른 나라에 비해 과소평가되고 있다는 주장을 제기하는 애널리스트와 검증기관들도 있다. 러시아의 대형 석유 회사 두 곳은 2004년 외부 검증기관의 조사를 받은 뒤 자신들이 확보한 석유 매장량이 60억 배럴 증가했다고 발표했다. 〈파이낸셜타임스Financial Times〉는 "러시아의 석유 매장량이 지금까지 생각해왔던 것보다 3배에 이를 수 있을 것"이라고 보도했다. 러시아의 석유 매장량이 현재까지 알려진 600억 배럴이 아니라 1800억 배럴에 달할 수도 있다는 것이다. 만약 그렇다면 러시아는 사우디아라비아에 이어 세계 2위의 석유 매장량을 가진 나라가 된다; 일부에서는 러시아가 곧 사우디아라비아를 제치고 석유 매장량에서도 세계 1위가 될 것이라고 예상하고 있다.

이 같은 수치는 미국과 유럽의 메이저 석유 기업들이 군침을 흘리기에 충분하다. 2001년 9.11 테러 이후 미국 정부는 러시아가 미국 석유 회사들의 "공급원 다변화"에 도움을 주기를 바랐다. 즉, 중동에서 석유를 도입하지 못하더라도 부족분을 러시아에서 메워주게 되면 미국의 석유 수입은 그만큼 덜 취약해질 것이기 때문이다. 부시 대통령과 푸틴 대통령은 2002년에만 두 차례 만나 양국간의 주요 에너지 협력 방안을 논의했고, 미국과 러시아 석유 기업간의 공동 사업 가능성도 타진했다. 카스피 해 유전 지대에서 러시아의 북쪽 끝에 있는 항구 도시 무르만스크로 송유관을 부설하는 문제도 협의 대상이었다. 무르만스크까지 송유관이 놓이게 되면 러시아 석유 회사들은 미국으로 석유를 실어 나를 대형 유조선에 석유를 선적할 수 있게 된다. 미국과 유럽의 석유 기업들은 또 러시아 석유 회사들에 대규모로 투자할 것을 제안했다. BP는 러시아의 한 석유 회사 지분 50%를 매입했다. 엑손모빌은 러시아의 대형 석유 기업인 유코스와 함께 태평양 연안 시베리아에서 120억 달러 규모의 석유 시추 프로젝트를 벌이는 한편 2004년까지 러시아 석유 회사의 지배적인 지분을 인수하는 데 250억 달러를 투자하기로 했다. 그런데 갑자기 미국과 러시아 간의 "에너지 논의"가 러시아 정부의 결정으로 중단되고 말았다. 먼저 푸틴 대통령이 이라크 전쟁에 반대한다는 입장을 내놓았다. 곧 이어 더욱 현실적인 요인, 즉 더 높아진 유가 문제가 따라 나왔다. 푸틴 정부는 2004년 어떤 외국 기업도 러시아 석유 기업의 지분을 50% 이상 가질 수 없도록 하는 법안을 제정해 시행했다. 석유와 천연가스는 러시아 경제의 25% 가까이를 차지하고 있다. 그런 점에서 러시아 석유 산업이 서방 석유 기업들에게 종속되는 것을 푸틴 대통령이 방관하지 않으리라는 것은 당연한 일이었다. 고유가는 푸틴 대통령에게 더 많은 이익을 가져다 주었을 뿐만 아니라 미러 관계에 정통한 한 애널리스트의 말처럼 "세계 에너지 무대" 에서 푸틴의 위상을 더욱 높여주었다.

그렇다면 러시아는 지금 절호의 기회를 맞이하고 있는 것일까? 러시아 정부는 1999년 이래 경제성장률이 꾸준히 높아져 2003년에는 7.2%에 달했다고 밝히고 있다. 이 같은 경제 성장은 상당 부분 고유가 덕분이라고 할 수 있다. 석유 수출은 계속 늘어나고 있고, 유코스는 철도를 이용해 중국에 석유를 수출하고 있다. 하지만 부정적인 측면도 더 커졌다. 이런 문제점은 기본적으로 정치권에서 비롯되는 것이다. 푸틴은 자신의 첫 임기 중에 석유 수출을 늘릴 방안을 찾는 데 전력을 기울였다. 2004년 선거에서 압도적인 승리를 거둬 재선에 성공한 푸틴은 러시아의 부유한 석유 기업가들을 자기 통제 하에 두고서, 국내 석유 기업들로부터 거둔 세금을 석유 산업을 발전시키는 데 투자하기보다는 다른 분야의 경제 개혁에 쓰려고 한다. 이 같은 불균형으로 인해 해외 투자자들의 열기는 갑자기 식어버렸다; 더구나 푸틴 대통령은 엑손모빌이 추진하고 있던 프로젝트에 반대 입장을 밝혔다. 러시아산 석유를 미국으로 좀 더 빨리 수송하기 위해 추진됐던 무르만스크 송유관 프로젝트는 역사 속에 묻혀버렸다. 상황을 더욱 악화시킨 것은 푸틴 대통령이 유코스의 최고경영자를 세금 탈루 혐의로 구속시켜 버린 것이다. 그러나 푸틴이 유코스의 은행 계좌를 동결시키고, 세금 추징을 위해 회사 자산을 압수하겠다고 위협하자 유코스도 반격에 나섰다. 유코스는 하루 170만 배럴에 이르는 석유 수출을 중단하겠다고 경고한 것이다. 유코스의 석유 수출량은 현재 세계 석유 생산 능력의 여유분 전체와 맞먹는 규모다. 따라서 유코스가 수출을 중단하면 나머지 석유 회사들이 생산시설을 100% 가동해야 겨우 현재 수준의 원유 공급이 가능하다.

러시아가 취한 이 같은 초강경 전술은 "새로운 러시아"의 민주적인 개혁과 자유시장 체제로의 이행을 뒷받침해온 미국 정부 관리들조차 전혀 예상하지 못한 것이었다. 러시아 국민들은 이미 민주주의를 맛보았고, 이제 과거의 "질서 있는 사회"에 대한 향수가 점점 더 커지고 있는 것으로 여론조사 결과 나타났다. 그러나 만약 러시아 정부가 석유 문제에 대한 개입을 최대한 억제한다 해도 과연 러시아 석유 산업이 자발적으로 나서서 필요한 투자를 할지 여부는 여전히 의문으로 남는다. 러시아가 세계 최대의 석유 수출국이 되기 위해서는 생산기반 시설 프로젝트에 대한 투자가 반드시 필요하다. 모든 면에서 러시아 석유 기업들은 기술적으로 매우 뒤져있고, 경영도 제대로 이루어지지 않고 있다. 이들이 본격적인 탐사활동과 시추작업을 벌일 수 있을 때까지 러시아산 석유는 땅속 깊이, 바다 아래에 그대로 묻혀 있을 것이다. 더구나 러시아에서는 현재 하루 900만 배럴의 석유를 생산하고 있다고 주장하지만 러시아의 송유관이 운송할 수 있는 능력은 그 절반밖에 되지 않는다. 새로운 송유관이 건설되려면 적어도 몇 년은 기다려야 한다. 더욱 우려되는 것은 러시아 석유 기업들이 석유를 생산해 거둬들이는 수 억 달러의 이익이 다른 곳으로 샌다는 것이다. 어느 기사에서는 "투자자들은 알 수 없는 곳"으로 흘러간다고 완곡하게 표현하기도 했다. 러시아에서는 이런 곳이 "스위스 은행 계좌"나 "지중해 연안 프랑스 리비에라의 별장"이라고 해석한다.

고유가는 러시아의 기업 사냥꾼과 무수히 많은 탈법적인 자본가들로 하여금 더 많은 석유 수입을 훔쳐가도록 부추기는 요인이 될 것이다. 구소련을 여행하면서 나는 어디를 가든 모든 산업의 소위 새로운 소유자들이 최대한 빨리 회사 자산을 빼돌리고 있는 것을 똑똑히 목격했다. 유정과 시추장비, 송유관들은 제대로 관리되지 않고 방치돼 있다. 물과 가스를 유정 안에 집어 넣어 무조건 더 많은 석유를 더 빨리 생산하려고 하는 것은 장기적으로 러시아 유전의 생산성을 떨어뜨릴 뿐이다. 진실한 기업가와 투자자는 장기적인 안목이 얼마나 중요한지 잘 알고 있다; 슬프게도 과거 공산주의 체제에서 자라난 러시아의 석유 기업가들은 전세계가 필요로 하는 석유 공급 능력을 갖추는 데 장애 요인이 될 것이다.

이 밖의 다른 의문들

유가는 배럴당 28달러 내외에서 오르내릴 것이라는 생각을 아직도 버리지 못하고 있는 투자자들과 석유 산업 전문가들은 서아프리카와 카스피 해 연안의 구소련 공화국들, 즉 아제르바이잔, 투르크메니스탄, 카자흐스탄 등에서 새로 발견되는 유전에 큰 기대를 걸고 있을 것이다. 나는 그러나 이들 역시 실망스러울 것이라고 생각한다.

카스피 해

세계 최초의 대규모 유전 지대는 아제르바이잔이다. 20세기로 들어설 무렵 세계 석유 생산량의 절반이 이 지역에서 나왔고, 소련 체제 당시에도 주력 원유 생산기지였다. 아제르바이잔 정부는 1994년에 서방 기업들과 카스피 해 일대의 유전 개발을 위한 74억 달러 규모의 계약을 체결했다. 그러나 내가 1999년에 바쿠를 여행하면서 목격할 수 있었던 유일한 자본주의는 "무법천지의 자본주의"뿐이었다: 현지의 기업인들은 생산기반시설을 건설하기보다는 어떻게 해서 자기 나라의 자산을 팔아치울까 궁리만 했다. 내가 이 글을 쓰고 있는 동안에도 아제르바이잔에 대한 희망을 잃지 않고 있는 애널리스트들은 이 지역에서 석유가 공급되기를 기다리고 있을 것이다. 내 생각을 분명히 말하겠다: 그곳에 투자하는 것은 미친 짓이다. 아니 구소련에서 독립한 중앙아시아의 다른 어떤 공화국에 투자하는 것도 마찬가지다.

최근 30년 동안 발견된 초대형 유전 가운데 두 곳은 카자흐스탄에서 나왔다: 하나는 석유 매장량 규모에서 세계 5위인 텡기스 유전으로 1979년에 발견됐고, 또 하나는 석유 매장량이 텡기스의 3배에 달하는 카샤간 유전으로 1999년에 발견됐다. 카샤간 유전은 카스피해 근해의 해저 유전으로 석유 매장량이 400억 배럴에 이르는 것으로 알려져 있다. 그러나 카샤간 유전에서 채굴 가능한 석유의 양은 60억~90억 배럴 정도로 추정된다. 과거 러시아 정부는 텡기스 유전을 개발할 만한 기술을 갖고 있지 못했고, 시베리아의 값싼 석유를 생산하는 데 노력을 집중했다. 이제 비로소 서방의 석유 기업들이 텡기스와 카샤간 유전을 개발하기로 함으로써 이들 두 유전이 성공적으로 시추 작업을 끝내게 되면 2005년부터 본격적으로 석유를 생산할 수 있을 것이라고 미국 에너지정보국은 밝히고 있다.

그러나 이곳에서 생산되는 석유는 이들 나라는 물론 세계 다른 나라들에게도 단기적으로는 큰 도움이 되지 않을 것이다.(텡기스 유전은 발견된 지 30년 가까이 지났지만 하루 30만 배럴의 석유도 채 생산하지 못하고 있다.) 내가 생각하기에 장기적으로 보면 오히려 좋아지기보다는 나빠질 가능성이 더 크다. 베를린 장벽 붕괴 이후 구소련 지역이 얼마나 많이 개선되었는가에 대한 이야기는 익히 들어왔다. 하지만 내가 목격한 유일한 변화는 더 나빠졌다는 것뿐이다. 사실 내가 지난번 여행기《어드벤처 캐피털리스트Adventure Capitalist》에서도 지적했듯이 구소련에서 독립한 중앙아시아의 공화국들은 "재난의 소용돌이에서 재앙으로 향하고 있는" 형국이다. 국경과 수자원, 송유관을 둘러싼 각종 문제는 이들 지역의 다양한 민족 집단들로 하여금 수 세대에 걸친 분쟁을 야기하기에 충분하다. 카스피 해의 엄청난 석유 자원이 잠을 자고 있는 것 외에도 카자흐스탄은 내륙 깊숙이 자리잡고 있다는 문제를 안고 있다. 석유를 수송하기 위한 송유관 건설에 현재까지 수십 억 달러가 투자됐지만 산악지대와 사막을 통과해야 하는 송유관은 반정부 게릴라의 공격과 지진에 매우 취약하다. 더구나 불안정한 독재자가 이끌어가는 정부가 국민을 억누르고 있지만 부패가 너무나 심각해 이미 폭발하고 있는 상황이다.

서아프리카

미국 기업들은 국무부의 지원을 받아 서아프리카, 특히 나이지리아와 앙골라의 석유 공급을 늘리기 위한 프로젝트를 추진해왔다. 아프리카는 지금까지 전세계적으로 확인된 석유 매장량의 9.1%를 차지하고 있는 것으로 보고되고 있다. 특히 미국 국무부에 따르면 1997년부터 2002년까지 전세계에서 새로 발견된 유전 가운데 가장 많은 숫자가 아프리카에서 발견된 것들이다. 석유 기업들은 수십 년 동안 서아프리카 해안에서 시추작업을 벌여왔고, 일부 낙관론자들은 2010년까지 서아프리카 해안의 심해 유전에서 하루 300만 배럴 정도의 석유를 생산할 수 있을 것이라고 내다보고 있다. 앞으로 10년간 미국이 소비할 석유의 25% 이상을 이곳에서 나오는 원유로 충당할 수 있다는 말이다.

그렇다고 안도의 한숨을 내쉬기는 이르다. 이곳에 묻힌 엄청난 양의 석유가 빛을 볼 수 있을지는 여전히 의문이다. 가장 현실적인 문제는 과연 누가 이곳에서 거액의 시추 비용을 투자하는 리스크를 감수할 것인가 하는 점이다. 두 번째 세계 일주 여행 중이던 2000년 봄 모로코에서 아프리카의 서부 해안선을 따라 세 달간이나 자동차를 몰고 나이지리아로 향하는데 도중에 우리가 만난 사람들마다 이렇게 말했다. "절대 나이지리아는 가지 마십시오; 아프리카에 대한 추억을 완전히 망쳐버릴 것입니다." 나이지리아는 인구 1억3000만 명이 넘는 아프리카 최대의 인구 대국이다. 방대한 석유 자원을 가진 이 나라는 OPEC 회원국이기도 하다. 하지만 나이지리아 국민은 그들이 갖고 있는 석유 자원으로부터 아무런 혜택도 받지 못하고 있다. 나이지리아의 지도자들이 모두 훔쳐가고 있기 때문이다. 21세기가 시작된 불과 몇 년 전에도 전 독재자의 아들이 7억5000만 달러에 이르는 현금을 상자와 가방에 넣어 가족들과 함께 외국으로 빼돌린 혐의로 법정에 섰다.

나이지리아에는 네 곳의 정유공장이 있지만 내가 여행할 당시 단 한 곳도 가동되지 않고 있었다. 공장을 돌릴 자금이 부족했기 때문이다. 그로부터 5년 가까이 지났지만 여전히 정유공장은 멈춰있다. 또 내가 여행한 뒤 정권이 교체돼 신정부가 들어섰지만 마찬가지다. 내가 여행하는 동안 나이지리아에서는 국회의원 선거 열기가 한창 고조됐었는데, 내가 분명히 목격한 것은 적어도 나이지리아가 세계 최고 수준인 게 한 가지 있다는 점이었다: 바로 정치권의 부패였다. 국회의원들은 자신들이 타고 다닐 최고급 승용차를 구입하고, 또 자신들이 지출한 가구 비용으로 1인 당 3만 달러씩 받아내기 위해 의회 예산을 2억 달러나 증액했다. 나는 결국 입국한 지 3일만에 나이지리아에서 빠져 나왔다. 2004년에는 자동소총과 몽둥이로 무장한 기독교 민병대가 이슬람계 상업지역을 습격하는 바람에 수많은 사람들이 목숨을 잃었다. 그러자 몇 주 뒤에는 나이지리아의 이슬람 신도들이 복수에 나서 2만 명의 기독교 주민들이 집을 버리고 피난을 가야 했다. 그리 주목 받지는 않았지만 이 해 미국 정부는 네 척의 전함을 나이지리아에 파견했다. 해안 지역의 유전 지대에서 생산되는 석유를 강탈해가려는 무장 세력으로부터 유전을 보호하기 위한 조치였다.

석유 기업들이 주주들의 돈을 나이지리아에 쏟아 붓지는 않을 것이다. 하나의 국가로 계속 남아있을지도 의문시되는 곳에 말이다. 나는 세계 일주 여행 중에 앙골라도 가봤다. 30년간이나 내전에 시달린 이 나라의 수도 루안다는 그야말로 악명 높은 도시였고, 도로는 칼 마르크스 거리, 체 게바라 거리, 피델 카스트로 거리 등으로 이름 붙여져 있었다. 앙골라 내전은 이제 끝났고, 많은 것들이 개선되고 있다. 석유 생산량도 증가 추세에 있다. 그렇다고 다른 지역에서의 석유 생산량 감소를 메워줄 수 있을까? 나는 앙골라의 장래에 대해 낙관하는 편이지만 밝은 미래가 현실화되기까지는 시간이 필요하다.

아프리카의 엄청난 석유 자원이 언젠가 콸콸 쏟아져 시장에 넘쳐흐를 것이라고 가정한다 해도 그렇게 되려면 수십 년의 세월이 지나야 할지 모르고, 따라서 당분간 이어질 석유시장의 강세를 막을 수도 없다. 물론 석유시장의 강세도 언젠가는 끝날 것이다. 앞서 설명했지만 역사적인 시장의 주기를 살펴보면 현재의 상품시장 강세 흐름은 아마도 짧게는 2013년, 길게는 2021년까지 이어질 것이다. 또 어쩌면 에너지 가격이 가장 큰 요인으로 작용하고 있는 상품시장의 전반적인 붐과 석유시장의 강세 흐름을 잠재우는 촉매제 역할을 아프리카산 석유가 할지도 모른다. 그러나 분명히 기억해야 할 사실은 지난번 석유시장의 강세 흐름을 되돌아보면 알래스카나 북해, 멕시코 만에서 대규모 유전이 새로 발견됐다고 해서 강세장이 바로 끝나지 않았다는 점이다. 지금 시간은 상품시장 투자자의 편에 있다. 상품시장의 흐름을 바꿀 만한 공급 물량이 시장에 나오려면 오랜 시간이 필요하다.

베네수엘라

OPEC 회원국 가운데 하나인 베네수엘라는 하루 최대 석유 생산능력이 300만 배럴에 이른다고 주장한다. 이 같은 주장이 사실이라면 베네수엘라는 사우디아라비아와 이란에 이어 OPEC 회원국 가운데 세 번째 산유국이 된다. 석유 수출로 올린 수익은 이 나라 국내총생산(GDP)의 3분의 1, 정부 예산의 절반, 전체 수출액의 80%에 이른다. 미국은 석유 소비량의 12%를 베네수엘라에서 수입한다. 지금 이 나라 대통령은 우고 차베스라는 이름의 시한폭탄과도 같은 좌익 정치인인데, 그는 포퓰리즘(populism, 인기영합주의) 정치인답게 1998년 선거에서 압도적인 승리를 거뒀다.(차베스 대통령은 실제로 부시 대통령을 향해 온갖 욕설과 함께 2002년에 자신을 몰아내려고 했지만 실패했던 쿠데타의 배후 인물이라고 비난한 바 있다.) 군 고위 장교 출신으로 피델 카스트로의 열렬한 지지자이기도 한 차베스는 2003년 1만 8000명의 석유 산업 노동자들이 그의 석유 정책에 반발해 파업을 일으켜 석유 생산을 중단시키자 베네수엘라의 국영 석유 기업에 대한 통제를 더욱 강화했다. 차베스는 파업 근로자들에게 발포하기도 했고, 이들 대신 군인과 정부에 충성하는 다른 노동자들을 생산 현장에 투입했다.

베네수엘라 국영 석유회사의 전직 간부는 하루 300만 배럴은 부풀려진 것이라는 점을 인정했다. 차베스 대통령은 또한 베네수엘라 석유 산업에 대한 외국인 투자를 제한함으로써 추가 생산을 매우 어렵게 만들고 있다. 사우디아라비아로부터 수입하는 석유보다 더 많은 양의 석유를 베네수엘라로부터 수입하는 미국에서는 2003년에 있었던 베네수엘라의 생산 차질로 인한 후유증이 1년 이상 이어지고 있다. 베네수엘라는 2004년 들어 사상 최고치를 경신한 국제 유가 덕분에 엄청난 수입을 올렸고, 차베스는 이렇게 벌어들인 오일 달러를 자신의 이미지를 부각시킬 수 있는 각종 사회 프로그램과 개발 프로젝트에 쏟아붓는 데 열을 올리고 있다. 이로 인해 실제 석유 생산 능력은 갈수록 떨어지고 있다는 보도마저 나오고 있는 상황이다. 나는 베네수엘라가 유가를 하향 안정시키는 역할을 할 수 있을 것이라고 생각하지 않는다. 이 나라는 당분간 현재의 생산량을 유지할 수 있을지는 몰라도 적어도 몇 년 동안은 생산량을 늘릴 만한 처지가 못된다.

이라크

미국 정부는 이라크에서 생산되는 석유가 유가를 안정시키는 것은 물론 석유 수출로 벌어들인 막대한 자금으로 이라크가 과거 이란과의 전쟁을 치르느라, 또 미국의 공격으로 인해 파괴된 시설들을 재건하는 비용을 충당할 수 있기를 바랐다. 그러나 지금까지는 두 가지 모두 회망 사항일 뿐이다. 이라크의 송유관들은 2004년에만 여러 차례 공격 당해 오히려 공급에 차질을 빚고, 유가를 끌어올리는 역할을 했다. 정상적인 시기에 하루 250만 배럴의 석유를 생산했던 이라크가 다시 과거 수준의 생산량을 회복하는 데는 상당한 시일이 소요될 것이다. 이라크의 정치적 안정은 석유 생산 능력을 회복하는 것보다 더욱 힘들 것이다. 이 과정에서 이라크의 송유관은 미국의 대 중동 정책에 맞서고 있는 게릴라들의 주요 목표물이 될 것이고, 앞으로 이라크에 어떤 정부가 들어서든 마찬가지의 상황이 벌어질 것이다.

일각에서는 최악의 상황을 두려워하고 있다. 정치적인 대혼란에 이어 내전이 벌어져 과거 사담 후세인 정권 시절 유엔의 경제 제재를 받았을 때나 이란과의 전쟁이 발발했을 때와 같이 석유 수출이 갑자기 중단되는 일이 벌어질 수도 있기 때문이다. 어쨌든 나는 이라크의 석유 생산이 세계적인 석유 수요를 충당하는 데 도움이 되리라고 보지 않는다. OPEC도 나와 비슷한 생각을 갖고 있다. 국제에너지기구(IEA)가 2004년 6월에 발표한 보고서를 보면 OPEC의 석유 생산량과 생산 능력, 여유 생산 시설 등을 나타낸 표가 있는데, 여기에 이라크는 빠져 있다; OPEC 회원국 "전체"의 생산량 등을 나타낸 표의 아래에는 이런 주석이 붙어있다. "이 통계수치는 이라크를 포함하지 않았음."

캐나다

대부분의 미국인들은 미국이 캐나다로부터 수입하는 석유의 양이 사우디아라비아로부터 수입하는 양과 거의 맞먹는다는 사실을 알게 되면 매우 놀랄 것이다. 캐나다는 오래 전부터 알버타 주에 매장돼 있는 석유가 사우디아라비아의 사막 아래에 묻혀 있는 석유보다 더 많은 1조6000억 배럴에 이른다고 주장해왔다. 이 같은 석유 매장량은 세계 석유 공급량의 3분의 1에 해당하는 것이다. 또 실제로 채굴 가능한 원유도 3110억 배럴에 달한다. 그러나 2003년에 〈오일 앤드 가스 저널 Oil & Gas Journal〉이 발표한 내용에 따르면 시추 비용을 감안할 때 경제적으로 수익성이 있는 석유의 양은 1억8000만 배럴에 불과하다.

미국 입장에서는 어쨌든 인접해 있는 캐나다에 대규모의 석유가 매장돼 있다는 사실은 좋은 소식이다. 그러나 돌에서 석유를 짜내야만 하는 석유 엔지니어 입장에서 보자면 좋지 않은 뉴스다. 캐나다의 석유는 북극과 가까운 알버타 주 북동부의 아사바스카 타르 샌드 (Athabasca tar sands) 지역에 묻혀 있다. 이 석유를 지상으로 끌어올려 사용 가능한 형태로 만들기 위해서는 매우 복잡한 공정이 필요하고, 석유 기업들은 이를 위해 이미 230억 달러를 투자했다. 이곳에서 엔지니어들이 사용하고 있는 방식은 심해 시추 방식으로 널리 쓰이고 있는 다방향(multidirectional) 유정 기술이다. 이 기술은 한 쪽에서 수증기를 땅속으로 주입해 에너지가 많이 함유돼 있는 가연성 탄화수소 화합물을 지표면으로 밀어내면 다른 쪽에서 이를 끄집어내는 방식이다. 이런 공정은 상당히 노동 집약적이다. 로열 더치/셸을 주축으로 한 컨소시엄이 2003년 이곳에 건설한 석유 시추 플랜트에서는 1만 명의 근로자들이 일하고 있고, 이들은 모두 황량한 북극 지방에서 근무하는 데 따른 추가 임금을 받고 있다. 또 타르 샌드에서 생산되는 원유는 탄소 함유량이 너무 많아 셸에서도 알버타산 석유가 사우디아라비아산 석유보다 온실 가스를 25%나 더 배출한다는 사실을 인정하고 있다.

상품시장에 투자하라

사우디아라비아와 달리 캐나다는 기후 변화에 관한 교토 의정서의 서명국이고, 따라서 정부가 허용할 수 있는 온실 가스의 양에 제한을 받게 된다. 셸에서는 앞으로 10년쯤 지나야 배럴 당 온실 가스 배출량을 줄여나갈 수 있을 것이라고 밝히고 있다. 하지만 더욱 불리한 상황은 시추 과정에서 주입해야만 하는 수증기를 만드는 데 상당한 양의 천연가스가 필요하다는 점이다.

막대한 투자 자금과 천연가스 비용, 온실 가스 배출 등과 같은 장애를 무릅쓰고 알버타 오일 샌드에서 생산해내는 석유는 하루 74만 배럴에 불과하다. 사실 큰 바다에 물 한 양동이 추가하는 수준이다. 이 정도로는 날로 증가하는 세계 석유 수요를 해결할 수 없다. 이곳에 투자한 기업들은 생산량을 늘리기 위해 지금도 수십 억 달러를 쏟아 붓고 있고, 나 역시 타르 샌드에 투자한 회사의 주식을 보유하고 있다. 이들 기업이 막대한 양의 석유를 생산해낼 수 있다면 그것은 정말로 대단한 일이 될 것이다. 하지만 그렇게 될 것이라고 기대하는 사람은 그리 많지 않다.

수요

미국 경제는 성장하고 있다; 유럽과 아시아, 중동 경제도 마찬가지로 성장하고 있다. 이 말은 미국인과 유럽인들이 더 큰 차와 더 넓은 주택을 갖게 되었으며, 중국과 인도에서는 더 많은 자동차와 오토바이들이 돌아다니게 되었고, 집집마다 전기와 난방유, 천연가스를 더 많이 소비하는 각종 전자제품과 편의시설을 갖추게 됐다는 것을 의미한다.

1980년부터 2001년까지 미국의 유류 소비량은 20% 늘었는데, 소비 증가분 가운데 3분의 2는 대형 트럭이 늘어났기 때문이다. 같은 기간 그나마 미국 제조업체들의 에너지 절약과 소비량 감소 덕분에 산업용 및 상업용, 주거용 전력 소비를 감당할 수 있었다. 그러나 에너지 절약에도 불구하고 부시 행정부는 늘어나는 전력 수요를 맞추기 위해서는 매주 하나씩 새로운 발전소를 세워야 한다고 말하고 있다. 미국의 전력 소비량은 2020년까지 29% 증가할 것으로 추정된다. 경제 위기로 인한 심각한 경기 침체에서 벗어난 한국과 일본 등 아시아 각국은 이제 보다 확신에 찬 미래를 맞고 있다; 이곳에서의 에너지 소비 역시 급증했다. 전체 인구가 36억 명에 이르는 아시아의 석유 소비량은 2004년에 하루 2000만 배럴로 전년도보다 하루 200만 배럴이나 늘었다.(전체 인구가 아시아의 10분의 1에도 못미치는 2억7000만 명에 불과한 미국의 석유 소비량은 하루 2200만 배럴이다.) 지난 10년간의 수요 증가 추세를 감안하면 아시아의 에너지 수요는 향후 6~12년 내에 지금보다 두 배로 늘어날 것이다.

IEA는 최근의 세계 경제 성장에 따라 석유 수요가 지난 15년 이래 가장 빠른 속도로 증가하고 있다고 밝혔다. IEA와 OPEC은 이처럼 빠른 세계적인 경기 회복을 예상하지 못했던 것 같다. 매일매일의 석유 시장 상황을 점검하는 게 본업인 IEA와 OPEC 관계자들이 어떻게 아시아와 같은 거대한 지역에서 석유 수요가 빠르게 증가하고 있는 사실을 놓칠 수 있는지 의아해 하는 사람도 있다. 물론 앞으로 10년 내에, 혹은 그 이후에 다시 경기 후퇴가 찾아올 수 있다. 하지만 그렇다고 해서 아시아인들이 새로 들여놓은 전기 제품들을 없애버리고, 텔레비전 플

상품시장에 투자하라

러그를 뽑아버리고, 버스나 오토바이를 타는 대신 걸어다니거나 자전거를 이용해 에너지 절약에 적극적으로 나서겠는가? 경제성장률은 다소 떨어질 수 있고, 심지어 마이너스 경제 성장을 할 수도 있지만 그로 인한 석유 수요 감소가 이미 하강 국면으로 접어든 석유 공급의 감소를 메워줄 정도는 될 수 없을 것이다.

중국은 현재 세계 석유 소비량의 8%를 차지하고 있을 뿐이지만 2001년부터 2004년까지 4년간 세계 석유 소비량 증가분의 37%는 중국으로 인한 것이다. IEA의 통계에 따르면 중국의 석유 소비량은 1992년 이후 두 배로 증가해 하루 540만 배럴을 넘어섰다. 2010년까지 중국의 석유 소비량은 최소한 하루 700만 배럴에서 많게는 하루 1000만 배럴에 이를 것으로 분석 기관들은 추정하고 있다. 이 같은 추정치는 중국의 석유 소비가 적게는 연간 3.8%에서 많게는 연간 9.2% 이상 증가할 것이라는 말이다. 이처럼 엄청난 석유 수요를 배경으로 중국은 국제 석유시장을 좌지우지하는 주도적인 국가로 부상할 것이다: 중국이 거침없이 석유 소비를 늘리면 국제 유가는 상승할 것이고, 중국이 기침이라도 하게 되면 석유시장은 몸살을 앓게 될 것이다.

중국과 아시아 각국의 급증하는 석유 수요에 따라 세계 정치 구도도 다시 짜야 될 것이다. 중국 정부는 자국의 에너지 문제를 OPEC과 러시아의 처분에 맡기고 싶어하지 않을 것이다. 중동 지역과 러시아의 중앙아시아 공화국들에서 중국과 미국의 이해 충돌이 벌어질 수도 있다. 이런 가능성은 석유시장에 파급을 미치는 것은 물론 양국 정치인들에게도 밤잠을 설치게 하는 근심거리가 될 것이다.

석유를 대신할 대체 에너지는 없는가?

1970년대의 고유가로 인한 충격은 대부분의 미국인들에게 에너지 비용을 다시 한번 생각해보는 계기를 마련해주었다. 사람들은 에너지 효율이 높은 자동차를 사기 시작했고, 고속도로에서도 경제 속도를 준수하며 달렸고, 집안의 실내 온도도 낮추었다. 편안함보다는 여유로움을 찾은 것이다. 미국을 비롯한 각국 정부도 에너지 효율이 높은 주택과 건물을 짓거나 태양력, 풍력, 지열 기술에 투자할 경우 세제 혜택을 주었다.

그런데 왜 우리는 다시 석유 위기를 맞고 있는 것일까? 화석 연료를 대체할 수 있는 재생 가능한 에너지는 왜 널리 보급되지 않고 있는가? 이 문제에 대한 답의 일부는 정치권이 제공한다. 주요 정당과 군소 정당들을 포함한 모든 정치 단체와 산업 단체, 환경 단체들마다 바람직한 대체 에너지가 무엇인가에 대한 의견이 다르다. 가령 화석 연료를 대체해 원자력 에너지를 사용하자는 주장은 1979년 발생한 펜실베이니아 주 스리마일 섬(Three Mile Island) 원자력 발전소 사고 이후 자취를 감춰버렸다. 그러나 프랑스와 캐나다 등에서는 지난 수십 년 동안 원자력 발전소에 큰 비중을 두어왔다. 실제로 캐나다 온타리오 주에는 미국의 미시간 주에서 바라다보이는 휴런 호반(湖畔) 지역에 3개의 원자력 발전소가 있고, 캐나다 정부는 최근 이곳에 새로운 원자력 발전소를 건설할 계획을 발표했는데, 계획대로 된다면 스리마일 섬 사고 이후 북미 지역에서 처음 건설되는 원자력 발전소가 된다.

미국은 현재 전체 전기 소비량의 약 10%를 수력 발전소에서 얻고 있다. 수력 발전소는 강물과 댐으로 가둬둔 저수지의 물 흐름을 전기 에너지로 바꾸는 발전소다. 그러나 환경 단체들은 수력 발전소가 강물 오염을 더욱 악화시키고, 물고기들이 상류로 올라가는 것을 차단할 뿐만 아니라 댐 상류 지역의 식물 생태계까지 파괴해 오히려 당초 수력 에너지로 대체하려고 했던 화석 연료를 사용하는 것보다 더 많은 온실 가스를 배출하는 결과를 초래할 수 있다고 주장하고 있다.

지속적으로 사용 가능한 대체 에너지 기술을 개발하는 데 들어가는 천문학적인 비용은 정치적인 부담보다 오히려 더 큰 장애가 될 수 있다. 특히 1980년대와 1990년대 기간 중에는 유가가 낮았기 때문에 대체 에너지원을 개발하는 데 엄청난 금액을 투자한다는 것 자체가 전혀 매력적일 수 없었다.

그러나 용기와 기업가 정신을 가진 개척자들은 자꾸만 늘어나는 화석 연료의 사용으로부터 벗어나기 위해 과감히 한걸음씩 나아가고 있다. 에너지 사용을 최소화하고 사용한 에너지를 재생하는 "그린 (green)" 공장과 오피스 빌딩을 지어온 기업들이 좋은 예가 될 것이다. 포드 자동차는 미시간 주 디어본에 있는 루즈(Rouge) 조립공장을 완전히 새것으로 고쳐 "미래형 공장"으로 만들었다. 미국 산업 혁명의 상징이자 헨리 포드가 직접 건설했던 이 조립공장은 지금 태양열 전지를 재생 가능한 에너지원으로 이용하고 있다.(또한 태양열을 모으기 위해 건설한 50만 평방피트에 달하는 지붕은 몇 인치 정도의 비가 내려도 이 빗물을 모아 직접 인근의 강으로 흘려보낼 수 있고, 따라서 토양에 오염 물질이 들어가는 것도 막을 수 있어 이 조립공장은 모든 면에서 자연 친화적이다.) 그러나 이런 진전은 매우 드물고, 대체 에너지 개발 계획은 아직 정부의 정책 우선 순위에서 밀려나 있다.

그러면 현재 전세계적으로 벌어지고 있는 대체 에너지의 개발 현황에 대해 간단히 살펴보도록 하자:

태양열

지구는 태양으로부터 지표면 1평방미터 당 700와트의 에너지를 받는다. 태양이 하루 평균 지구상에 방출하는 에너지의 양은 현재 전세계 인구가 앞으로 27년 동안 사용할 수 있는 에너지다. 태양 에너지를 효과적으로 이용할 수 있는 기술은 지난 수십 년 동안 개발돼왔다. 이미 1994년에 이스라엘 가정의 83%가 태양열 집광판을 설치했고, 일본에서는 1992년에 420만 채의 건물이 태양열을 이용한 온수 시스템을 사용했다. 태양열을 이용하는 데는 두 가지 기술이 필요하다:

- *광전지*(Photovoltaics, PVs)는 햇빛(광자, 光子)을 전기에너지로 변환시키는 것으로 태양열을 이용하는 건물에서 널리 사용된다. 자외선이 반도체 접합으로 구성된 금속판에 쏘여지게 되면 광에너지에 의해 전자가 발생한다. 이렇게 발생한 전자가 정전력(靜電力, electrostatic forces)에 의해 다른 기판에 모아지면 전류가 흐르게 되는 것이다.

- *태양광 발전 기술*(Solar thermal technologies)은 햇빛을 이용해 뜨거운 열을 만들어내는 것이다. 거울과 렌즈를 이용해 햇빛을 한곳에 모아 물을 뜨겁게 데운 다음, 이 물을 파이프를 통해 증기 발전기나 엔진으로 보내 전기로 바꾸는 것이다.

태양에서 방출되는 복사열을 전기로 변환하는 태양열 발전 장치들은 작게는 휴대용 태양열 스토브에서 크게는 전기를 생산해내기 위한 거울의 면적이 몇 에이커에 달하는 거대한 중앙 집중식 태양열 발전소까지 규모가 매우 다양하다. 캘리포니아 주 바스토우에 건설된 태양열 발전소 솔라 투(Solar Two)는 10메가볼트의 발전 용량으로 1만 세대의 가정에 전기를 공급할 수 있다.

태양열을 이용하기 위한 집광판 제조와 대규모 태양열 발전소 건설은 늘어나고 있지만 충분한 수준은 아니다. 이들 장치의 운영비는 싼 편이지만 설치비용이 무척 비싸기 때문이다. 비효율적인 태양열 발전소를 대체하기 위해 건설돼 1996년에 가동을 시작한 솔라 투는 미국 에너지부의 지원 아래 서던 캘리포니아 에디슨이 주도하는 10개 기관이 컨소시엄을 구성해 만들었다. 총 건설비용은 4850만 달러에 달했다. 장기적으로 이 같은 금액을 투자해야 한다는 것은 민간 기업들에게 끔찍스러운 일이다. 기업인들은 적절한 외부 자금 지원 없이는 기술을 개발할 능력도 없고, 더 나은 기술이 개발되지 않으면 더 싼 에너지를 생산하는 것도 불가능하다.

일본에서는 광전지 기술을 상용화하기 위해 이미 미국보다 10배나 많은 금액을 투자했고, 2010년까지 4600메가볼트의 전기를 생산할 수 있는 태양열 발전소를 건설한다는 계획을 세워놓고 있다. 지금까지 미국 정부가 태양열 에너지 시설의 확대를 위해 내놓은 정책들을 보면 그리 대단한 것이 없다. 1978년부터 태양열을 사용하는 가정에 대해 세금 감면 혜택을 주고 있고, 1992년 의회에서 통과된 에너지 정책 법안에 따라 태양열 발전설비를 갖춘 기업들에 대해 10%의 세액 공제를 해주고 있는 정도다. 현재 의회에 계류 중인 두 가지 새로운 법안에서는 새로 설치되는 주거용 태양열 발전 설비에 대해 설치 비용의 최고 50%까지 정부가 보조해주도록 하고 있다. 그렇게 되면 태양열을 이용해 온수 시스템을 갖추거나 태양열 발전을 하는 장비들을 일반 주택에 설치하는 비용이 크게 줄어들게 된다. 어쨌든 지금까지 미국 소비자들은 태양열 에너지에 대해 대수롭지않게 생각해왔다. 앞으로 소비자들의 수요가 크게 늘어나지 않는 한 태양열 에너지 장비를 생산하는 민간 기업들은 자금 조달에 애로를 겪을 수밖에 없을 것이다.

풍력

동물의 가죽으로 돛을 만들었던 고대 범선이나, 돈키호테가 거인으로 착각했던 풍차가 동력을 얻은 게 바로 풍력이다. 풍력은 그만큼 먼 옛날부터 에너지원으로 사용됐지만 아이러니 하게도 미국 에너지부에 따르면 현재 전세계 전기 공급원으로 가장 빠르게 성장하고 있는 것 역시 풍력이다. 풍력 발전소는 1990년 이후 한해 평균 25%씩 성장하고 있다. 독일과 미국, 스페인 덴마크, 인도가 현재 세계적으로 생산되는 풍력 에너지의 84%를 차지하고 있다. 미국은 전체의 18%를 차지하고 있는데, 주로 텍사스와 캘리포니아에 설치된 풍력 발전소에서 나오는 것이다.(가장 유명한 것으로는 캘리포니아 주 사막에 건설한 풍력 발전소로 팜스프링스로 향하는 고속도로를 따라 세워진 것이다. 마치 긴 줄기 위에 피어난 꽃들처럼 바람이 불면 거대한 세 개의 화관이 돌아가는 현대적인 풍차(터빈)의 모습은 으스스한 느낌의 "바람 농장"처럼 보일 것이다.)

상품시장에 투자하라

바람도 햇빛과 마찬가지로 무궁무진한 자원이다. 바람을 이용해 운동에너지를 만들면 터빈을 돌려 전기를 생산할 수 있다. 풍력 터빈의 속도가 조금만 빨라져도 전기 생산은 크게 늘어난다. 풍력은 매우 효율적이고 환경적으로도 깨끗하며 아무리 사용해도 줄어들지 않는다. 한 조사기관의 추정치에 따르면 1메가와트 규모의 풍력 터빈을 한 해 동안 돌리게 되면 (화석 연료를 사용할 때 발생되는) 이산화탄소 1500톤과 아황산가스 6.5톤, 아산화질소 3.2톤, 수은 60파운드를 줄일 수 있다. 미국의 국토 면적 가운데 14%에 바람 농장(일명 바람 공원이라고도 한다)을 설치할 수 있다. 일부 추정치에 의하면 4만3000평방킬로미터의 면적에 풍력 발전소를 건설하면 미국의 전체 전력 수요 가운데 15% 이상을 공급할 수 있다고 한다.

대체 에너지로서 풍력 발전소의 잠재력은 엄청나다. 하지만 미국의 경우에도 바람 농장이 설치되기를 바라는 도시들만 있는 게 아니다. 또 풍력 발전소에서 멀리 떨어진 지역으로 전기를 공급하려면 어마어마한 금액을 들여 송전선을 이어야만 한다. 다른 재생 가능한 에너지원들과 마찬가지로 풍력 역시 얼마든지 사용할 수는 있지만 더 많은 에너지를 생산하려면 발전 장비 건설과 규모의 경제 효과를 얻기 위해 천문학적인 투자가 필요하다. 더구나 환경단체에서는 터빈이 돌아가면서 새들이 부딪쳐 죽고 소음이 심하다는 주장을 내세워 반대하고 있다.

그러나 결코 무시할 수 없는 사실은 유가가 배럴 당 50달러를 넘으면 풍력은 경쟁력 있는 에너지원이 될 수 있다는 점이다. 영국 정부는 현재 풍력 에너지를 사실상 전혀 사용하지 않고 있는 상태지만 2010

년까지 전체 에너지원 가운데 풍력이 차지하는 비중을 꽤 높은 수준까지 끌어올린다는 계획을 세워놓고 있다. 2004년 말 미국 정부가 풍력 발전소 건설을 늘리기 위해 다시 제정한 세금 감면 법안은 풍력 발전 산업이 도약할 수 있는 발판이 될 것이다. 굳이 상품시장에서 원유 선물을 사고 싶지 않다면 풍력 발전소 주식을 고려해볼 만할 것이다.

바이오에너지

바이오에너지는 석유와 천연가스, 석탄에 이어 세계적으로 네 번째로 큰 에너지원으로 추정되고 있다. 바이오에너지는 바이오매스(biomass, 어떤 지역에 현존하는 생물의 총량) 자원이나 식물과 같이 재생 가능한 조직적인 물질에 저장돼 있는 에너지다. 바이오매스에는 나무를 비롯한 각종 식물, 설탕과 옥수수처럼 에탄올을 생산할 수 있는 에너지 채취 가능 곡물, 각종 농업 부산물과 목재, 동물들의 배설물, 수생식물, 쓰레기 매립장과 에너지 폐기물에서 나오는 메탄가스 등을 포함한다. 이 같은 바이오매스를 다양한 변환 공정으로 처리하면 전기와 열, 증기, 그 밖의 각종 연료를 얻을 수 있다.

미국 에너지부에 따르면 "바이오 발전 기술은 현재의 생산 능력만으로도 10기가와트의 전기를 생산할 수 있는 이미 입증된 발전 수단이다." 현재의 생산 능력이란 "직접 연소 기술"을 말한다. 즉, 보일러와 증기 터빈을 이용해 전기를 생산하는 것이다. 그러나 효율성을 높이는 것이 필수적이고, 더 나은 기술이 나와야 가능할 것이다. 이런 기술에는 현재 석탄을 연료로 하는 보일러에서 바이오매스를 함께 태운다든가, 바이오매스를 가스로 변환할 수 있는 새로운 시스템을 개발한다

상품시장에 투자하라

든가, 혹은 연료 전지 시스템과 함께 사용하는 기술이 포함될 수 있을 것이다. 바이오매스는 에탄올과 메탄올, 바이오디젤 같은 수많은 액체 연료를 생산해낼 수 있을 뿐만 아니라 수소와 메탄가스 같은 가스 형태의 연료도 만들어낼 수 있다. 바이오매스에서 나오는 제품들은 또 다른 잠재력도 갖고 있다. "친환경 화학물질"과 재생 가능한 플라스틱, 천연 섬유 등이 그것이다. 이런 제품들은 지금까지 석유화학 공장에서 만들어왔던 제품들을 대체할 수 있을 것이다.

세계적으로 바이오매스 자원은 광범위하게 분포돼 있고, 에너지원으로 적어도 수십 년 동안 쓰기에 충분한 양이다. 미국에 있는 식물자원만 건조된 물질로 환산해 650억~900억 톤에 이르는 것으로 추정되며, 이는 현재 미국의 기본적인 에너지 수요를 14~19년간 충족시킬 수 있는 규모다. 앞서 말했듯이 바이오전력이 실용화되면 미국 농업의 경쟁력도 크게 높아질 것이다. 그러나 (재생 가능한 에너지 분야에서 늘 반복되는 이야기지만) 미국 에너지부의 에너지 효율성 및 재생 가능 에너지를 담당하는 부서에서도 인정하고 있듯이 "새롭고 더욱 개선된 처리 기술이 필요하다." 미국 에너지부의 추계에 따르면 2004년 현재 미국의 기본적인 에너지 사용량에서 바이오에너지가 차지하는 비중은 3%다.

지열 발전

지구 중심에 있는 비투과층 바위의 아래 부분에는 투과층 바위에 갇혀 있는 뜨거운 물과 수증기가 있는데, 이것이 지열을 발산하는 일종의 저수지를 만들어낸다. 지하의 끈적거리는 물질에서 나오는 열은 지상으로 끌어올려 지열 에너지로 변환시킬 수 있다. 지열 에너지의 잠재력은 무궁무진하다. 지표면으로부터 6마일 깊이에서 나오는 지열 에너지만으로도 우리가 알고 있는 지구상의 모든 석유 및 천연가스 자원의 5만 배에 이르는 에너지를 얻을 수 있다. 미국의 지열 에너지원만 따져도 현재의 소비 수준을 감안한 기본적인 에너지 공급량의 75만 년분을 충당할 수 있는 것으로 추정될 정도다.

물론 이 같은 에너지 잠재력은 꿈 같은 이야기다. 지열 에너지의 잠재력을 전부 활용한다는 것은 기술적으로나 경제적으로 실현 불가능하기 때문이다. 2000년 현재 세계적으로 활용 가능한 지열 발전 용량은 8000메가와트에 불과하다.(전체 전기 발전 용량의 4분의 1에도 못 미친다.) 미국의 경우 2001년에 수력 발전을 제외한 재생 가능 발전 용량 가운데 지열 에너지가 차지하는 비중은 약 10%로 170만 세대에게 전기를 공급할 수 있는 수준이다. 물론 너무나도 미미한 양이다. 그러나 지열에너지협회의 추정치에 따르면 현재의 기술 수준으로 최대 하루 2만3000메가와트의 전기를 생산할 수 있다. 더 나은 기술이 개발된다면 이 수치는 비약적으로 늘어날 수 있을 것이다.

하지만 지열 에너지원에 접근하는 것 자체가 너무 어렵고 비용도 많이 든다. 미국의 지열 에너지 산업은 15억 달러 규모에 그치고 있다. 지열정(地熱井) 하나를 시추하려면 400만 달러 이상이 들고, 지열 발전소를 건설하려면 적어도 10~100개의 지열정을 뚫어야 한다. 더구나 유전 개발을 위한 탐사정을 뚫을 때와 마찬가지로 지열정의 경우에도 수중기나 뜨거운 물이 나오지 않는 잘못된 구멍을 팔 수 있다. 또한 지열 발전소의 수명은 30~45년이 일반적이지만 처음 15년 동안은 손익

상품시장에 투자하라

분기점에 도달하기 어렵다는 게 전문가들의 지적이다. 15년이 지난 다음에야 비로소 추가적으로 들어가는 연료 비용이 사라지고, 간접비용도 절반으로 줄어들고, 지열 에너지 수입으로 운영비와 유지보수비를 충당할 수 있는 것이다. 지열 에너지 업계에서는 지열 발전소를 건설하는 데 들어가는 최대 투자 비용은 원자력 발전소를 건설하는 것과 맞먹는다고 한다. 다만 발전소를 짓는 데 필요한 부지 면적이 적고, 공해 배출이 없으며, 폐기물이 발생하지 않는다는 장점이 있다. 더구나 상당한 양의 석유를 절약할 수 있다. 1970년대 오일 쇼크 당시부터 지열 에너지 개발을 시작한 필리핀은 1980년 중반까지 해외 석유에 대한 의존도를 거의 절반으로 줄였다고 밝히고 있다. 미국 네바다 주에 있는 지열 발전소는 한해 300만 배럴의 석유를 투입해야 생산할 수 있는 전기를 만들어내고 있다고 네바다 주 에너지 관리들은 말한다. 지열 에너지의 부정적인 측면은 수증기와 뜨거운 물이 나오면서 내뿜어지는 유황 같은 냄새가 인근 지역 주민들에게 불쾌감을 줄 수 있다는 것이다. 또 지하에서 지열을 갖고 있는 액체를 빠른 속도로 끌어올림으로써 지표면과 건물이 불안정해질 수 있다는 문제점도 발견되고 있다.

  석유를 대체할 수 있는 에너지는 분명히 존재한다. 그러나 대체 에너지 모두가 엄청난 투자비를 필요로 하고, 실제로 사용되기까지는 몇 년의 세월이 지나야 한다. 이들 대체 에너지 분야가 어느 정도 괜찮은 투자 기회를 제공해줄 수는 있지만 OPEC 석유 장관들이 그리 두려워하는 대상은 아니다. 심지어 대체 에너지 개발의 결정적인 유인책–가령 갑자기 유가가 배럴 당 150달러로 급등하는 일이 벌어지는 경우처럼—이 주어진다 해도 전세계 에너지 소비가 대체 에너지원으로 전환하는 데는 오랜 세월이 걸릴 것이다. 화석 연료를 대신할 수 있는 재생가능한 대체 에너지는 적어도 앞으로 10년간 유가에 큰 영향을 미치지 못할 것이다.

유가와 세계 경제

상품시장 약세론자들은 앞으로 경기 침체가 시작되면 유가는 급락할 것이라고 주장한다. 앞으로 10년 동안 에너지 가격은 틀림없이 조정을 거칠 것이고, 단기 저점에서 바닥을 다지는 과정도 거칠 것이다. 주가든 상품 가격이든 어떤 것도 끊임없이 오르기만 하는 경우는 없다. 중국이, 혹은 아무도 모르는 다른 요인이 가격을 떨어뜨릴 수 있다. 그러나 경기 침체가 온다고 해서 유가가 반드시 떨어지는 것은 아니다. 1970년대를 기억해보라. 당시 미국과 유럽, 세계 각국의 경제는 매우 어려웠지만 유가는 15배나 상승했다. 영국은 그 무렵 세계에서 다섯 번째로 큰 경제 규모를 가진 국가였지만 결국 국가 부도 사태로 이어졌다. 국제통화기금(IMF)은 급히 영국으로 달려가 긴급 구제자금을 지원해야만 했다. 하지만 석유 공급은 여전히 달렸고, 유가는 계속해서 올랐다.

또 한 가지 기억해야 할 것이 있다. 1960년대에 원유 시추 및 생산 분야에서 획기적인 기술적 돌파구가 새로 마련됐음에도 불구하고 당시 석유 공급량은 줄어들었다는 사실이다. 지질학자들은 바다 밑에 석유가 있다는 것을 알았지만 심해까지 시추하는 것은 기술적으로 불가능했다. 육지에서도 당시 기술로는 5000피트 아래로는 시추할 수 없었다. 그 이후 다이아몬드 드릴 비트(drill bit, 착암날)가 발명됐다. 1970년대가 되자 석유 기업들은 2만5000피트 깊이까지 유정을 뚫어 석유를 생산했고, 전세계적으로 심해 유전 개발을 위한 대규모 시추 장비가 만들어졌다. 더구나 알래스카와 북해, 멕시코 만에서 새로이 엄청난 석유가 생산됐고, 혁명적인 원유 탐사 기술과 시추 기술이 개발되었음에도 불구하고 유가는 1968년부터 1980년까지 기하급수적으로 상승했다. 유가의 역사를 되돌아보면 수요와 공급의 불균형은 경기 침체나 기술적 혁명마저도 훨씬 능가하는 위력을 갖고 있다.

그리고 역사는 되풀이된다. 이번에도 역시 석유 생산 능력은 소비를 따라가지 못하고 있다. 늘 그래왔듯이 그 이유는 간단하다:

원유 생산과 정유, 수송 분야에서 생산 능력을 늘리기 위한 투자를 제대로 하지 않은 점, 그리고 수요와 공급의 불균형.

석유 산업 자체도 생산기반시설을 제대로 돌보지 않은 데 대한 책임을 피할 수 없다. 1997년 열린 OPEC의 자카르타 회의에서 회원국들은 각국의 생산 쿼터를 늘리기로 합의했다. 당시는 아시아 경제가 추락하고 있는 시점이었다. 시장에 석유가 넘쳐나자 유가는 배럴 당 10달러 아래로 떨어졌다. 석유 기업들이 비축 물량을 대폭 줄이고, 새로운 유전 탐사와 생산 시설을 늘리는 비용을 삭감한 것은 충분히 예상할 수 있는 일이었다. 투자자들 역시 주식시장에 투자한 돈이 눈덩이처럼 불어나는 것을 지켜보는 데 푹 빠져버렸고, 에너지 산업의 생산기반시설을 개선하는 프로젝트에 투자하는 것을 외면했다.

그 다음 단계는 1970년대의 오일 쇼크 충격에서 한참 지나온 우리들에게 낯익은 장면들이다. 석유 기업들은 새로운 유전을 탐사하고, 원유를 생산하고, 정유공장을 짓고, 유조선 건조와 송유관 부설과 같이 시장에 석유를 공급하는 시설을 늘리는 데 투자하지 않은 반면 세계적인 석유 소비는 계속 늘어났고, 소비 증가 속도는 갈수록 빨라졌다. 유가가 정말 너무나 쌌기 때문이었다. 미국 경제는 성장세를 이어갔고, 아시아 경제도 회복하기 시작했으며, 중국은 미국보다 3배나 높은 경제 성장률로 줄달음쳤다. 갑자기, OPEC과 IEA가 "배럴 당 40달러"를 이야기하기도 전에 석유 공급은 달리게 된 것이다.

IEA는 석유 산업이 앞으로 10년 동안 탐사 비용과 생산 능력 확충 비용으로 매년 690억 달러를 투자해야 할 것이라고 추정하고 있다. 그래야만 새로운 유전을 발견하고, 정유공장을 짓고, 송유관을 유지하고, 새로운 유조선을 건조해서 세계 석유 수요를 충당할 수 있다는 것이다. 이 같은 투자 금액은 엄청난 것이다. 더구나 석유 기업들은 지금까지 새로운 유전을 발견한다든가, 기존의 유전을 추가로 개발한다든가, 혹은 생산기반시설을 개선하기 보다는 다른 석유 기업을 인수하는 데 더 열을 올려왔다. 석유 기업들이 어느 정도의 자금을 투자하기로 결정한다 해도 현실적으로 성과를 거두기까지는 몇 년의 세월이 필요할 것이다. 그러는 사이 기존의 유전은 계속해서 고갈되어가고 있다.

그리고 석유 소비량은 꾸준히 늘어날 것이다. 2004년에 유가가 배럴 당 40달러를 돌파했지만 미국의 석유 소비는 큰 영향을 받지 않았다. 인도와 중국은 더 많은 석유를 필요로 할 것이다. 이 많은 석유를 어디에서 구할 것인가? 이 문제에 대한 답으로 많은 전문가들은 하이브리

상품시장에 투자하라

드 승용차를 구입하고, 실내 온도를 낮추고, 겨울철에 두꺼운 스웨터를 꺼내 입고, 태양열을 이용해야 한다고 말할 것이다. 그러나 유가가 급등하는 데 대비하는 최선의 방법은 석유를 좀 사두는 것이다. 아직도 석유 가격은 같은 양의 페리에 생수나 코카콜라보다도 훨씬 싼 편이니 말이다.

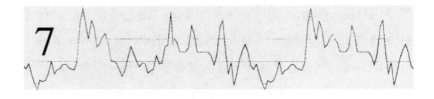

금-신비로움 대 펀더멘털

석유는 상품시장에 관한 뉴스의 주역일 뿐만 아니라 상품지수에서도 가장 큰 비중을 차지한다. 그러나 석유를 포함한 그 어떤 상품도 금이 갖고 있는 신비스러움과 대중적인 인기를 따라오지 못한다. 유사 이래 지금까지 계속 그래왔다.

고대인들은 황금이 희귀하다는 점과 오래도록 변하지 않는 성질, 번쩍번쩍 거리는 장신구적인 특성 때문에 황금을 귀하게 여겼다. 일부 기록을 보면 황금을 주술적인 재물이라고 믿은 경우도 있었다. 고대 이집트인들은 기원전 2000년 이전에 이미 금을 채굴했다. 이집트에서는 기원전 1352년 젊은 투탕카멘 왕이 죽자 2448파운드의 황금으로

상품시장에 투자하라

그의 모습을 그대로 본떠서 만든 정교한 황금 관 속에 넣었다. 기원전 6세기에는 지금은 터키가 된 에게 해의 왕국 리디아의 크로이소스가 세계 최초의 순금제 동전을 주조하라는 칙령을 내렸다. 로마 제국에서 금화를 처음으로 발행한 것은 기원전 50년이었다. 당시 아우레우스(aureus, 라틴어로 "순금의"라는 뜻이다)로 불렸던 이 금화는 공화정 시절에는 거의 사용되지 않았으나 기원전 31년 아우구스투스 황제가 통치를 시작하면서 로마 제국의 공식 통화가 됐다.

잉카 문명에서도 황금을 재료로 사용해 예술 작품을 만들었고, 거의 모든 것을 장식하는 데 황금을 썼다: 잉카 제국의 황제들은 죽으면 황금과 같이 묻혔고, 왕위 계승자에게 자신이 모은 황금을 유산으로 남겨주었다. 스페인 탐험가들이 유럽으로 돌아가 잉카의 황금 장신구에 대한 소식을 전하자 중세 말기의 유럽인들은 온통 번쩍이는 황금 이야기에 빠져들었다. 16세기로 접어들면서 스페인의 페르디난드 국왕과 이사벨라 여왕은 신대륙에 대형 범선을 보내 금을 찾아오도록 했고, 이들은 각종 보물을 가득 싣고 돌아와 스페인의 황금 시대를 열었다.

납을 금으로 바꾼다는 고대 연금술사의 꿈은 기원전 3세기부터 중세에 이르기까지 수많은 사람들의 마음을 사로잡았다. 연금술사들이 전부 정규 교육을 받지 못한 기인(奇人)들이라고 생각한다면 아이작 뉴턴을 떠올려보라. 24세의 나이로 만유인력이라는 혁명적인 물리학 이론을 정립한 뉴턴은 1666년 물리학 연구를 접어둔 채 그 후 20년간 연금술 연구에 모든 것을 바쳤다.(금의 역사를 돌아보면 뉴턴은 아주 결정적인 역할을 했다. 영국 정부는 1717년 금본위제를 채택했는데, 당시 금의 가격은 런던 주조소의 책임자였던 뉴턴에 의해 결정됐다.

이때 결정된 금의 가격은 제 1차 세계대전으로 인해 금본위제가 일시 중지된 1914년까지 200년 동안이나 이어졌다.)

오늘날에도 금 본위제를 신봉하는 황금광들이 있다. 이들은 먼 옛날부터 귀하게 여겨온 이 금속이야말로 가치가 변하지 않고, 따라서 그 가격이 떨어지는 일도 없는 유일한 화폐라고 믿는다. 다소 우울한 무리인 이들 금 본위제 신봉자들은 기업의 부도 사태나 주식시장의 붕괴, 부동산 가격의 폭락, 미국 달러화의 가치 하락, 세계 금융시장의 대혼란에 대비한 일종의 보험으로 금을 사서 계속 보유한다. 지금의 월 스트리트가 붕괴돼 자신의 자녀들이 살아갈 미래가 황량하게 변할지도 모른다는 공포에 사로잡혀 있는 금 신봉자들은 유일한 해결책으로 무조건 더 많은 금을 사두고 있다.

이런 식으로 금을 대하는 것은 심리학적 관점에서 보자면 매우 흥미로운 게 사실이지만 이렇게 금에 푹 빠져버리는 것은 결코 최선의 투자 철학이 될 수 없다. 지난 수 세기 동안의 금 가격을 조금이라도 조사해본다면 금 신봉자들조차 금 이외의 다른 많은 것들, 즉 가축과 상아로부터 조개껍데기, 예쁜 유리알에 이르기까지 온갖 "영원한 화폐"가 쓰여졌음을 알 수 있을 것이다. 금이 가치불변의 자산으로 대접 받았던 시대는 틀림없이 있었다. 그러나 마찬가지로 은을 비롯해 구리, 설탕, 밀, 목재들처럼 좀 더 싼 상품들도 그런 대접을 받은 적이 있다. 또한 역사를 돌아보면 금 가격은 상당히 오랫동안 떨어졌고 여전히 그 수준에 머물러 있다.

내가 월 스트리트에서 일을 시작했던 1960년대 말 금 가격은 온스 당 35달러였다. 금 가격은 1980년 사상 최고치인 온스 당 850달러까지

상품시장에 투자하라

치솟았지만 그 후 25년간 약세를 벗어나지 못했다는 점은 부정할 수 없다. 사실 금 가격은 예전에 나온 베이스볼 카드보다도 낮고, 가격의 안정성도 떨어진다. 실제로 1952년에 나온 맨틀 톱스 카드(Mantle Topps card, 톱스라는 회사가 메이저리그의 야구 선수 미키 맨틀을 기념해 만든 베이스볼 카드—옮긴이)는 이베이에서 1200달러에 팔리고 있고, 1963년도 판은 252달러에 구할 수 있다. 물론 2003~2004년에 금 가격은 달러 약세와 인플레이션 우려로 인해 갑자기 상승세를 타기도 했다. 더구나 이라크 전쟁에 대한 두려움, 계속되는 미국 내 테러 위협 등은 금 신봉자의 숫자를 늘려놓았다. 그러나 금 가격이 온스 당 400 달러를 넘어섰다고는 해도 사상 최고치인 850달러(당시의 구매력을 감안하면 2004년 불변가격 기준으로 1933달러에 이른다)에 비하면 아직 훨씬 낮다; 대부분의 다른 상품들이 1999년 이후 강력한 움직임을 보이고 있는 것과 비교하면 금은 매우 지지부진한 편이다. 더욱 정신 바짝 차려야 할 게 있다. 수요와 공급의 현실은 금의 투자 수익률이 당분간 다른 상품들에 비해 떨어지는 것은 물론 그 자체로도 좋지 않을 것임을 알려주고 있다.

나는 지금 상품의 열렬한 팬이다. 그런데 금은 내가 선호하는 대상이 아니다. 나는 개인적으로 약간의 금을 갖고 있고, 내 어린 딸아이 앞으로 된 금도 있다. 또 로저스 인터내셔널 상품 지수에서도 금은 3%의 비중을 차지하고 있다. 하지만 이번 강세장에서는 다른 상품들이 훨씬 더 나은 성과를 가져다 줄 것이다. 사실 거의 모든 주요 상품들의 세계적인 공급량은 계속 줄어들었지만 금은 예외였다. 지난 수십 년간 금광 탐사 작업은 꾸준히 이어졌고, 금광에서 생산되는 금의 공급량도 지속적으로 증가했다. 심지어 금 가격이 떨어지는데도 공급은 계속 늘었다. 2000년대 초 금 이외의 다른 금속의 가격이 한창 뛰어오르는 동안에도 세계적으로 탐사 작업이 진행되고 있는 광산의 절반은 여전히 금광이었다. 2003년에는 세계적인 대규모 광산업체들이 탐사를 진행 중인 신규 광산 가운데 75%가 금을 캐기 위한 것으로 집계됐다. 마치 광업 전문가들이 보통사람들보다 더 황금에 미쳐버린 것 같다.

수요와 공급을 무시한 투자자는 위험을 각오해야 한다. 금을 앞에 두었을 때만큼 수요와 공급이라는 펀더멘털 요인보다 감정과 다른 심리적 요소가 더 크게 작용하는 경우도 없다. 상품 투자자라면 금 역시도 다른 많은 상품들처럼 수요와 공급이라는 힘에 따라 가격이 오르내리는 하나의 상품으로 바라보도록 노력해야 한다. 이 같은 시각을 가지려면 역사적 맥락에서 금을 보는 게 중요하다. 특히 미국에서 금은 파란만장한 역사를 갖고 있다. 역사를 돌아보면 금은 결코 최고의 투자 대상이 아니었다. 일부 조사에 따르면 지난 100여 년간 금 관련 기업에 투자했다가 날린 돈이 다른 어떤 기업, 심지어 철도나 항공 기업에 투자해서 손실을 본 금액보다 많다. 이들 불쌍한 투자자들은 마크 트웨인이 했던 말을 귀담아 들었어야 했다. 금광업자들은 땅속 깊이 구멍 하나 파놓고 그 옆에 서있는 거짓말쟁이들이라고.

미국의 금 역사

처음에 제임스타운과 플리머스에 정착했던 영국 이민자들은 집안에 금을 쌓아두기 위해서가 아니라 종교적인 구원을 찾으려 신대륙으로 이주한 사람들이었다. 그 뒤 미국으로 이주한 수백 만 명의 이민자들은 광대한 농장이 끝없이 펼쳐진 약속의 땅을 찾아서 왔다; 이들의 가장 기본적인 욕망은 가난으로부터 벗어나는 것이었다. 미국의 이상을 좇은 사람들 가운데는 당연히 토지 투기꾼이나 엉터리 예술가들, 돈을 버는 데 혈안이 되어있던 수많은 초창기 기업가들이 섞여 있었지만 미국을 건설한 사람들은 결코 황금의 노예가 아니었다. 심지어 미국에서 연방 차원의 광산 관련법을 처음 제정한 것은 1866년으로, 캘리포니아의 연방 소유지에서 1848년 최초의 금이 발견된 이후 수십 만 명의 사람들이 금을 캐러 서부로 몰려가기 시작한 지 18년이나 지난 다음이었다. 미국 정부는 격렬한 국가적 논쟁을 거친 뒤 1900년 금 본위제로 돌아가기로 결정했고, 의회는 금본위제의 기준이 되는 금의 가격을 온스 당 20.67달러로 정했다. 이 같은 금 가격은 프랭클린 루즈벨트 대통령이 대공황으로 인한 경제 및 통화 위기에 대처해 금에 대한 달러 가치를 평가절하할 때까지 계속 유지됐다.

지금도 많은 미국인들이 루즈벨트 대통령의 금 정책에 대해 분노한다. 루즈벨트 대통령은 1933년 금의 수출을 금지했고, 미국 달러화의 금 태환을 중단시켰으며, 개인들이 투자 목적으로 금을 소유하는 것을 불법화했고, 심지어 금을 기준으로 체결한 모든 공공 계약과 민간 계약들마저 무효화하는 조치를 취했다. 왜 그랬을까? "그게 국민들에게 좋으니까." 정부의 대답은 그 뿐이었고, 더 이상의 설명은 없었다. 마치 국민들에게 의무적으로 시금치를 먹으라고 하는 식이었다. 미국 정부는 금의 기준 가격을 1933년 온스 당 25.56달러로 올렸고, 1934년에는 34.95달러로 인상한 뒤 그 해 다시 35달러로 고정시켰다. 왜 온스 당 35달러가 됐을까? 루즈벨트 대통령이 소수점 이하 자리가 없는 숫자를 선택했기 때문이다. 세계 각국 정부는 미국의 이 같은 움직임을 환영했다. 자신들이 갖고 있는 달러화를 금으로 바꿀 수 있었기 때문이다. 더구나 금을 갖고 있는 사람들은 67%의 프리미엄을 받고 금을 팔 수 있었다. 물론 미국인들은 그렇게 할 수 없었지만 말이다. 제 2차 세계대전 발발과 함께 국제적인 경제 거래가 일시 중단되자 금에 대한 수요도 사라졌다.

1935년부터 1970년까지 금의 기준 가격은 온스 당 35달러로 고정됐다. 긴 세월이 흘러 이제 금 가격이 굉장히 저평가된 것이다. 금이 이처럼 저평가된 상태에서 과연 누가 땅속 3000미터 깊이에 묻혀 있는 금을 찾아내 금광을 건설하는 데 대규모 자본을 투자하겠는가? 당연히 금 생산량은 계속 줄어들었다. 1970년이 되자 금에 대한 수요와 공급의 격차는 더욱 크게 벌어졌다. 또 여러모로 쓸모가 많은 이 금속의 가격이 워낙 쌌으므로 많은 제조업체들이 금을 활용할 수 있는 다양한 방법을 고안해냈다. 곧 전자부품과 치과용으로 더 많은 금이 사용됐고, 수요가 늘어나면서 가격도 올라갔다. 미국은 1950년대를 기점으로 무역수지 적자국으로 전락했고, 달러화의 발행을 늘려나갔다. 미국 정부는 갈수록 불어나는 무역수지 적자와 달러화 가치 하락 문제를 근본적으로 해결하기 보다는 가격 통제와 외환 통제를 통해 달러화 가치를 인위적으로 높이려고 했다. 미국 경제가 흔들거리자 달러화도 흔들거렸다. 1960년대 초가 되자 미국 정부는 다른 나라에 진 부채를 상환할 만한 금 보유고도 충분하지 않았다. 다른 나라들, 특히 그 중에

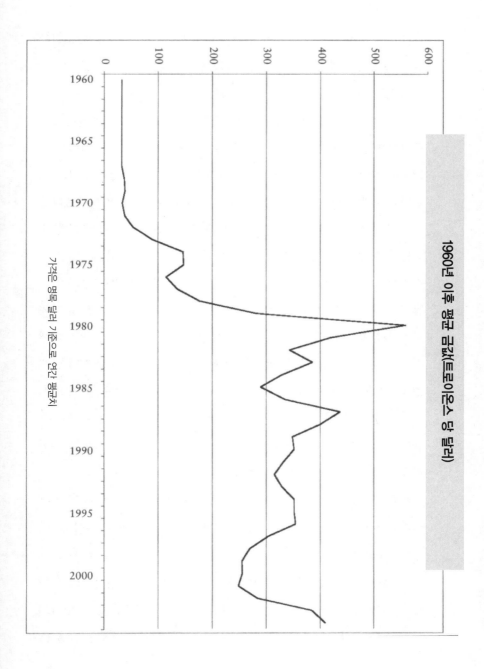

1960년 이후 평균 금값(트로이온스 당 달러)

가격은 맥주 달러 기준으로 연간 평균치

서도 프랑스는 자국이 보유하고 있는 미국 달러화를 금으로 교환해달라고 계속해서 요구했다. 모두들 미국 정부 소유의 금을 저장하고 있는 포트녹스를 향해 달려가는 형국이었다.

닉슨 대통령은 마침내 무슨 일이 벌어지고 있는지 알아챘다. 그는 즉각 제도를 변경했다. 닉슨 대통령은 1971년 미국 정부는 더 이상 달러화를 금으로 바꿔주지 않을 것이라고 발표했다. 이 같은 조치는 유럽인들에게 언제든 그들이 갖고 있는 달러화를 금으로 바꿔주겠다고 약속했던 미국 정부의 의무를 사실상 포기한 것이었다. 금에 대한 수요는 증가했다. 세계 각국 정부는 금 가격을 온스 당 35달러 수준으로 유지하려고 애썼지만 달러 보유자들은 달러를 금으로 바꾸려고 했다. 말도 안되는 일이었지만 각국의 중앙은행은 늘 그렇게 하듯 통화 가치와 금속을 비롯한 상품 가격을 인위적으로 유지하기 위해 사력을 다했다. 영리한 투자자들은 통화 가치와 상품 가격이 오르건 내리건 관계없이 중앙은행의 노력과 반대 방향으로 가야 한다는 것을 알고 있다. 지난 수십 년 동안 금 가격을 인위적으로 낮게 유지하다 보니 금의 수요는 늘어났지만 금의 공급은 줄어들었다. 약삭빠른 투자자들은 당연히 금을 온스 당 35달러에 매수했다.

물론 합법적으로 금을 소유할 수 없었던 미국인들은 그렇게 하지 못했다. 당시 스위스나 독일, 프랑스, 일본 국민들은 금을 소유할 수 있었다. 그러나 "자유와 용기의 땅"에 살고 있는 미국인들은 투자 대상으로 금을 소유하는 게 불법이었다. 1973년 닉슨 행정부가 달러화의 금 본위제를 폐지하고, 금 가격을 자유화하자 금 가격은 온스 당 120달러로 수직 상승했다. 다음해 말 의회는 미국인 투자자들이 금을 소유해도 될 만큼 성숙했다는 결정을 내렸다. 미국인들이 새로이 금시장에 뛰어들 것이라는 기대감으로 금 가격은 순식간에 온스 당 200달러를 넘어섰지만 곧 100달러 수준으로 도로 떨어졌다. 앞서 미국인들이 금을 소유할 수 없었을 때 싼값으로 금을 사두었던 다른 나라에서 금을 시장에 쏟아냈기 때문이다. 물론 금을 소유하지 못했던 것은 "미국인들을 위한 정책"이었지만 덕분에 외국인들만 큰돈을 챙긴 셈이다.

그 이후에 어떤 일이 벌어졌는지는 지난 35년간의 금 가격 추이를 나타낸 그래프를 보면 잘 알 수 있다. 1976년 이후 금 가격은 천정부지로 치솟았다. 미국 역사상 전례가 없었던 인플레이션이 몰아 닥치자 투자자들은 종이로 된 화폐의 가치는 계속 떨어질 것이라고 믿게 됐다. 1979년 이란 혁명이 일어나고, 이어서 미국인 인질 사태까지 벌어지자 불길한 예언들이 더욱 맞아 들어가는 것 같았다. 그리고 억눌려 왔던 거대한 수요가 수십 년 동안 공급이 위축됐던 시장으로 밀려들어 왔다. 1980년 1월 금 가격은 온스 당 850달러까지 치솟았다. 그러나 결국 인질들은 풀려났고, 새로 취임한 로널드 레이건 미국 대통령은 "이제 미국은 아침을 맞았다"고 선언했다. 인플레이션은 가라앉았고, 달러화는 다시 살아났다.

또한 차트를 보면 1980년 전세계 금 생산량이 대공황 이후 처음으로 증가하기 시작했다는 점을 확인할 수 있는데, 이는 결코 놀라운 일이 아니었다. 금 가격이 연일 사상 최고치를 기록하자 전세계의 모든 광산 회사들이 금을 찾는 데 전력을 기울였다. 그 후 20년간 세계 금 생산량은 거의 해마다 전년도보다 늘어난 수치를 기록했다. 같은 기간 중 금 가격은 몇 차례 반등하기도 했지만 대체로 하락세를 보이며 사상 최고치에 비해 70%나 떨어졌다. 금이 갖고 있는 신비스러움도 금 가격이 무너져내리는 것을 막아낼 수 없었다. 주위에 금이 너무 많았던 것이다. 금 가격 역시 다른 상품들과 마찬가지로 철저히 수요와 공급의 논리에 의해 결정된 셈이다.

그리고 2000년이 시작되면서 닷컴 거품이 붕괴됐고, 곧 이어 9.11 테러가 터졌다. 미국 경제는 다시 가라앉았다. 한창 떠들어대던 미국 정부의 예산 흑자는 적자로 돌아섰고, 세금 감면 조치와 이라크 전쟁 비용의 증가라는 부담이 가중됐다. 갑자기 모두들 금 신봉자의 시각으로 세상을 바라보는 것 같았다. 금 가격은 다시 오르기 시작했다. 2004년이 시작될 무렵 세계 경제는 다시 좋아지는 것 같았고, 중국 경제는 불을 뿜어대기 시작했으며, 달러화는 계속해서 약세를 이어갔다. 여기에 월 스트리트에서 말하기 좋아하는 "지정학적으로 상당히 불확실한 분위기"가 더해졌다. 다들 알고 있다시피 이라크에서는 전쟁이 벌어졌고, 미국 내 테러 위협은 상존해 있었고, 사우디아라비아에서는 폭탄 테러가 발생했고, 또 미국에서는 선거가 예정돼 있었다. 이런 불확실성 속에서 금은 다시 한번 안전한 투자 대상으로 부각됐다. 일본 정부가 은행권의 금 지불 보장 범위를 개정하면서 일본의 금 수요가 늘었다. 중국 정부는 지난 수십 년 동안 금지해왔던 인민들의 금 소유를 다시 허용했다. 금 가격은 랠리 행진을 벌이며 16년 만의 최고치인 온스 당 430달러를 기록한 뒤 조정 국면으로 들어갔다.

일부 투자자들은 달러화 가치가 떨어질 때 금을 찾는 경향이 있다. 내가 생각하기에 달러화 가치는 장기적으로 하락세를 이어갈 것이다.

상품시장에 투자하라

앨런 그린스펀 미국 연방준비제도이사회(FRB) 의장이 가능한 한 많은 통화를 찍어내면서 달러화의 약세를 부추기고 있는 것 외에도 달러화에 불리한 요인들은 너무나 많다. 전쟁 비용은 엄청나고, 테러 위협에 대비하는 데도 돈이 들고, 무엇보다 미군은 현재 전세계 100개국 이상에 군사기지를 갖고 있다. 그리고 천문학적인 규모의 무역수지 적자가 있다. 미국인들로서는 쉽게 인정할 수 없겠지만 미국은 현재 세계 최대의 채무국이며, 유사이래 이처럼 많은 부채를 짊어진 나라도 없었다. 미국의 해외 부채는 지구상의 나머지 모든 나라들이 진 외채를 모두 합친 것보다 많다. 미국인들은 무조건 "1등"을 좋아하지만 부끄럽게도 그 중 하나가 부채 규모다. 미국이 전세계 다른 나라들로부터 빌린 외채는 8조 달러가 넘는다. 미국의 외채는 21개월마다 1조 달러씩 불어나고 있는 추세다.

그리고 FRB는 늘 "인플레이션은 통제할 수 있는 수준"이라고 말하고 있지만 주위를 살펴보면 그렇지 않다. 다른 사람들의 경우를 전부 알 수는 없겠지만 적어도 내가 느끼는 물가 수준은 계속 올라가고 있다. 금은 어떤 면에서 인플레이션에 대비할 수 있는 훌륭한 헤지 수단이고, 달러화 가치가 앞으로 수 년간은 약세를 지속할 것이므로 금 가격은 당분간 올라갈 수 있을 것이다. 내가 약간이나마 금을 보유하고 있는 것도 이런 이유 때문이다. 하지만 가격 상승세가 금보다 훨씬 더 강력하게 뻗어나갈 다른 상품을 사는 것이 어느 모로 보나 더 나을 것이다. 금에 대한 환상은 늘 있어왔지만 결국은 이런 환상도 수요와 공급이라는 현실 앞에 무릎을 꿇고 만다는 사실을 잊지 말아야 한다.

공급

금 재고는 역사상 그 어느 때보다 많은 수준이다. 다른 대부분의 상품이 한번 사용하면 재고가 소진돼 버리는 것과는 달리 금은 사실상 없어지지 않는다. 일단 금광에서 캐낸 금은 어떤 형태로든 남아있다. 런던에 본사를 둔 귀금속 컨설팅 기업인 골드 필즈 미네랄 서비스 (GFMS)는 2003년 말 현재 "지상에 존재하는" 금의 양은 15만500톤으로 추정되며, 이는 1950년 이래 채굴된 금의 61%에 달한다고 밝혔다. 세계 각국의 중앙은행이 보유하고 있는 금의 양은 10억 트로이온스가 약간 넘는다.(2004년 현재 금 가격인 온스 당 400달러로 계산하면 4000억 달러 어치에 달하는 것이다.) 중앙은행의 금 보유 규모는 미국이 2억6200만 트로이온스로 가장 많고, 독일이 1억1200만 트로이온스, 프랑스가 9700만 트로이온스 순이다. 미국 중앙은행이 보유한 금을 금액으로 환산하면 대략 1000억 달러 정도로, 포트녹스에 보관하고 있는 금을 전부 판다 해도 미국의 외채나 달러화 발행 규모에 비하면 그야말로 아무것도 아니다. 즉, 금은 이제 더 이상 달러화를 지지할 수 없다는 말이다. 이런 사실로 말미암아 금 신봉자들은 더욱 고민에 빠지게 되는 것이다. 또 한 가지 분명한 사실은 세계 각국의 중앙은행이 금 보유고를 매각하려고 한다는 점이다. 이들의 판단이 옳건 그르건 현재 세계적으로 금은 매우 많다.(정확히 얼마나 많은가는 별개의 문제다. 실제로 미국이 현재 얼마나 많은 금을 보유하고 있는지는 아무도 모른다. 많은 사람들이 검증이 필요하다고 주장했지만 지난 수십 년 동안 포트녹스 금 보관소에 있는 금의 정확한 양을 외부 기관에

상품시장에 투자하라

서 검증한 적은 없다.)

사실 금은 남극 대륙을 제외하고는 모든 대륙에서 채굴되고 있다. 남극 대륙은 국제 광업금지협정이 시행되고 있는 곳이다; 남극조약은 원래 1991년 남극의 천연자원을 "평화와 과학을 위해 남겨두자"는 취지로 발의된 마드리드의정서에 따라 체결된 것이다. 2004년도 CRB 상품 연감에 따르면 2002년도 금 채굴량은 2001년의 260만 킬로그램에 비해 1.9% 감소한 255만 킬로그램으로 나타났다. 세계 최대의 금 생산국은 남아프리카공화국으로 전세계 금 생산량의 16%를 차지하고, 다음이 미국으로 12%, 호주 11%, 중국 7.5%, 러시아 6.2%, 캐나다 5.8% 등의 순이다. 미국의 2002년도 금 채굴량도 전년도보다 약간 감소했다.

이처럼 최근 들어 금 생산량이 다소 줄어들었다 해도 금광 회사들이 보유하고 있는 금 매장량이 소진되는 일은 당분간 절대 없을 것이다. 사실 금속이 매장돼 있는 광산을 탐사하고 채굴하는 데 들어가는 투자 자금 규모는 오랫동안 계속 감소해왔지만 최근 몇 년간 진행된 광산 탐사 작업의 절반 이상은 금광을 찾기 위한 것이었다. 금 매장량 1억 온스를 보유하고 있는 세계 최대의 금광 회사이자 S&P 500 지수에 포함된 유일한 금광 기업인 뉴마운트 마이닝이 2003년에 미국과 페루, 호주, 인도네시아에서 새로 발견한 금의 매장량은 그 해에 이 회사가 판매한 금의 양보다 더 많았다. 덴버에 본사를 두고 있는 이 회사는 페루에서의 금 생산량이 늘어나고, 또 남아프리카의 가나에서도 새로운 금광이 발견돼 2007년까지 금 생산량이 계속 증가할 것으로 전망하고 있다. 다른 회사들도 열심히 금을 찾고 있다. 그리고 지중해의 소국 사르디니아에서 캐나다에 이르기까지 새로운 지역에서 수많은 금광들이 발견돼 아프리카 이외 지역에서 생산된 금이 점차 시장에 쏟아져 들어올 것이다.

수요

금은 어느새 나이가 들어버린 연예계 스타와 약간 비슷한 것 같다. 화려한 광채는 여전하지만 예전만큼 그렇게 비중 있는 역할은 맡지 못하는 것이다. 그러나 귀금속의 주인공이라고 하면 아직도 금이다. 특히 인도에서는 결혼할 때 귀금속 세공품 형태로 가공한 금을 신부에게 지참금으로 주고, 결혼식 하객들은 새로 출발하는 부부에게 행운의 상징으로 금화를 선물한다. 또 오일 달러가 넘쳐 나는 중동 지역의 아랍 국가에서는 금시계와 여성들의 귀금속으로 자신들의 부를 과시한다. 중동을 여행할 때 금을 파는 수십 개의 상점이 늘어서있는 수크(souk, 시장)를 둘러보는 것은 대단히 흥미로운 코스다. 그러나 미국에서는 금으로 만든 귀금속 장신구가 이미 매력을 잃어버린 것 같다. 미국에서 귀금속 장신구나 정교한 예술품용으로 사용하는 금의 소비량은 1987년 이후 급속도로 감소해 CRB 상품 연감은 1995년부터 아예 통계수치조차 발표하지 않고 있다.

　오늘날 금을 가장 많이 소비하는 분야는 산업용과 치과용이다. GFMS의 추정치에 따르면 산업용과 치과용으로 쓰인 금의 양은 1999년부터 2003년까지 연평균 400톤에 조금 못 미쳐 전체 금 수요량의 11%를 차지한 것으로 나타났다. 고대부터 사용된 이 금속은 어떤 모양으로든 만들 수 있고, 어떤 금속보다도 내구성이 강하며, 열과 전기 전도성이 매우 뛰어나다는 특성을 갖고 있어 텔레비전과 컴퓨터, 로켓 엔진 같은 현대 기술이 낳은 상징적인 제품들을 제조하는 데 없어서는 안 될 재료다. 특히 무엇보다 부식에 매우 강하다는 성질 덕분에 금은 스위치용 전도체로 가장 적합하다. 가령 컴퓨터에 들어가는 반도체 집적회로의 머리카락 굵기보다 더 가는 정교한 전선은 금으로 만든 것이다; 또 컴퓨터 자판을 치면 금으로 이어진 회로를 통해 마이크로프로세서에 데이터를 전달하게 된다. 텔레비전과 비디오 플레이어 내부에도 머리카락 굵기의 금으로 만든 전선이 쓰인다. 텔레비전과 비디오를 연결하는 케이블도 텔레비전 신호를 깨끗하게 전송할 수 있도록 금으로 코팅 처리를 한 것이다. 음성의 떨리는 신호를 전기 흐름으로 바꾸는 데 결정적인 역할을 하는 전화기의 진동판 역시 금 성분을 함유하고 있다. 전화선을 이 쪽 플러그에서 뽑아 다른 쪽에 꼽아도 전혀 정전기가 발생하지 않는 것은 정확한 신호 전달을 위해 부식되지 않고 내구성도 뛰어난 금으로 커넥터를 코팅 처리했기 때문이다.

부식되지 않고, 또 어떤 모양으로도 만들 수 있다는 특성 덕분에 금은 자연스럽게 치과용 재료로 쓰이게 됐다. 금이 치과용 재료로 쓰인 것은 멀리 기원전 7세기부터로 당시 에트루리아 사람들은 금으로 만든 가는 줄로 흔들리는 이빨을 옭아맸다. 금은 독성이 없고 생화학적으로 불활성(不活性)이어서 현대 치과학에서도 여전히 인기가 높다. 그러나 금의 부드러운 성질 때문에 백금이나 은, 구리 등을 합금해서 단단하게 만들어야 한다. 또 금 가격이 올라가면서 금보다 저렴한 합금 재료들을 선호하게 됐다. 특히 금 가격이 더욱 비싸지자 의료보험

기관에서는 금을 사용하는 치과 치료를 보험 대상에서 제외하려고 했고, 그래서 세라믹으로 만든 치관(齒冠) 기술이 발달해 치과용으로 쓰이는 금의 수요를 크게 줄이는 결과를 가져왔다.

금은 1920년대 이후 류머티성 관절염을 치료하는 데도 쓰였다. 금으로 만든 방부제를 주사하거나 알약 형태로 섭취해 관절 부분이 곪는 것을 방지하고 고통도 줄여주는 것이다. 의료계와 산업계에서 사용하는 첨단 레이저는 내부 표면을 금으로 코팅 처리해 강력하게 발산되는 광선의 초점을 조절한다. 금으로 만든 발산 레이저는 암세포를 찾아내 건강한 세포는 다치게 하지 않고 암세포만 골라서 죽이는 데 사용된다. 군대의 의무병과에서는 이제 가벼운 레이저 장치를 갖고 다니며 상처를 봉합해 전장에서 다친 병사의 생존 확률을 더 높였다. 외과 의사들은 막힌 관상동맥을 뚫을 때 금으로 만든 기구를 사용하고, 많은 사람들이 걸리는 전립선암의 진행을 늦추기 위해 전립선에 금을 재료로 미세한 알약 형태로 만든 펠리트를 주입한다.

CRB 상품 연감에 따르면 미국의 금 소비량은 2001년 17만9000킬로그램에서 2002년에는 16만3000킬로그램으로 줄어들었다. 그러나 2003년에는 전년도보다 금 수요가 4% 늘었는데, 주로 투기자들의 금 투자 수요 때문이었다. GFMS가 추정한 연평균 세계 금 수요는 1999년 초부터 2003년까지 계속 감소하고 있다. 이 기간 중 귀금속 세공품용 금 수요량은 7만6800킬로그램 줄었고, 개인 투자 자산용 금 수요는 2만3600킬로그램, "산업용 및 기타 용도"의 금 수요는 1만7300킬로그램 각각 감소했다.

가격

금 신봉자들을 비롯해 금을 높이 평가하고 있는 사람들이 마음속에 담고 있는 금의 기준 가격은 1980년에 기록한 사상 최고치인 온스 당 850달러다. 그러나 세계 경제가 끔찍할 정도로 붕괴돼 모든 사람들이 금을 사겠다고 아우성치는 광경이 벌어지지 않는 한 당분간 이런 가격을 보기는 어려울 것이다.

2000년에 주식시장의 거품이 터져버린 뒤 금 가격은 단기적으로 상승세를 탔다. 금 가격을 끌어올린 가장 큰 요인은 이라크 전쟁과 미국 내 테러 위협, 달러화 약세, 주식시장의 침체, 기하급수적으로 불어나는 미국의 무역수지 적자에 대한 투자자들의 가라앉지 않는 우려 등이었다. 이런 요인들이 영향을 미친 것은 사실이다. 그러나 수요와 공급이라는 펀더멘털만큼 중요한 역할을 한 것은 아니다. 경기가 어려워지면 많은 투자자들은 약간씩 금 신봉자 같은 성격을 띠게 된다. 맛있는 초콜릿 케이크 한 조각을 먹는 것보다 금괴나 금화를 갖고 있는 게 훨씬 더 배부른 느낌을 주는 것이다.

2003년에 금 가격은 온스 당 400달러 선을 넘어섰다. 이 같은 상승세는 미국과 세계 경제의 개선을 반영한 것이었다. 또 산업용 금 수요의 증가도 영향을 미쳤다. 그러나 달러화의 지속적인 약세로 인해 달러화 가치는 유로화나 다른 주요 통화에 비해서는 물론 금에 대해서도 큰 폭으로 떨어졌다. 사실 유로화를 기준으로 하면 금 가격은 전혀 오르지 않았다.

금 가격의 "강력한 상승세"를 이야기하는 언론 매체들이 무척 많아졌다. 그러나 이들은 과거 금시장의 강세장이 실제로 어떤 모습이었는지 잘 모르고 있다. 닉슨 행정부가 1971년 금 가격을 자유화한 이후 금 가격이 1000% 이상 오른 게 사실일 수도 있다. 하지만 다른 자산들도 이 기간 중 500% 이상씩은 다 올랐을 것이다. 지난 30년 동안 금은 다른 자산에 비해 그리 대단하지 않았다. 만약 당신이 1970년대에 뉴욕이나 보스턴, 로스앤젤레스에 있는 근사한 주택을 한 채 사두었다면 지금쯤 최초 구입 가격의 20배 이상이 되었을 것이다. 같은 기간 S&P 500 지수는 배당금을 재투자했을 경우 3000% 이상의 투자 수익률을 기록했다.

내가 처음 쓴 책《월가의 전설 세계를 가다Investment Biker》가 출간됐던 1994년도의 금 평균 가격은 온스 당 384달러였다. 나는 그 때도 금 가격이 강세를 띨 것이라고 생각하지 않았다. 하지만 이 책에서 나는 이렇게 예상했다. "언젠가는 금이 상품시장을 다시 주도하는 날이 올 것이다. 그 날은 점점 가까워지고 있다. 그러나 그런 날이 온다면 그것은 수요와 공급에 의한 것이다. 사람들의 바람과 신비주의가 그렇게 만드는 게 아니다." 이 같은 나의 예상은 변하지 않을 것이다. 나는 또한 인플레이션이나 통화 위기가 금 가격을 끌어올릴 수 있다고 지적했다. 이런 일은 이미 벌어지고 있다. 그리고 나는 달러화 가치가 계속해서 떨어질 것이라는 입장이다. 금 신봉자들에게는 금을 사야 할 좋은 구실일 것이다. 금은 언젠가 다른 상품들과 함께 새로운 사상 최고치를 경신할 것이다.

그러나 현명한 투자자라면 절대 최후의 심판을 기대하면서 금을 사지는 않을 것이다. 나를 포함해 많은 사람들이 그렇게 하는 것처럼 약간의 금을 보유하는 것은 보험용이라는 측면에서 유용하다. 나는 또한 미국이나 세계 경제 전체가 앞으로 10년 안에 경제 위기를 맞지 않으리라고 장담하지 않는다. 세계가 갑자기 패닉에 빠져들 수 있고, 그러면 금은 절망 속에서 유일한 구원자가 될 것이다. 어쨌든 상품시장 분야에는 역시 수많은 매력적인 기회들이 숨어있는 셈이다. 가령 납은 현재 사상 최고치를 기록 중이고, 지난 30년 동안 금보다 투자 수익률이 뛰어났다.(금 가격은 현재 사상 최고치의 50% 수준이다.) 나는 그런 점에서 현재와 같은 상품시장의 강세장에서 필요한 새로운 연금술사의 꿈을 알려주고자 한다: 금을 납으로 바꾸는 방법을 알아낸다면 그 사람은 거대한 부를 가졌던 리디아의 왕 크로이소스보다 더 큰 부자가 될 것이다. 적어도 최후의 심판이 당도할 때까지는 말이다.

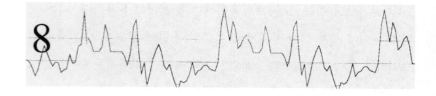

하늘 높이 날아갈 수 있는 중금속

납처럼 평판이 좋지 않은 상품도 없다. 5000년 전부터 사용된 납은 인류가 처음으로 사용한 금속 가운데 하나지만 쓰이기 시작한 이후 문자 그대로 독을 품은 살인자처럼 묘사돼왔다. 쉽게 구할 수 있었던 데다 마음대로 구부려서 모양을 만들 수 있다는 장점이 있었던 납은 로마 제국의 전설적인 상수도 시스템에서 완벽한 재료가 됐다. 로마의 납 세공장(plumbarii, 영어 단어 plumber는 여기서 나온 것으로, 납의 로마어는 plumbum이다)에서는 납을 재료로 수도관을 쉽게 만들어낼 수 있었다. 일반적으로 널리 알려진 것처럼 당시 로마인들이 납을 너무 많이 섭취해 로마 제국이 쇠퇴하고 결국 멸망하게 된 이유가 됐다

상품시장에 투자하라

는 이론과는 반대로 역사가들은 로마 제국의 위정자들도 납의 유독성에 대해 잘 알고 있었다는 사실을 보여주는 문서를 찾아냈다: "진흙으로 만든 수도관을 통해 식수를 공급 받는 게 훨씬 더 보편적이다. 납은 인체에 유해한 물질이라는 것을 발견했기 때문이다." 로마의 건축가 비트루비우스(기원전 90~기원전 20년)는 아우구스투스 황제가 재임 중일 때 쓰여진, 그리스 로마의 건축 및 건설 기술을 환상적으로 묘사한 그의 유명한 논문《데 아르키텍투라De Architectura》에서 이렇게 적었다. 최근 역사가들의 연구조사 결과에 따르면 당시 로마의 수도관은 석회암 성분의 물질로 내외관을 반질거리게 마무리지었고, 따라서 이런 관으로 수돗물이 너무나 빨리 흘렀기 때문에 식수가 납이 함유한 유독 성분에 오염되는 것을 어느 정도는 막을 수 있었다. 수돗물은 보다 안전하고, 또 더 좋은 물맛을 내기 위해 점토를 구워 만든 파이프를 통해 물탱크로 보내졌다. 로마의 저술가인 플리니는 납으로 만든 난로에서 "유독한" 연기가 나온다는 주장에 강력히 맞선 글을 썼고, 와인과 포도열매의 맛을 더 좋게 하기 위해 쓰인 발효시키지 않은 포도주스는 납으로 만든 큰 솥으로 끓였다. 어쨌든 납 성분을 너무 많이 섭취한 로마인은 병에 걸렸을 수 있다; 그러나 납 중독으로 인한 로마인 사망자가 정말로 많았다면 당시 저술가들은 틀림없이 이런 상황을 묘사한 글을 남겼을 것이다. 로마 제국은 모든 제국이 그러했듯이 쇠퇴했고 결국 멸망했다. 로마 제국이 그렇게 된 것은 너무 많은 영토를 지배했고, 너무 많은 군대를 너무 멀리까지 보냈으며, 너무 비싼 대가를 치러야 했던 어려운 군사 작전을 수행했기 때문일 것이다. 로마가 알려주는 역사적 가르침은 지금 100개 국 이상에 군대를 주둔시켜

놓고 있는 미국도 잘 새겨볼 필요가 있다.

로마 제국 멸망 후 몇 세기가 흐르면서 납의 유용성, 즉 잘 구부려지고, 유연하며, 조직이 치밀하고, 녹이 슬지도 않는다는 점 때문에 납의 유독성에 대한 기억은 저 멀리 사라져버렸다. 납은 유럽의 성당과 성곽 건축가들이 가장 선호하는 재료였다. 19세기 미국에서도 납은 도자기와 백랍 그릇, 놋쇠, 납틀 유리, 지하 납골당, 페인트, 파이프, 뱃전의 수위 표시선, 그리고 당연히 총탄에 쓰였다. 납은 또한 20세기에 일어난 전자 혁명, 통신 혁명, 자동화 기술 혁명에서 매우 중요한 촉매제 역할을 했다. 제 1차 세계대전이 끝난 뒤 납 사용은 크게 늘어났는데, 주로 전선을 감싸는 피복과 군사용으로 쓰였다. 자동차가 유행을 타게 되자 납에 대한 수요도 크게 늘어났다. SLI(시동-점화-연소) 납산 축전 배터리와 금속제 가스 탱크를 사용하기 시작했기 때문이다. 미국인들의 소득이 높아지면서 이들은 더 많은 자동차를 구입해 도로를 질주했고, 따라서 배터리도 더 많이 팔렸다. 엔진 효율성을 높이기 위해 휘발유에 납 중독을 일으킬 수 있는 성분이 추가되기도 했다. 납산 축전 배터리는 광업을 비롯한 각종 산업계에서는 물론 병원의 고정 전력 공급원으로, 또 통신 기기 및 컴퓨터 네트워크 내부에 널리 쓰였다. 1950년대와 1960년대 미국 경제는 크게 성장했고 인구는 급증했다. 이와 동시에 납으로 가득 찬 제품들의 수요도 함께 늘어났다.

납을 함유한 제품들이 건강과 환경에 미치는 영향이 다시 부각된 것은 불가피한 일이었다.(로마인들은 이미 2000여 년 전에 납이 "인체에 유해하다"고 경고했지만 말이다.) 수백 만 명의 어린이들이 주로 노후화된 도시 건물에 칠해져 있는 유연(有鉛) 페인트 조각들을 흡입하는 바람에 혈액 중 납 수치가 매우 높아진 것으로 드러났다; 이들 가운데 치명적인 경우는 뇌 손상을 입기도 했고, 사망하는 경우도 있었다. 1980년대에 정부의 관련 부처에서는 페인트와 휘발유, 군사용으로 납을 사용하지 못하도록 금지했다. 소송도 잇따랐다. 2002년에는 설립된 지 84년 된 리드 인더스트리 어소시에이션이 파산을 신청한 뒤 문을 닫았다. 이 회사가 지난 14년간 고소 당한 사건들에 대해 보상해줄 만한 충분한 보험조차 들 수 없다는 이유에서였다.

최근 몇 년 동안에는 페루와 아프리카의 연광(鉛鑛, 납 광산)과 납 제련소 인근 도시에서 잇단 납 중독 사건이 보도됐다. 호주의 대규모 납 제련소 두 곳의 인근에 살고 있는 수백 명의 주민들은 2000년 호주에서는 처음으로 산업 오염을 야기한 회사를 상대로 집단 소송을 제기했다. 2003년 잠비아에서는 한때 아프리카 최대의 연광 가운데 하나였던 광산 인근의 한 도시에 거주하는 어린이 중 절반이 납에 중독됐다는 보도가 나왔다. 이제 세계 어느 곳이든 납 제련소나 연광이 있거나, 새로 만들 계획이 있을 경우 환경 단체로부터 제기되는 법적 소송에 맞서야만 한다. 2004년 미국 소비자제품안전위원회는 자동판매기를 통해 전국적으로 팔려나간 1억5000만 개의 완구용 팔찌와 반지, 목걸이를 수거하라는 명령을 내렸다; 이들 완구용 귀금속이 납 성분을 위험할 정도로 함유하고 있는 것으로 밝혀졌기 때문이다.

납은 이처럼 더 이상 대중적인 사업 분야가 아니다. 어떤 요인보다 바로 이런 이유 때문에 납 가격은 올라갈 수밖에 없는 것이다. 납은 이미 고전적인 수요와 공급의 불균형 속으로 빠져들었다. 연광과 납 제련소의 생산량은 전세계적으로 해마다 줄어들고 있는데 수요는 늘어나고 있다. 납에 대한 수요가 증가하는 것은 주로 아시아, 특히 중국의 점점 더 많은 사람들이 자전거를 버리고 납산 배터리가 들어있는 오토바이와 자동차를 타려고 하기 때문이다.

공급

미국에서의 납 생산량은 지난 4년간 계속 감소했다. 미국 지질연구소의 통계에 따르면 2002년에 미국의 연광에서 채굴한 납 생산량은 44만 메트릭톤으로 6년만의 최저치를 기록했다. 2003년에도 납 생산량은 45만 메트릭톤에 불과했다. 지질연구소와 CRB 상품 연감을 보면 미국에서 채굴되는 납 생산량의 97%가 미주리 주에 있는 7곳의 광산에서 나온다는 사실을 알 수 있다. 나머지는 알래스카와 아이다호, 몬타나 주에서 생산된다. 2002년에는 폐기물에서 추출한 재생 납스크랩의 생산량이 광산에서 채굴한 양의 두 배에 달했다. 하지만 이렇게 납스크랩에서 추출한, 즉 2차 생산된 납의 양 역시 6년 만의 최저치인 106만 메트릭톤으로 감소했다. 지질연구소 발표에 따르면 2003년도에는 납스크랩에서 추출한 납 생산량이 110만 메트릭톤으로 전년도보다 약간 늘었다.(이 가운데 100만 메트릭톤은 다 쓴 배터리에서 추출한 것이다.)

전세계적으로 광산에서 채굴되는 납 생산량은 2001년에 4%, 2002년에 1.2% 각각 감소했다. 현재까지 지질연구소에서 구할 수 있는 가장 최신의 통계 수치다. 세계 최대의 납 생산국은 호주로 70만 메트릭톤을 연광에서 채굴하고 있는데, 2000년 이후 더 이상 생산량이 늘어나지 않고 있다. 세계 2위의 납 생산국은 중국으로 2002년에 60만 메트릭톤을 생산했다. 이 수치는 전년도보다 10% 줄어든 것이다. 미국이 3위 생산국으로 2003년에 45만 메트릭톤을 생산했지만 1999년 이후 꾸준히 생산량이 감소하고 있다. 이밖에 주요 납 생산국으로는 페루, 멕시코, 캐나다, 스웨덴 등이 있다. 호주 북서부의 퀸즈랜드에 있는 캐닝턴 광산은 세계 최대의 연광이자 은광이기도 하다. 세계 최대의 광산 기업 가운데 하나인 BHP 빌리턴이 소유하고 있는 캐닝턴 광산은 1997년 문을 열었는데, 최근 수십 년 동안 새로 문을 연 유일한 연광이며, 채굴 개시 후 꾸준히 생산량을 늘려왔다.

연광과 납스크랩에서 생산한 납을 제련소에서 최종 처리한 납 제품의 2002년도 생산량은 전년도보다 1.2% 감소했다. 제련한 납의 세계 최대 생산국은 미국으로 전세계 납 생산량의 21.6%를 차지하고, 중국과 독일이 20%, 6.1%로 각각 그 뒤를 잇고 있다. 미국 최대의 납 제련소는 세인트루이스에서 미시시피 강을 따라 30마일쯤 떨어진 미주리주 헤르쿨라네움에 있다. 세인트루이스에 본사를 둔 세계 최대의 납 1차 생산업체인 도 런 컴퍼니가 소유하고 있는 헤르쿨라네움 제련소는 문을 연 지 112년이나 됐다. 2002년에 주 정부가 헤르쿨라네움에 거주하는 주민 935명의 혈액 샘플을 조사한 결과 제련소 인근에 살고 있는 어린이 가운데 4분의 1이 혈액 중 납 농도가 높은 수준인 것으로 밝혀졌다. 미국 환경보호청은 결국 주로 6세 이하의 어린 자녀를 둔 100세대 정도를 이주시켰고, 오염 물질을 제거하는 작업을 벌이기도 했다. 도 런 컴퍼니는 미주리 주에 있는 바이버넘 제 28호 광산을 납을 생산하기 시작한 지 41년 만인 2004년에 폐쇄한다고 발표했다. 미국에는 현재 납을 1차 생산하는 제련소가 단 세 곳 남아있다: 앞서 소개한 도런 컴퍼니의 헤르쿨라네움 공장과 역시 미주리 주에 자리잡고 있는 뷰익 마인 앤드 밀의 제련소, 그리고 몬타나 주에 있는 또 하나의 제련소가 전부다. 가장 최근에 문을 연 납 제련소는 1969년부터 가동을 시작한 뷰익 마인 앤드 밀 제련소인데, 현재는 도런 컴퍼니가 인수한 상태다.

한마디로 납 공급량은 전세계적으로 감소하고 있다.

수요

세계 어디를 가나 환경 규제는 더욱 강화되고 있고, 이에 따라 기존의 납을 사용하던 제품들에서도 납이 사라지고 있다. 국제 납 아연 연구 기구가 2004년에 발표한 연구 보고서에 따르면 30년 전까지도 페인트의 15%는 납을 함유하고 있었다; 지금은 도로용 페인트와 같이 옥외에서 사용되는 페인트만 납을 함유하고 있다. 이 보고서는 또 "2006년까지는 휘발유에 납을 첨가하는 것도 완전히 사라질 것"이라고 예상하면서 "현재 아프리카와 동유럽 지역에서도 단계적으로 사용을 중지하고 있다"고 덧붙였다.

하지만 인류가 먼 옛날부터 줄곧 사용해왔던 이 금속은 SLI 자동차 배터리에 필수적으로 들어가야 하는 재료다. 이 시장은 이미 전세계 납 생산량의 70% 이상을 소비하고 있고, 앞으로도 계속 더 커나갈 것으로 보인다. 더구나 중국과 인도의 자동차 시장이 갈수록 커지고 있을 뿐만 아니라 대형 트럭의 숫자도 계속 늘어나고 있다. 앞서 석유 수

상품시장에 투자하라

요를 분석하면서 지적했듯이 1980년부터 2001년 사이 늘어난 석유 소비량 가운데 20%는 대형 트럭으로 인한 것이다. 대형 트럭들은 엄청난 석유만 집어삼키는 게 아니다; 대형 트럭이 달리려면 큼직한 납산 배터리도 필요하다. 더구나 관련 업계와 정부 기관, 그리고 1903년부터 납을 거래해온 런던 금속거래소(LME)에 따르면 납은 SLI 배터리 이외의 산업에서도 사용된다. 파워 포크리프트(무겁고 육중한 화물을 들어올리는 장치–옮긴이)와 공항의 착륙 장비, 광산 기기, 전력 회사에서 사용하는 전기 부하 장치 등에 납이 사용된다. 컴퓨터와 통신 네트워크에도 납이 쓰이고, 병원과 같이 전력이 끊어지면 안되는 곳에 깔려 있는 특별한 전력 시스템에도 납이 들어간다; 납은 또한 텔레비전과 비디오, 컴퓨터 모니터, X-레이 기계 등에서 나오는 인체에 유해한 광선을 차단하는 데도 쓰인다. 전체 납 생산량의 3%는 탄약을 만드는 데 사용되고, 유리와 도자기를 산화하는 데 3%, 금속 주물용으로 2%가 각각 쓰이고, 이밖에도 그렇게 양이 많지는 않지만 군사용으로, 또 전선 피복과 축받이용 금속, 이음매용 재료 등으로 사용된다. 그러나 미국 광물연구소에 따르면 2000년대 초 현재 미국에서 소비되고 있는 납의 88%는 어떤 형태로든 납산 축전 배터리에 들어가는 것이다.

미국과 유럽에서는 자동차용 배터리의 대체 수요가 앞으로 몇 년간은 감소할 것 같다. 배터리의 품질이 개선된 데다 서유럽 지역의 자동차 생산대수가 줄어들고 있기 때문이다. 그러나 동유럽과, 남미, 아시아 지역에서 늘어나고 있는 승용차와 트럭, 오토바이의 생산대수가 이런 수요 감소를 상쇄하고도 남을 것이다. 그리고 여기서도 중국이라는 요소가 결정적이다. 미국과 유럽의 자동차 제조업체들은 중국으로 진출하기 위한 교두보를 확보한 상태고, 중국 내 자동차 생산대수도 매년 증가하고 있다. 서구 자동차 업체들은. 중국의 소형 승용차 시장만 겨냥하고 있는 게 아니다. 고급 승용차 업체인 메르세데스와 BMW, 캐딜락 등도 모두 중국을 노리고 있다. 놀랄 만한 사실은 아니지만 2004년 현재 13억이 넘는 중국인들 가운데 단 4%만이 승용차를 보유하고 있다. 중국의 2003년도 승용차 생산량은 400만 대로 한 해 전보다 75만 대 늘었다. 중국의 향후 중산층 숫자는 차치하고라도 날고 늘어나고 있는 중국 부호들의 잠재적인 승용차 수요만으로도 서구 자동차 기업의 경영진들은 몸이 후끈 달아오를 지경이다. 그러나 이들이 지르는 행복한 비명도 세계적인 배터리 제조업자들을 따라갈 수 없다.

납을 생산하는 회사도 마찬가지다. 납 수요처 가운데 무궁무진한 잠재력을 갖고 있는 분야가 또 하나 있는데, 이 역시 중국과 연관된다. 텔레비전의 브라운관에는 납이 들어간다. 중국은 이미 세계 1위의 텔레비전 생산국이다. 국제 연 아연 연구기구의 특별 보고서에 따르면 중국 내 텔레비전 판매량은 해마다 20%씩 늘어나고 있다. 만약 디지털 텔레비전의 보급 증가로 인해 브라운관이 사라져버린다 해도 중국인들은 컴퓨터 모니터 화면을 들여다 볼 것이다. 컴퓨터 모니터에도 유해 광선 차단용으로 납이 사용된다.

납의 세계적인 수요는 이미 매우 높은 수준이고 계속 증가하고 있다.

가격

최근 몇 년 동안 납만큼 뜨겁게 달아올랐던 상품은 거의 없다. 다른 금속들과 마찬가지로 납 가격 역시 2000년부터 2003년 중반까지 오르내림을 반복하면서 꾸준히 상승 행진을 이어갔다. 2000년 초까지 메트릭톤 당 500달러였던 납 가격은 2003년 말 850달러 수준으로 70% 가까이 올랐다. 1979년 기록했던 사상 최고가인 메트릭톤 당 668달러를 가볍게 뛰어넘은 것이다.

그런데 그 시점부터 납 가격은 다른 금속 가격의 상승세와는 전혀 다른 모습을 보이기 시작했다. 공급은 줄고 수요는 늘어나다 보니 납이 희귀해진 것이다. 물론 이로 인해 이익이 급격히 줄어들게 된 전세계 배터리 제조업체들에게는 결코 좋은 소식일 수 없었다. 하지만 납 생산업자들은 물론 납을 거래하는 트레이더들에게는 더할 나위 없이 좋은 뉴스였다.

납 가격은 2004년 9월 메트릭톤 당 935달러를 기록했다. 현재 진행되고 있는 납시장의 강세장은 공급이 소진하고 있는 반면 수요는 늘어나고 있는 뚜렷한 불균형 상태로 인해 초래된 것이지만 1979년 당시 사상 최고치인 메트릭톤 당 668달러를 기록했을 때와 비교해보는 것도 상품시장을 이해하는 데 도움이 될 것이다. 1979년의 납 가격 급등은 수십 년 동안 이어졌던 인위적인 가격 통제로 인한 것이었다. 1990년대 초부터 1959년까지 납 가격은 파운드 당 4센트에서 12센트로 올랐다. 이 기간 중 납 가격은 제 2차 세계대전 직후의 경기 붐으로 잠시 파운드 당 18센트까지 뛰어올랐던 적이 있었을 뿐이다.(납 선물은

LME에서 거래되는데, 1계약의 단위는 25메트릭톤, 가격 단위는 메트릭톤 당 미국 달러로 이루어진다. 원래 납 선물의 가격은 파운드 당 센트 단위로 매겨졌으나 1993년부터 LME가 메트릭톤 당 달러로 거래하도록 했다. 다소 혼동이 될 수 있음에도 불구하고 내가 굳이 여기서 두 가지 단위로 납 가격을 표시한 것은 인위적인 가격 통제로 인한 부작용을 설명하고자 했기 때문이다.) 1959년부터 1973년까지 납 가격은 비교적 안정세를 유지했는데, 이는 두 가지 요인이 결정이었다: 1961년 미국 하원은 연 아연 광업 안정화 프로그램 법안을 통과시켰다. 이 법안은 납의 시장 가격이 파운드 당 14.5센트 아래로 떨어질 경우 "자격을 갖춘 납 채굴업자들"에게 차액을 보상하도록 하는 내용을 담고 있었다. 1960년대에 재미를 본 것은 히피들뿐만이 아니었다. 이런 말도 안되는 법안이 1969년까지 시행됐다. 그러나 1970년대 초에는 마치 최선의 정책처럼 여겨지는 정부의 구태의연한 가격 통제 정책의 일환으로 납 가격을 묶어버리는 조치가 나왔다. 납 가격이 파운드 당 14센트 수준을 넘지 못하게 한 것이다.

이 같은 인위적인 가격 통제는 앞서 금 가격에서도 그랬듯이 납 가격에도 결코 이로울 수 없었다. 마침내 1973년 12월 납 가격 통제가 해제되자 미국의 납 생산업자가 판매하는 가격은 그 후 6년 동안 수직 상승했다. 당시 세계 경제 전반이 호황도 아니었지만 납 가격은 1979년 12월 월간으로는 사상 최고치인 파운드 당 57~59센트를 기록했다.(1979년도 미국의 평균 납 가격은 파운드 당 52.8센트로 1978년의 34센트에 비해 50% 이상 올랐다. LME에서 거래되는 납 선물 가격 역시 1979년 내내 사상 최고치 수준을 유지해 평균 54.7센트를 기록했

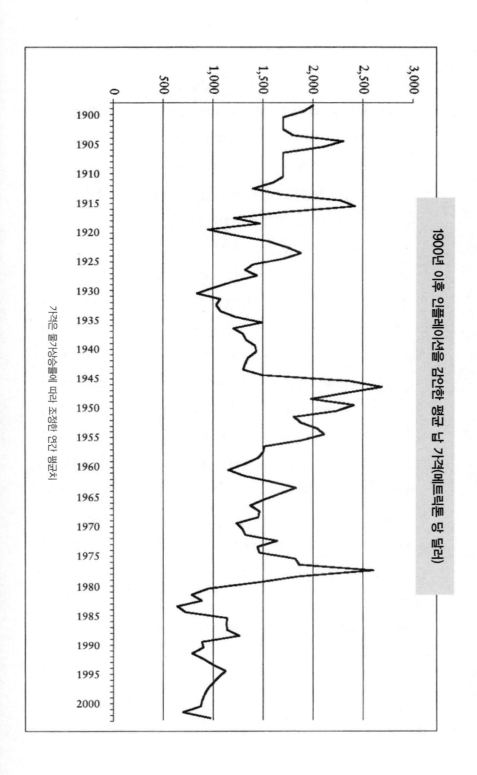

1900년 이후 인플레이션을 감안한 평균 납 가격(메트릭톤 당 달러)

가격은 물가상승률에 따라 조정한 연간 평균치

다.)

그러나 현재 전세계 시장에서 납 가격이 고공행진을 벌이고 있는 것은 수요가 증가하는 시기에 실제 공급량이 달리고 있는 데 따른 당연한 결과다. 만약 인플레이션을 감안한다면 수요 증가에 따라 납 가격은 추가로 더 상승할 여지가 충분히 있다. 미국 환경보호청과 환경보호주의자들이 활동하고 있는 현실에서 7곳 남은 미국의 연광에서 생산량을 더 늘릴 수 있을 것 같지는 않다. 납 제련소를 추가로 건설한다는 것은 상상하기도 어려운 일이다. 상품으로 먹고 사는 나라인 호주의 연광과 제련소 역시 갈수록 저항에 부딪치고 있다. 더구나 아일랜드 기업인 아이버니아 웨스트가 호주 서부에 있는 대규모 납 매장지를 개발할 것을 검토 중이며, 호주의 한 회사가 노던 테리토리에 있는 납 매장지의 경제성을 "재평가"하고 있다는 보도가 나오고 있지만 나는 이들 두 회사가 실제로 광산을 파기 시작하면 그 때 비로소 이런 뉴스를 믿을 수 있을 것이다. 미국 지질연구소가 최근 발표한 보고서에 따르면 캐나다와 스웨덴, 페루 등에서 납을 시추하는 작업이 진행될 것이라고 한다; 게다가 중국의 한 건설 회사는 파키스탄의 광업 회사와 함께 카라치 인근에 있는 납 아연 매장지를 개발 중이다. 비록 이 같은 노력이 모두 결실을 맺는다 하더라도–그럴 가능성은 매우 낮지만–이들이 땅 속에서 납을 캐내 최종 제련된 납 제품을 시장에 내놓기까지는 몇 년의 세월이 필요할 것이다.

어쨌든 그 때까지 기존의 납 광산은 계속 소진되어 갈 것이다.

상품시장에 투자하라

맺음말 : 납의 아이러니—상품의 교훈

납 관련 산업은 지난 20년 사이 가장 컸던 두 개의 시장, 즉 페인트와 휘발유 시장을 잃어버렸다. 그럼에도 불구하고 납 가격은 사상 최고치를 기록하고 있다. 납이야말로 수요가 감소하는 와중에도 엄청난 강세장이 올 수 있다는 것을 보여주는 완벽한 사례다. 여기서 얻을 수 있는 교훈은 분명하다: 수요가 감소하고, 심지어 경제성장률이 둔화된다 해도 반드시 약세장이 오는 것은 아니라는 점이다. 공급이 수요보다 더 빨리 줄어든다면 말이다.

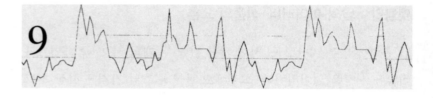

설탕-신고점을 찾아서

새로운 밀레니엄에는 상품시장과 중국이 뜨겁게 달아오를 것이라는 이야기를 내가 외롭게 떠들어대고 있을 때 언론에서조차 극도로 냉소적인 태도로 나를 대했다. 전세계 어느 나라의 기자나 앵커들 모두가 그랬다. 심지어 당연히 훨씬 많이 알고 있어야 할 경제 전문 언론매체에서도 내가 주식시장에서 "대박을 터뜨릴 종목"을 말하지 않고, 석유와 납, 설탕 등에 대해 말하면 눈살을 찌푸리거나 공격적인 대응을 하기도 했을 정도다. 나는 정말 이 같은 언론의 태도가 이상하게 여겨졌다. 이들이 나 같은 사람을 인터뷰하는 이유는 자신들이 모르는 것을 내가 알고 있을 것이라고 생각했기 때문일 것이다. 그런데 내가 이들

상품시장에 투자하라

에게 충분히 이해해서 쓸 수 있는 뉴스를 주었는데 갑자기 그것을 문제 삼는 것이다.

나는 가끔 이런 매체와 끈질기게 싸움을 벌인다. 한번은 파리에 있는 한 호텔에서 아침식사 시간 중에 인터뷰를 한 적이 있는데, 프랑스의 경제 전문 잡지에서 일하는 아주 쾌활한 성격의 여기자 한 명이 나에게 그녀와 같은 평범한 투자자라면 어디에 투자하는 게 좋은지 추천해 달라고 물어왔다. 이 여기자는 당시 달러화 가치가 추락하면서 유로화 가치가 급등하고 있는 것에 관해 대단한 관심을 보였다.(물론 프랑스인이니까 충분히 그럴 만했다!) 그런데 나는 테이블 위의 작은 그릇 안에 담겨 있는, 주사위처럼 포장지로 예쁘게 싸놓은 각설탕 한 개를 그녀에게 건네주었다. 이 여기자는 내가 혹시 돌아버린 게 아닌가 하는 눈빛으로 나를 쳐다봤다. 나는 그녀에게 이렇게 조언해주었다. "이걸 주머니에 넣어 집으로 가져가세요. 설탕 가격은 앞으로 10년 안에 5배 이상 오를 것입니다."

이 여기자는 크게 웃더니, 냉소적인 표정으로 내가 건네준 각설탕을 바라봤다. 나는 그녀에게 오늘 설탕 가격이 파운드 당 5.5센트며, 이렇게 싼 가격으로는 이 세상 누구도 설탕 사업에 관심을 갖지 않을 것이라고 말해주었다. 나는 또 지난번에 설탕 가격이 사상 최고치를 기록했을 때의 이야기를 들려주었다. 설탕 가격은 1966년 파운드 당 1.4센트하던 것이 1974년에는 66.5센트로 45배 이상이나 올랐다. 당시 설탕 가격이 천정부지로 치솟자 프랑스의 농촌 마을에서도 전부 사탕무를 심었을 정도다. 사탕무 농사 붐을 소재로 한 프랑스 영화 『르 수크레 Le Sucre(The Sugar)』가 제작된 것도 이 무렵이었다. 이 영화에서 교활한 투기꾼으로 나오는 프랑스의 인기 배우 제라드 드빠르디유는 순진한 세무공무원을 꼬드겨 그의 부인이 저축한 돈을 설탕 사업에 투자하도록 한다. 이 세무공무원은 큰돈을 벌게 되지만, 막상 이 돈을 손에 쥐어보기도 전에 설탕 가격이 폭락해 순식간에 전재산을 날려버린다. 영화와 마찬가지로 실제 세계에서도 사상 최고치를 기록한 뒤에 늘 이런 일이 벌어진다. 내 이야기를 듣자 이 여기자는 고개를 끄덕였다. "수요와 공급이라는 말이지요." 그녀는 이렇게 중얼거리면서 내가 건네준 각설탕을 주머니에 넣었다. 하지만 나는 이 여기자가 설탕에 돈을 투자하지는 않을 것이라는 생각이 들었다.

이 여기자뿐만 아니라 모두가 오랫동안 그랬다. 당연히 내가 주목하는 게 바로 이 점이다. 설탕 가격이 워낙 오랫동안 아주 낮게 유지되다 보니 1990년대와 2000년대 초까지 설탕 사업을 새로 시작한다는 것은 전세계적으로 최후의 선택이었다. 당신이 만약 브라질에서 농사를 짓고 있는 야심 있는 젊은 농부라면 (혹은 독일이나 호주, 태국과 같은 주요 설탕 생산국의 농부라면) 과연 파운드 당 5.5센트에 거래되는 설탕을 생산하겠는가? 같은 농산물인 콩은 2003년 말 6년만의 최고치인 부셀 당 8달러에 거래됐는데도 말이다. 심지어 국제 가격에 비해 두세 배 높은 가격을 책정해 설탕 생산 농가를 보호하고 있는 미국에서조차 지금 가장 생산성이 높은 농민들만 살아 남았을 정도다. 전미설탕연합회에 따르면 1996년 이후 미국 내 사탕무 가공처리 공장 가운데 3분의 1이 문을 닫았다. 그나마 미국과 유럽에 아직도 많은 설탕 생산 농가가 남아있는 것은 순전히 정부의 보조금 덕분이다. 하지만 이들 생산 농가 역시 언제 그만둘지 모른다.

지난 수십 년간 미국과 유럽연합(EU)에는 설탕을 포함한 농산물에 대한 보조금 지급을 폐지하라는 국제적인 압력이 거셌다. 미국에서는 매년 약 50억 달러, EU에서는 20억 달러의 돈이 보조금으로 지출되고, 미국과 유럽의 소비자들은 국제 설탕 가격보다 두세 배 비싼 설탕을 사먹어야 한다. 세계무역기구(WTO)는 2004년 EU가 설탕 경작 농가에 지급하는 보조금이 설탕의 과잉 생산을 초래하고, 국제 설탕 가격을 억지로 끌어내리는 작용을 한다는 최종 판결을 내렸다. EU는 물론 이 판결에 불복하고 항소하겠지만 어쨌든 설탕 산업에는 희소식이었다.

그러나 이보다 더욱 긍정적인 사실이 있다. 설탕 사업과 관련해서 최근 벌어지고 있는 일련의 사건들과 흐름을 보면 설탕 가격은 계속 올라갈 것이라는 점이다. 설탕은 지난번 상품시장의 강세장 당시 뜨거운 붐을 탔다. 1974년에는 사상 최고치를 기록했고, 1981년에도 재차 급등세를 보였다. 그리고 지금 나의 시각이 맞다면 우리는 또 한번의 장기적인 상품시장의 강세장에 들어서 있다. 설탕 가격도 다시 한번 높이 치솟을 것이다. 역사적으로 어느 시장이든 강세장이 진행되면 거의 모든 것이 오른다. 그것이 주식이든, 상품이든, 맨해튼의 아파트든 마찬가지다. 현재 국제 설탕 가격은 사상 최고치에 비해 85%나 낮은 상태고, 상승세를 탈 가능성은 매우 높다. 나처럼 과거에 설탕 가격이 치솟는 것을 지켜봤던 사람들에게는 그 때와 유사한 수요와 공급의 불균형이 형성되고 있으며, 이로 인해 앞으로 적어도 10년간은 설탕 가격이 상승할 것이라는 게 확실히 보인다. 설탕에 관한 이야기를 요약하자면 세 단어로 충분하다: 브라질, 중국, 석유.

변화하는 국제 설탕 시장

설탕 그릇에 담겨 있는 하얀 결정체는 고등학교 화학 수업시간에 배운 것처럼 유기 화학 복합 사카로즈($C_{12}H_{22}O_{11}$)다. 요즘은 고탄수화물 식품에 워낙 민감하다 보니 누구나 설탕이 칼로리가 높은 탄수화물 덩어리라는 사실을 잘 알고 있다. 설탕의 가장 큰 특징은 다른 당분, 즉 포도당이나 과당, 젖당, 우선당과 마찬가지로 단맛을 갖고 있는 것이다. 또 설탕이라고 하면 떠오르는 장면이 있다. 들판에서 큰칼을 휘두르며 사탕수수 줄기를 베느라 땀으로 범벅이 된 노동자들의 모습이다. 수천 년 전 뉴기니에서 처음 경작하기 시작했다고 전해지는 다년생 식물 사탕수수는 지금 세계적으로 북회귀선과 남회귀선(북위 23도27분과 남위 23도27분) 사이의 덥고 습한 지역에서 경작된다. 사탕수수는 줄기를 잘라내 갈가리 찢은 다음 짓이겨서 즙을 낸다. 그리고 수분을 증발시키는 과정을 거치면 설탕 결정체가 나오는 것이다.

많은 사람들이 잘 모르는 사실이지만 실은 사탕무가 더 많은 사카로즈를 함유하고 있다. 전세계 설탕 생산량의 25%가 사탕무에서 추출된다. 사탕무의 뿌리 부분에서 나오는 설탕은 정제하면 사탕수수에서 추출한 설탕과 똑같다. 봄에 씨앗을 뿌려 가을에 수확하는 단년생 식물인 사탕무는 사탕수수보다 추운 지역에서도 잘 자라 온대 지방에서도 경작할 수 있고, 강수량이 연중 일정한 지역에서 더 잘 자라며, 오랫동안 저장해도 잘 썩지 않는다. 사탕무는 미국과 유럽, 중국, 일본 등지에서 경작하는데, 사람 손으로 직접 수확하는 것보다 기계로 수확하기에 좋다는 장점을 갖고 있다. 수확한 사탕무를 깨끗이 씻어 높은 온도에서 찌면 즙이 나오는데, 사카로즈를 함유한 이 즙을 정제하면 순수한 설탕이 만들어진다. 2004년도 CRB 상품 연감에 따르면 설탕 생산의 주된 흐름은 아무래도 사탕수수다. 사탕수수는 다년생 식물로 장기간의 생산 주기를 갖고 있기 때문에 사탕무에 비해 설탕 가격 변동에 덜 민감하다는 이유에서다.

그러나 지난 20년간 세계 설탕 시장에서 일어난 가장 중요한 변화는 생산 중심지가 북반구에서 남반구로 이동했다는 점이다. 예전의 설탕 주생산국이었던 쿠바와 미국, EU의 자리를 브라질과 호주, 남아프리카공화국, 짐바브웨, 스와질랜드 같은 남반구 국가들이 차지했다. 과테말라의 설탕 생산량도 크게 늘었고, 아시아의 4개국, 즉 인도, 파키스탄, 태국, 중국의 설탕 생산량도 증가했다. 그러나 미국 농무부 산하 해외농업연구소(FAS)가 작성한 특별보고서 《세계 설탕 생산 구도의 변화Changes in the World Sugar Situation》에 따르면 지난 20년간 "남반구 지역에서의 설탕 생산과 설탕 무역의 주역은 단연 브라질이었으며, 나머지 나라들은 조연에 불과했다."

브라질은 세계적인 설탕 생산국으로 부상하기 이전에는 주로 국내 소비용으로, 그리고 휘발유 대신 자동차 연료로 쓸 수 있는 에탄올 생산을 위해 설탕을 생산했다. FAS의 보고서에 따르면 브라질 설탕 산업은 1999~2000년 시즌에 정부의 수출 규제가 풀리면서 "현대화와 저비용 생산"이 가능해졌다. 이 때부터 타의 추종을 불허하는 세계 최대의 설탕 생산국이 설탕을 수출하기 시작하자 순식간에 세계 최대의 설탕 수출국으로 올라섰다. 유가와 휘발유 가격은 쌌지만 브라질 헤알화의 통화 가치도 낮아 브라질이 설탕을 수출하는 것은 경제적으로 충분히 채산성이 맞았다. FAS 보고서에 따르면 헤알화의 낮은 통화 가치 덕분에 극동 지역으로 수출되는 브라질산 설탕의 가격 경쟁력이 높아졌다. 이에 따라 그 이전까지 인도네시아와 대만, 필리핀, 말레이시아를 제치고 극동 지역의 설탕 시장을 장악했던 호주산 설탕의 수출 경쟁력은 크게 떨어졌다. 2002~03년 시즌에 브라질은 세계 원당 수출액의 43%를 차지했으며, 이는 18년 전보다 두 배 이상 늘어난 것이다.

세계 설탕시장에는 또 하나의 중대한 변화가 임박해있다: 지난번 설탕시장의 강세장에서는 브라질의 비중이 크지 않았지만 다음 강세장에서는 브라질이 가히 폭발적인 영향력을 발휘할 것이라는 점이다.

과거의 설탕 가격 흐름-그 이유는?

상품 가격이 출렁이는 데는 대개 그럴만한 이유가 있게 마련이다. 기민하게 움직이는 상품 투자자들은 늘 과거의 가격 흐름을 꿰뚫고 있고, 잠재적인 수급 차질 요인과 펀더멘털의 변화, 그리고 설탕 가격에 영향을 미칠 수 있는 온갖 요인들을 분석하면서 앞으로의 가격 흐름이 어떻게 될 것인지 주시하고 있다. 앞서도 언급했지만 1966년부터 1974년까지 설탕 가격은 그야말로 폭등세를 연출해 파운드 당 1.4센트에서 66.5센트로 올랐다. 설탕 가격이 어떻게 45배 이상이나 상승할 수 있었을까?

설탕 생산량은 1972년 말까지 4시즌 연속해서 사상 최대치를 기록했다. 그러나 설탕 소비는 더욱 빠르게 늘어나 1972년에는 공급을 초과했다. 즉, 다음해로 이월될 재고 물량이 줄어들게 된 것이다.

1973~74년 설탕 시즌은 전세계적으로 설탕 공급이 아주 타이트한 상황으로 시작됐다; 수요도 계속해서 증가했다. 설탕을 대규모로 구매하는 일부 대형 제조업체에서 가격이 추가로 더 오를 것을 예상하고 사재기를 하고 있다는 증거도 잇달았다. 곧 많은 사람들이 설탕 가격 앙등에 대비해 집에다 설탕 부대를 쌓아두었다. 심지어는 레스토랑의 탁자 위에 놓인 각설탕을 가져다 집에서 쓰기도 했다. 저녁 식사에 초대 받은 손님들이 포도주나 꽃다발 대신에 5파운드짜리 설탕 한 부대를 가져가는 게 유행했던 것도 이 무렵이다. 설탕 선물시장의 움직임에 전혀 관심 없는 사람들조차 동네 커피숍에 들렀다가 탁자 위에서 설탕이 사라진 모습을 발견하고는 설탕 가격이 오르고 있다는 사실을 감지할 수 있었다. 이유는 아주 간단했다. 세계적인 설탕 소비량이 공급량을 초과했고, 설탕 가격은 그 순간부터 천정부지로 치솟은 것이었다.

설탕 가격이 오르자 모두들 그 원인을 제시하기에 바빴다. 설탕 트레이더들은 미국이 오랫동안 유지해왔던 설탕 가격 지원 정책이 1974년에 폐기되면 어떤 일이 벌어질지 판단할 수 없다고 말했다; 일부에서는 설탕 가격이 이처럼 치솟은 것은 "사탕수수를 수확할 값싼 노동력이 부족해졌기 때문"이라며 비난의 화살을 엉뚱한 데로 돌렸다; 또 다른 이들은 유럽의 사탕무 수확량이 줄어든 게 가장 큰 원인이라고 지적했다. 심지어는 2년 연속 사탕무 수확량이 줄어든 소련과 엄청난 "오일 달러"(1970년대의 오일 쇼크를 상기하라)를 벌어들인 아랍 국가들이 설탕 선물시장에 뛰어들었으며, 시장의 급등세를 틈탄 투기 세력이 늘어난 게 설탕 가격이 치솟은 중요한 이유라고 분석했다.

더욱 중요한 사실은 모든 미국인들이 태어날 때부터 설탕은 매우 싸다는 인식을 갖고 있다는 점이었다. 더구나 설탕을 대규모로 소비하는 식품업체와 청량음료 회사들은 한때 설탕의 대체재로 부각됐던 인공 감미료 치클로(cyclamate)를 사용하기 시작했고, 이는 설탕의 수요를 떨어뜨리는 결과를 가져왔지만 미국 식품의약국(FDA)에서 1969년 치클로가 암을 유발할 수 있다는 보고서와 함께 판매중단 조치를 내리자 다시 설탕을 쓸 수밖에 없었다. 인공 감미료를 사용했던 식음료 제조업체들은 그 후 몇 년 만에 전부 설탕시장으로 되돌아왔고, 이로 인해 설탕 수요는 급증했다.

미국의 설탕 소비량은 일반 소비자들마저 가격이 정말로 너무나 올랐다는 사실을 피부로 느끼기 시작한 1974년 9월까지 별로 줄어들지 않았다. 청량음료 가격은 인상됐고, 사탕의 크기는 작아졌다. 그러나 백악관에서 1975년 "대통령 특별담화"를 통해 미국 내 설탕 생산업자를 보호하기 위해 미국으로 설탕을 수출하는 나라들에게 일률적인 수입관세와 수출 쿼터를 부과한다는 대책을 내놓기 이전부터 설탕 가격은 떨어지기 시작했다.

그리고 다시 한번 시장을 움직이는 것은 정치적으로 중립적인 두 개의 경제적 요인, 즉 수요와 공급이라는 사실이 입증됐다. 설탕 가격이 비쌀 때 팔아 이익을 챙기기 위해 전세계적으로 너도나도 사탕수수와 사탕무를 경작했다. 이에 따라 1975~76년 시즌에 전세계 사탕수수와 사탕무 수확량은 사상 최대를 기록했다. 반면 전세계 설탕 소비자들은 가격이 너무 비싼 설탕을 가능한 한 멀리하려고 했고, 이로 인해 소비는 감소했다. 1976~77년 시즌에도 사탕수수와 사탕무 수확량은 사상 최대치를 경신했다.

1976년 12월부터 1977년 1월 사이 설탕 가격은 파운드 당 7~9센트 수준까지 떨어졌다. 당시 CRB 상품 연감에서는 이 같은 설탕 가격은 "사탕수수와 사탕무를 수출하는 일부 국가의 생산원가마저 밑도는 수준"이라고 지적했다. 뒤늦게 설탕 선물시장에 뛰어든 수많은 투기자들이 돈을 날렸다. 설탕이든 닷컴 주식이든 가격이 45배나 오른 시장에 함부로 덤벼들면 낭패를 볼 위험이 있다는 것을 다시 한번 입증해주는 사례였다. 수요와 공급이라는 힘은 이번에도 어김없이 신경질적인 발작을 일으켰다.

사탕수수와 사탕무의 전세계적인 수확량이 3년 연속 사상 최대치를 기록하면서 1978년의 평균 설탕 가격은 파운드 당 7.81센트를 유지했다. 다음 시즌에는 세계적으로 설탕 공급에 차질을 빚을 만한 몇 가지 요인들이 예상되고 있었다. 호주는 전년도에 세계적으로 설탕 공급이 넘쳐나자 생산량을 10% 줄이기로 했다. 필리핀에서는 대형 태풍의 영향으로 대규모 사탕수수 경작지가 큰 피해를 봤다. 또 유가가 하늘 높은 줄 모르고 치솟자 브라질 정부는 사탕수수 수확량의 3분의 1을 에탄올을 생산하는 데 쓰기로 결정했다.

1979~80년 시즌에는 사탕수수와 사탕무 수확량이 전년도보다 줄어들었다. 소련과 태국, 인도의 사탕수수와 사탕무 수확량은 평년 수준을 밑돌았다. 설탕 가격은 1979년과 1980년에 오름세로 돌아서 "미니붐"을 연출했다. 1981년에는 설탕 가격의 월별 평균치가 파운드 당 40달러를 돌파해 4년 전에 비해 500%나 상승하기도 했다. 추가 상승을 기대한 유럽의 생산 농가에서는 더 많은 사탕무를 심었다. 그러나 설

탕 가격은 오르는데 경제 성장세가 부진해지자 곧 설탕 소비량이 줄어들기 시작했고, 전세계의 주요 설탕 소비국에서는 설탕 수입을 억제하거나 소비를 떨어뜨릴 수 있는 조치를 취해나갔다. 어느새 설탕이 다시 넘쳐났고, 설탕 가격은 도로 하락하기 시작했다.

그리고 지금까지 이어져온 것이다. 그 후 20년간–상품시장 전반이 약세장이었다–설탕 공급량은 높은 수준을 유지했고, 설탕 가격은 저점 수준에서 횡보했다. 물론 약세장이었다고는 해도 가끔씩 반등이 나타나 가격이 단기적으로 올랐던 경우도 몇 차례 있었다. 설탕에 대한 인식도 점차 바뀌기 시작했다. 과거에는 세계를 살찌우고 경제적으로도 유익한 훌륭한 상품이라고 생각했지만 건강과 다이어트를 중시하면서 설탕은 가장 큰 적으로 간주됐다; 설탕을 먹으면 비만의 위험이 높아지고, 아이들이 잘 흥분하고, 이빨이 썩는다는 연구보고서가 잇달았다. 한편 세계 각국의 화학자들은 발암 위험이 없는 설탕의 대체재를 찾아 나섰다. 1981년 FDA는 인공 감미료인 아스파탐(aspartame)을 승인했다. 이 새로운 감미료는 빠른 속도로 설탕을 대체해 과자와 케이크, 스낵류 등에 사용됐다. 몸무게에 예민한 많은 사람들이 커피를 마시거나 시리얼을 먹을 때 "뉴트라스위트(NewtraSweet)" "로-칼(Lo-Cal)" 같은 상표를 붙인 아스파탐을 넣었다. 설탕을 적게 넣은 다이어트 콜라도 인기를 끌었다. 또 사용량에서는 설탕에 훨씬 못 미쳤지만 1983년부터 메이저급 청량음료 업체들이 단맛을 내는 데 수백 만 톤의 고과당 옥수수 시럽을 쓰기 시작했다. 설탕에는 좋지 않은 뉴스였다.(그러나 옥수수에는 좋은 뉴스였다. 한 가지 상품에 대해 깊이 조사해보면 다른 상품으로 큰돈을 벌 수 있는 가

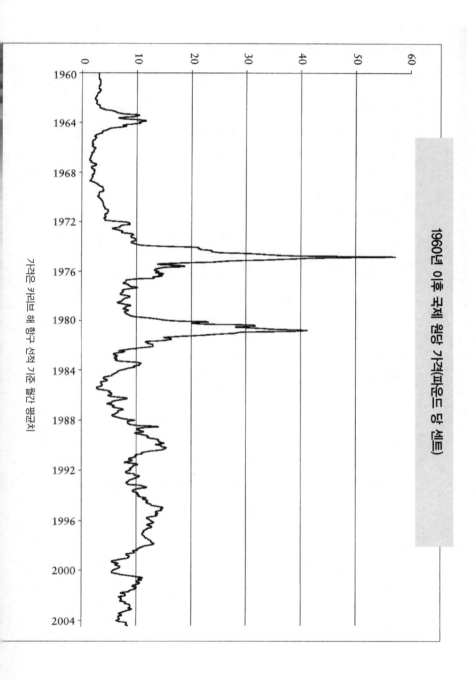

1960년 이후 국제 철강 가격(파운드 당 센트)

가격은 카리브 해 항구 선적 기준 월간 평균치

능성을 발견할 수 있다는 대표적인 사례다.)

설탕 가격은 1985년까지 계속 하락세를 이어가 파운드 당 2.5센트로 떨어졌다. 아무도 설탕 사업에 새로 뛰어들려고 하지 않았다. 뉴욕 상품거래소(NYBOT)의 설탕거래소 회원들조차 회원 자격을 싼값에 팔아치워 버렸을 정도다. 나도 그 때 거래소 회원 자격을 아주 싸게 매입했는데, 설탕거래소에서 매일 거래할 입장은 아니었으므로 다른 사람에게 회원 자격을 임대해주었다. 나중에 설탕 가격이 상당히 오른 뒤에 나는 약간의 이익을 남기고 회원 자격을 팔았다. 상품 가격의 상승세를 이용해 돈을 벌 수 있는 방법을 한 가지 더 알려준 셈이다.

설탕 가격은 1985년 이후 19년간이나 약세를 벗어나지 못했다. 그리고 내가 프랑스의 여기자에게 설탕 사업으로 대부호가 될 수 있다고 가르쳐준 2004년 초까지도 약세장은 계속됐다. 전세계 원당 생산량은 2002~03년 시즌에 사상 최대치를 기록했고, 다음 시즌에도 생산량은 그대로 유지됐다. 브라질의 설탕 수출량도 사상 최대 수준이었다. 프랑스 여기자가 회의적인 반응을 보일 만도 했다: 당시 설탕 가격은 파운드 당 5.5센트였지만 이 정도 가격은 38년 전에 기록했던 역사적 저점인 1.4센트나 1985년의 저점인 2.5센트와 비교할 때 별로 차이가 없는 것이었다. 사실 대부분의 시장 예측론자들은 "설탕 가격은 당분간 계속적인 하락 압력을 받을 가능성이 높다"(호주 뉴질랜드 뱅킹 그룹에서 2003년 말에 발표한 보고서에 나와있는 문장이다)고 말했다.

그런데 이로부터 불과 몇 달밖에 지나지 않은 시점에 왜 내가 다른 사람에게 설탕을 사라고 확신에 찬 어조로 이야기했던 것일까? 수요와 공급 때문이다. 이를 좀 더 쉽게 표현하자면 브라질, 단맛을 좋아하

　　　　　　　　　　　　　　　상품시장에 투자하라

는 아시아인의 증가, 유가 상승 때문이라고 말할 수 있다. 물론 나는 상품시장의 강세장이 이미 진행 중이라는 사실을 강력하게 신봉하는 사람이다. 또 내가 이미 지적했듯이 과거의 상품시장 흐름을 돌아보면 강세장에서는 거의 모든 상품이 새로운 역사적 신고가를 기록했다. 설탕이라고 그렇게 되지 않을 이유가 무엇이겠는가? (발빠른 투자자라면 이런 질문도 필요 없겠지만) 이에 대한 가장 근사한 답을 찾기 위해서는 우선 전세계 설탕시장의 수요와 공급에 영향을 미치고 있는 최근의 사건들과 흐름을 살펴봐야 한다.

공급

설탕시장의 공급 추이를 논의하려면 결국 "브라질"을 이야기할 수밖에 없고, 사실상 브라질이 전부나 마찬가지다.(브라질은 또한 "설탕의 수요는 어떤가?"에 대한 답을 구할 때도 매우 중요하다. 이 부분은 잠시 뒤에 설명할 것이다.) 브라질은 설탕시장에서 영리하게 행동하는 법을 잘 알고 있다. 따라서 설탕 투기자라면 브라질이 어떻게 행동하는지 반드시 파악하고 있어야 한다. 1992년 당시 브라질의 세계 설탕시장 점유율은 8.4%에 불과했다; 〈배런스〉에 정기적으로 실리는 "상품 코너(Commodities Corner)" 칼럼의 설탕시장 보고에 따르면 2004년 현재 브라질의 시장 점유율은 31%에 달한다. 1986~87년 시즌부터 2002~03년 시즌까지 세계 설탕 생산량은 3540만 메트릭톤 늘었다. 해마다 220만 톤, 즉 연평균 2.1%씩 증가한 셈이다. 이 같은 생산 증가량의 대부분은 브라질에서 나왔다. FAS가 작성한 특별보고서 《세계 설탕 생산 구도의 변화》에 따르면 1984~2003년 사이 브라질의 설탕 생산량은 144%나 늘었고, 이 같은 생산 증가의 대부분은 1993~94년 시즌 이후에 이루어졌다.

세계 최대의 원당 생산국이자 수출국인 브라질은 세계 시장에 설탕이 넘쳐 나면 가격은 떨어지고, 결국 국내 설탕 생산업자들의 저장비와 운송비 부담까지 가중돼 타격이 무척 크다는 점을 잘 알고 있다. 브라질 정부는 이를 막기 위해 아주 영리한 해결책을 고안했다: 에탄올을 생산하는 데 더 많은 사탕수수를 투입하는 간단한 방법이다. 상품 시장의 약세장이 지속됐던 1980년대와 1990년대 내내 설탕 가격은 장기적으로 가끔씩 나타나는 일시적인 반등을 제외하고는 파운드 당 5~8센트 범위에서 움직였다. 미국 농무부 산하 경제조사국에 따르면 브라질은 매년 사탕수수 수확량의 65%를 에탄올을 생산하는 데 투입하고 나머지만 설탕 생산에 쓰고 있다.

브라질은 손실이 손실을 낳는 악순환 구조를 이익이 이익을 낳는 선순환 구조로 바꾸어 놓았다. 그러나 이렇게 해도 불가피한 일이 벌어질 수 있다: 1998년과 1999년에 에탄올 재고가 너무 늘어난 것이다. 오랫동안 저유가 시대가 이어지자 브라질 운전자들은 휘발유 대신 가소홀을 사서 쓸 필요가 없었다. 브라질 설탕 산업은 그러나 이런 상황에 빠르게 적응해나갔다. 브라질 정부는 에탄올 생산 및 유통 분야에 대한 규제를 풀어 사탕수수 생산업자들이 직접 에탄올 공급회사를 설립해 운영할 수 있도록 했다. 또 국내 에탄올 시장을 일원화하고 안정시키기 위해 브라질리안 알코올거래소를 개장했다.(브라질 정부는 현재 휘발유에 섞는 에탄올의 비율을 규제함으로써 설탕 산업에 대한 영향

상품시장에 투자하라

력은 여전히 유지하고 있다.)

이에따라 브라질산 사탕수수로 에탄올과 설탕을 생산하는 비율은 각각 50대 50 수준으로 바뀌어 브라질의 설탕 공급량과 잠재적인 수출 물량도 늘어났다. 이즈음 브라질의 경제 상황이 악화된 것도 설탕 수출 물량이 증가한 한 요인으로 작용했다. 브라질 정부는 경기 부양을 위한 조치로 1999년 4월 이미 시장에 소문이 무성하던 헤알화의 평가절하를 단행해 헤알화 가치를 한꺼번에 3분의 1이나 떨어뜨렸다. 평가절하 조치에 힘입어 브라질산 설탕은 아시아 지역처럼 멀리 떨어진 시장에서도 가격 경쟁력이 높아질 수 있었고, 수출업자들은 가능한 한 해외로 수출해 외화를 벌어들이려고 했다. 왜냐하면 국내에서 에탄올을 팔아봐야 가치가 떨어지고 있는 헤알화를 받을 수밖에 없기 때문이었다. 브라질의 사탕수수 생산량은 2002~03년 시즌에 사상 최대치를 기록했고, 2003~04년 시즌에도 비슷한 수준을 유지해 수출할 수 있는 물량은 엄청나게 많았다. 이 기간 중 호주와 중국, 인도, 멕시코, 태국, 미국의 사탕수수 및 사탕무 생산량도 양호한 날씨 덕분에 상당히 큰 폭으로 늘어났다.

따라서 설탕 가격이 상승하기에는 어려운 상황이었다; 1998년부터 2003년까지 설탕의 평균 가격은 파운드 당 8센트에 불과했다. 이 같은 가격은 사상 최고치에 비해 85%나 낮은 것이고, 전세계 설탕 생산량도 넘쳐 나고 있었으므로 투자자와 애널리스트들 가운데 누구도 설탕 시장을 유망하다고 생각하지 않았다. 그러나 이런 상황이 계속되던 2004년에 아주 재미있는 일이 벌어졌다: 국제 유가가 사상 최고치를 경신한 것이다. 더욱 주목할 만한 사실은 유가가 사상 최고치를 기록한 시점에 중국은 더 많은 설탕을 수입하기로 했다는 점이다.

수요

전세계 설탕 소비량은 지난 10년 동안 꾸준히 증가해왔다. 사실 2000~01년 시즌과 2001~02년 시즌 모두 설탕 수요가 공급과 거의 맞먹을 정도였다.(FAS에 따르면 2000~01년 시즌의 세계 설탕 생산량은 1억3049만5000메트릭톤이었고, 세계 설탕 소비량은 1억3016만4000메트릭톤이었다. 또 2001~02년 시즌의 생산량은 1억3488만8000메트릭톤, 소비량은 1억3479만 메트릭톤이었다.) 설탕 수요는 다음해에도 늘어나 만약 그 해 세계 사탕수수 및 사탕무 수확량이 사상 최대치를 기록하지 않았더라면 수요가 공급을 앞질렀을지도 모른다. 그러나 결정적으로 2003~04년 시즌이 끝났을 때 세계 설탕 재고량은 6.9%나 줄어들었다. 〈배런스〉의 "상품 코너" 칼럼은 "2004~05년 시즌에는 세계 설탕 수요가 생산량을 추월할 것"이라고 전했다. 이 같은 예측은 프랑스의 한 증권회사가 내놓은 보고서에 기초한 것이었는데, 이 보고서에서는 2004~05년 시즌의 공급량은 1억4420만 메트릭톤에 그치는 반면 소비량은 1억4760만 메트릭톤에 달할 것이라고 전망했다.

나는 상품 산업에 대한 "예측"을 참고할 때는 이 경우처럼 백 만 단위 미만의 뒷자리까지 정확히 끊어지는 숫자를 선호한다. 상품 정보를 취합하는 연구원들 가운데 일부는 갓 대학교를 졸업한 친구들도 있는데 이들이 설탕 공급량을 예측하는 것을 보면 대개 몇 백 만 단위에서 끊어진다. 그런데 위에서 인용한 프랑스 증권회사의 분석 보고서에서는 인도의 가뭄과 해충 피해로 인해 인도의 사탕수수 수확량이 예년보다 줄어들 것이며 결국 인도가 설탕을 수입하게 될 것이라고 지적했다. 인도는 세계 최대의 설탕 소비국이지만 통상 자급자족을 해왔다. 또한 인도는 사탕수수에서 추출하는 에탄올 생산을 늘려가고 있다. 그러나 인도의 이 같은 상황을 무시하더라도 앞으로 몇 년 안에 기상 조건으로 인해 설탕 수확이 큰 피해를 입을 수 있고─설탕 산업의 역사를 보면 심각한 가뭄은 수없이 발생했다─그러면 전세계 설탕 생산량은 줄어들 것이며, 재고는 추가로 더욱 고갈될 것이고, 수요가 공급을 크게 웃돌게 될 것이다.

게다가 여기에도 "차이나 이펙트(China effect)"가 어김없이 끼어 든다. 최근 몇 년 동안 중국은 "설탕을 자급자족할 수 있는" 계획을 열심히 추진해왔다. 그러나 실은 2000년대 초 이후 중국의 설탕 수입량은 갈수록 늘어나고 있다. 중국 정부는 2003년에 67만2000메트릭톤의 설탕을 수입했고, 2004년에는 120만 메트릭톤 이상을 수입할 것이라고 발표했다.(이것은 중국설탕협회의 공식 통계 수치이고, 2004년도 CRB 상품 연감에 따르면 중국은 2003년에 60만 메트릭톤의 설탕을 수입한 것으로 집계됐다.) 이처럼 중국의 설탕 수입량이 늘어나는 이유는 무엇인가? 중국의 관영 영자지인 〈차이나데일리China Daily〉는 중국 내 설탕 산업을 감독하는 중국설탕협회의 자오녠민 총서기의 말을 인용해 이렇게 보도했다: "설탕 수입이 앞으로 크게 늘어날 수밖에 없는 가장 중요한 이유는 국내 설탕 공급량 추정치가 시장 수요에 훨씬 못 미치기 때문이다." 그는 2002~03년 시즌에 비해 중국 내 사탕무의 수확량이 50%나 감소했고, 남부 지방의 가뭄으로 인해 사탕수수의 수확량도 크게 줄어들어 설탕 수요와 공급의 격차가 150만 톤으로 벌어졌으며, 이는 결국 외국으로부터의 수입으로 메울 수밖에 없다고 말했다.

중국의 설탕 수요 증가는 설탕 투기자에게 매우 좋은 뉴스다. 중국은 이미 세계 3위의 설탕 생산국이자 소비국이다. 점점 더 많은 중국인들이 단맛을 즐기고 있고, 이것은 설탕 수요의 증가와 더 많은 설탕의 수입을 의미한다. 중국의 1인 당 설탕 소비량은 연간 약 7킬로그램으로 아주 적은 편이고, 오랫동안 거의 변하지 않았다.(세계적으로 권장되는 1인 당 설탕 섭취량은 연간 25~30킬로그램이며, 미국의 1인 당 소비량은 연간 45.3킬로그램이다.)

13억이 넘는 중국 인구가 설탕을 조금씩만 더 먹는다면 중국 시장에 눈독을 들이고 있는 세계 각국의 설탕 수출업자들은 그야말로 환호성을 지를 것이다. 물론 중국인들의 입맛은 전통적으로 설탕이 많이 들어가는 음식을 좋아하지 않는다. 그러나 아시아 지역을 포함해 전세계적으로 공통적으로 나타나는 현상은 그 나라의 고유한 문화와 관계없이 부유해질수록 설탕 소비는 늘어난다는 것이다. 빠르게 성장하고 있는 중국의 중산층이 청량음료와 사탕, 케이크, 과자류를 무조건 멀리 하지는 않을 것이다. 중국설탕협회가 발표한 통계를 보면 이 같은 이론을 입증해준다: 중국의 2004년도 설탕 소비량은 1100만 메트릭톤에 달할 것으로 전망된다.(미국의 2003년도 설탕 소비량은 900만 메트릭톤을 약간 넘는 수준이었다.)

설탕 수요를 늘릴 것으로 보이는 요인이 한 가지 더 있다: 유가다. 정부 관료나 경제학자들의 경우 온갖 제품의 가격이 오르는 이유를 전부 "높은 유가 때문"이라고 둘러대는 것을 가끔 발견한다. 그런데 설탕 가격의 경우에는 이들이 제대로 짚은 것일 수 있다. 지난번 "오일 쇼크"가 엄습했던 1970년대에 브라질에서는 국내 사탕수수 생산량의 3분의 1을 에탄올을 만드는 데 투입해 휘발유 대신 사용했다. 이로 인해 설탕 가격의 상승세를 더욱 가속화하는 결과를 낳았다. 2000년대 들어 브라질의 사탕수수 생산량은 당시보다 훨씬 많아졌다. 브라질은 이제 설탕시장의 강세장을 만들어낼 수도 있고 주저앉힐 수도 있는 막강한 영향력을 갖게 됐다. 브라질이 얼마나 많은 설탕을 외국으로 수출할 것인지, 혹은 얼마나 많은 사탕수수를 자동차 연료로 쓸 것인지 결정하는 데 따라 세계 설탕시장의 흐름이 좌우될 것이다.

유가가 사상 최고치를 기록하는 마당에 브라질은 선택의 여지가 없다. 가소홀의 가격이 휘발유보다 40%나 낮아지자 브라질 운전자들은 갑자기 연료 가격에 민감해졌다. 상파울루 사탕수수산업연합(UNICA)은 폴크스바겐, 피아트, 제네럴 모터스(GM) 등이 2005년에 브라질에서 제조할 자동차의 60%가 에탄올을 연료로 사용할 것이며, 2004~05년 시즌에 생산된 사탕수수의 50%가 에탄올을 생산하는 데 투입될 것으로 전망했다. 브라질 정부 역시 휘발유에 혼합할 수 있는 에탄올의 비율을 늘리겠다고 발표했다.

자동차 연료로 쓰이는 사탕수수가 더 많아질수록 브라질이 수출할 설탕은 더 적어진다. 사실 브라질 설탕 업계는 지금 에탄올 수출에서 성장 기회를 찾고 있다. 브라질은 이미 카리브해의 여러 나라에 에탄올을 수출하고 있는데, 이들 나라는 수입한 에탄올을 다시 증류해 낮은 관세율로 미국에 수출하고 있다. 스웨덴 역시 브라질산 에탄올을 수입하고 있다. 한 보고서에 따르면 브라질은 2002년에 1억7000만 달러 상당의 에탄올을 수출했는데, 이 가운데 절반 이상이 한국과 일본, 미국으로 수출된 것이다.(미국 역시 에탄올을 생산하고 있지만 거의 대부분이 옥수수에서 추출한 것이다.) 또한 온실가스 감축을 위한 교토의정서가 2012년 발효되면 교토의정서 서명국인 일본은 에탄올 사용을 크게 늘릴 것이다. 게다가 중국은 또 어떤가? 중국인들도 옥수수를 원료로 에탄올을 생산하고 있다. 그러나 옥수수는 중국인들의 육류 소비가 늘어나면서 필요한 가축 사료용으로 수요가 빠르게 증가하고 있다. 〈배런스〉의 "상품 코너" 칼럼에 따르면 UNICA의 최고 책임자가 이미 중국을 방문해 중국에서 새로 제조되는 자동차의 연료로 브라질산 에탄올을 쓰는 문제를 협의했다고 한다.

여기에는 무엇보다 단순한 사실이 숨어있다: 설탕 가격은 현재 사상 최고치에 비해 85%나 낮은 수준이지만 유가는 사상 최고치를 기록하고 있다. 과연 값싼 설탕을 그대로 팔 것인가, 아니면 이것을 가소홀로 바꿔 고유가 시대가 주는 이익을 취할 것인가? 답은 분명하다. 시장에 나오는 설탕의 공급량이 줄어들 것이다. 브라질과 중국, 석유시장의 새로운 흐름과 여러 뉴스들이 나로 하여금 프랑스 여기자의 손에 각설탕을 쥐어주도록 만든 것이다. 그렇다고 해서 설탕 가격이 1974년에 기록했던 사상 최고치나 1981년에 기록한 직전 고점으로 돌아갈 것이라고 이야기하는 것은 아니다. 반대로 설탕 가격이 절대로 그 정도 수준까지 오르지 않을 것이라는 얘기도 아니다. 앞서 수 차례 지적했지만(그러나 반복할 필요가 있다) 강세장의 역사를 돌아보면 오랜 기간 지속되는 장기적인 강세장이 진행중일 때는 거의 모든 것이 사상 최고치를 경신한다. 상품시장의 지난번 강세장에서도 설탕 가격은 그렇게 됐다. 하지만 이 책의 목적은 무엇을 사라고 솔깃한 정보를 알려주려는 게 아니다. 상품시장에 대해 어떻게 생각할 것인지를 알려주려는 게 이 책의 목적이다. 지난 수십 년간의 큰 그림을 살펴보고, 상품시장이 지나온 역사(특히 강세장과 약세장)를 항상 염두에 두고, 각종 뉴스에 관심을 가져야 한다. 바로 이런 방식으로 나는 상품시장에 투자해왔고, 어디에 투자하든 마찬가지였다.

예를 들어보자. WTO는 EU의 설탕 보조금을 철폐하기 위해 여러 조치들을 취하고 있다. 이와 관련된 뉴스는 절대 무시할 수 없는 정보다. EU가 세계 무역 질서를 위반할 정도로 많은 보조금을 설탕 생산업자들에게 지급하고 있으며, 이로 인해 설탕시장이 왜곡되고 설탕 가격이 인위적으로 낮은 수준으로 유지되고 있다고 소송을 제기한 나라는 브라질이다. 물론 EU 회원국 내 설탕 생산업자들은 반발할 것이다. 그러나 이런 보조금을 철폐하는 것은 옳은 일일 뿐만 아니라-브라질은 EU의 보조금 정책으로 인해 5억~7억 달러의 수출 손실을 입고 있다고 주장한다. EU에게도 경제적으로 이익이다. EU는 한 해 20억 달러의 보조금을 절약할 수 있고, 유럽 소비자들은 세계 설탕 가격보다 2~3배나 비싼 값을 주고 설탕을 사먹지 않아도 된다.

물론 보조금 지급이 철폐되면 6만 가구에 이르는 유럽 내 사탕무 생산 농가는 대부분 일자리를 잃어버릴 수도 있다. 그러나 어쩌면 그것 역시 괜찮은 일일지도 모른다는 게 내 생각이다. 사실 WTO에서 다툼을 벌이고, 소송을 제기 당하지 않으려면 이런 해결책을 쓰라고 권하고 싶다. 미국 정부는 현재 5000가구 남짓한 미국의 사탕무 생산 농가에게 한 해 50억 달러의 보조금을 지급하고 있다.(생산 농가 당 대략 100만 달러에 이른다.) 나는 많은 사람들을 상대로 강연하면서 말도 되지 않는 경제 정책을 예로 들 때 이 보조금 정책을 소개한다. 차라리 내 이름을 붙인 가상의 "로저스 플랜"이 더 낫다. 사탕무 생산농가에게 다시는 사탕무를 경작하지 않는 것을 조건으로 평생동안 매년 10만 달러를 지급하고, 해변의 콘도미니엄과 최고급 포르쉐 승용차를 사주는 것이다. 50억 달러면 충분할 것이다. 그리고 나처럼 평범한 미국인들이 부담해야 하는 사탕무 생산 농가에 대한 보조금은 영원히 사라질 것이다.

물론 이런 일은 벌어지지 않을 것이다. 그러나 WTO의 해결 방식에는 환호를 보낸다. EU의 보조금을 철폐하라는 WTO의 판결은 진정으로 자유로운 설탕시장(다른 모든 상품시장도 마찬가지다)을 향한 중요한 진전이다. 이로 인해 선진국들은 사탕수수와 사탕무 생산을 줄이고 수입을 늘려야 할 것이다. 이것은 라틴아메리카의 가난한 농민들이 더 많은 설탕을 팔아 생활 수준을 높이고, 또 다른 농산물도 부유한 나라들에게 수출할 수 있는 기회를 열어줄 것이다. 브라질에서는 EU의 보조금이 철폐되면 국제 설탕 가격이 약 20% 정도 오를 것으로 추정하고 있다. 내가 읽은 학계의 한 논문에 따르면 "만약 세계 설탕 시장에서 생산 및 소비를 왜곡시키는 각종 보조금 정책과 무역 장벽을 제거한다면" 설탕 가격은 2012년까지 47% 오를 것이라고 전망했다.(소비자 입장에서는 47%나 상승한다는 게 두렵게 느껴질지도 모르겠지만 이것은 국제 설탕 가격이 오른다는 말이다. 미국과 유럽의 소비자들은 현재 말도 되지 않는 보호주의 정책의 결과로 인해 비싼 값

상품시장에 투자하라

을 지불하고 있는 설탕을 지금의 절반 가격으로 살 수 있을 것이다.)

그렇다고 내가 숨이 멎을 지경이라는 말은 아니다. 하지만 상품시장의 강세장이 지속되는 와중에 우리 투기 자본가들이 매우 뛰어난 투자 실적을 올리면서, 동시에 라틴 아메리카의 가난한 농민들과 선진국의 소비자들을 위해 좋은 일을 할 수 있다는 것을 생각하면 무척 멋진 일임에는 틀림없다. 어쨌든 상품시장에 관심을 갖고 있다면 설탕시장을 좌우하는 세 자매, 즉 브라질과 중국, 유가가 세계 설탕시장의 펀더멘털을 어떻게 다시 짤 것인지 하나도 빠짐없이 주시해야만 할 것이다.

커피는 위로 향할 수 있을까?

나는 에스프레소 더블을 누구보다 즐긴다. 바쁜 하루 일과를 보내기에 앞서 꼭 커피를 마시는 직장인들만큼이나 나의 커피 사랑은 깊다. 하지만 스타벅스를 자주 찾는 사람들이 하는 말을 들으면 적잖이 놀라곤 한다. 지난 15년간 미국의 주요 도시에서는 물론 전세계적으로 스타벅스를 비롯한 여러 종류의 커피 전문점들이 새로 문을 열었다. 이곳에서 3달러 정도를 내고 카페인이 없거나, 카페인이 절반인, 혹은 무가당 라떼를 마시는 사람들이 하는 불평은 "커피 값이 너무 비싸다"는 것이다. 실은 2000년대 초의 커피 가격은 지난 수십 년 동안 보지 못했던 가장 낮은 수준이다.

　　　　　　　　　　　상품시장에 투자하라

특히 세계적으로 커피 선물을 거래하는 상품거래소 현장에서는 더욱 그렇다.* 미국은 지구상에서 어느 나라보다 많은 커피를 소비하고 있다. 하지만 그냥 아무 커피나 한 잔씩 마시는 사람이든, 아니면 전문 식료품점에서 커피 원두의 향기를 맡아보는 사람이든 관계없이 커피를 마시는 미국인들 누구도 커피가 석유나 구리, 설탕처럼 전세계적으로 거래되는 상품이라는 사실을 잘 모르고 있을 것이다. 사실 커피는 이미 거래대금 규모로는 원유에 이어 세계적으로 두 번째로 중요한 상품의 반열에 올라섰다.

그러나 커피 생산 농가의 입장에서 보자면 커피 사업은 수십 년째 참담한 지경을 벗어나지 못하고 있다. 세계 커피시장의 현황을 조사해보면 제목부터 "위기"라는 단어로 시작하는 보고서를 수없이 발견할 수 있다. 상품연구소(CRB)의 과거 통계수치를 보면 2001년과 2002년 초의 커피 가격은 1970년대 이후 최저치를 기록했다. 2001년 12월에는 커피 선물 가격이 사상 최저 수준인 파운드 당 41.50센트를 기록하기도 했다. 그 무렵 현물시장에서도 일부 등급의 커피 가격이 1960년대 이후 최저 수준으로 떨어졌다. 커피 선물은 2003년 들어 상승세를 탔지만 최근월물(最近月物) 가격은 파운드 당 50~70센트 범위를 벗어나지 못했다. 미국의 동네 슈퍼마켓에서 팔리는 캔커피 소매가격도 1994년부터 2004년까지 10년 사이 65센트나 떨어졌을 정도다.

커피 가격이 수 년 동안 생산원가에도 미치지 못하자 전세계적으로

---

*커피 선물은 브라질 상품선물거래소(BM&F)와 도쿄 곡물거래소(TGE), 런던 국제금융선물거래소(LIFFE), 뉴욕 상품거래소(NYBOT) 산하의 커피, 설탕, 코코아 거래소(CSCE) 등에서 거래되고 있다.

14개국 정도 되는 주요 커피 수출국의 커피 경작자들은 무더기로 사업에서 손을 떼버렸다. 세계 최대의 커피 수출국인 브라질의 커피 생산농가에서는 최근 들어 커피 가격이 사상 최저 수준까지 떨어지자 커피나무를 뽑아버리고 수익성이 더 나은 사탕수수와 콩을 심고 있다. 그나마 커피 사업에 계속 남아있는 농가에서도 비용을 절약하기 위해 농장에서 일하는 일꾼들을 줄이고, 커피나무에 주는 비료와 유지비용을 삭감하고 있다. 콜롬비아의 커피 경작자들은 커피나무를 없애고, 그 자리에 코카인의 원료가 되는 코카나무를 심고 있다. 커피 가격은 1977년에 파운드 당 3.25달러로 사상 최고치를 기록했지만 커피선물에 투자하는 노련한 투기꾼들은 물론이고 커피 생산업자들에게 이 같은 가격을 회복하는 것은 도저히 불가능한 꿈 같은 일일 것이다.

커피 가격은 다시 고개를 쳐들 수 있을까? 지금 진행되고 있는 이번 상품시장의 강세장 초기 국면에서도 커피 가격은 다른 상품들에 비해 상당히 지지부진한 모습이다. 그나마 가장 긍정적인 점은 커피 가격이 지금까지 상당히 오랫동안 바닥 수준에 머물러 있었다는 것이다. 또 한 가지 긍정적인 사실은 커피 가격이 주로 세계적인 공급량의 극적인 변화에 따라 등락이 이뤄졌다는 점이다. 이것은 커피가 갖고 있는 작황의 특성에 따라 커피 가격이 좌우된다는 말이다. 대부분의 다른 농산물처럼 생산성이 높은 커피나무는 비료도 제대로 주고 손질도 잘 해주어야 한다. 여기에는 돈이 든다. 다른 상품을 분석하면서 이미 살펴봤듯이 공급이 넘쳐 나고 가격이 낮아지면 생산량은 점차 줄어들고, 생산시설에 대한 투자는 사라지고, 결국 공급도 위축된다. 그리고 이미 주요 커피 생산국에서 벌어지고 있는 것처럼 생산자들이 사업에

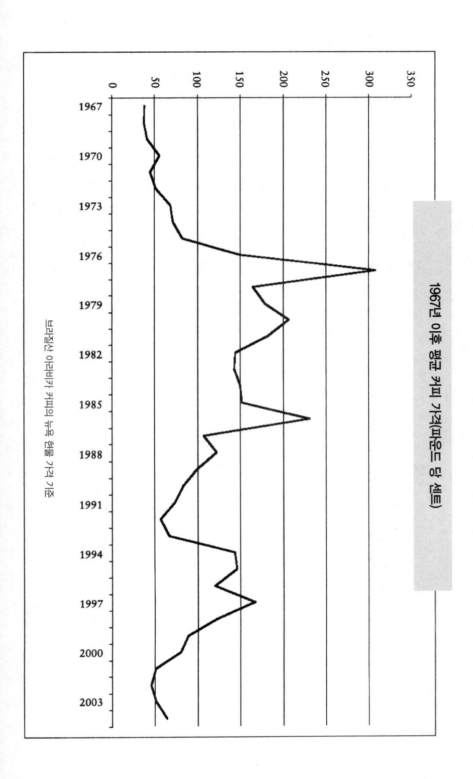

1967년 이후 평균 커피 가격(파운드 당 센트)

브라질산 아라비카 커피의 뉴욕 현물 가격 기준

서 손을 떼고 커피나무를 더 이상 돌보지 않게 되면 공급이 차질을 빚는 것은 시간문제다. 커피 수요가 늘어나지 않고 현수준을 그대로 유지한다 해도 커피 공급이 줄어든다면 가격은 올라갈 수 있다.

그리고 상승세는 한동안 지속될 것이다. 다른 대부분의 작물들과는 달리 커피 묘목은 열매를 맺기까지 몇 년이 걸린다. 따라서 커피 가격이 올라 농민들이 다시 커피 사업에 뛰어들 만한 여건이 조성된다 해도 방치해두었던 커피나무를 다시 정상적으로 키우는 데는 시간이 필요하고, 또 새로 커피나무를 심어 열매를 맺게 하려면 한참을 기다려야 한다. 그런 점에서 커피는 농작물보다는 금속에 더 가깝다. 생산이 정상화되는 데는 시간이 필요한 상품인 것이다. 지난 40년간 커피 가격의 역사는 숨가쁜 상승과 하락의 연속이었다. 수요와 공급의 현재 추세를 보면 커피가 이번 상품시장의 강세장에서 잠재력을 발휘할 만한 상품이라는 점을 알 수 있다.

모카에서 자바, 모든 미국인들이 즐기는 음료로

커피는 오랜 역사를 지닌 상품이지만 초기 역사는 사실보다는 전설로 가득 차있다. 그러나 서기 1000년이 되기 훨씬 이전부터 지금의 에티오피아가 있는 북아프리카 지역에서는 커피를 알고 있었다는 사실이 고고학적으로 입증됐다. 고대 에티오피아에서는 커피 생두(生豆)를 가공하지 않고 원래 상태 그대로 썼는데, 오늘날 대부분의 사람들이 볶은 커피 원두로 만든 커피를 마시는 것처럼 각성제로 섭취한 것이었다. 커피나무의 열매, 즉 "커피콩(berry)"은 에티오피아에서 아랍으로 건너갔고, 커피나무를 처음으로 경작한 곳은 바로 아랍 지역이었다. 가톨릭 수도자들은 말린 커피콩을 지중해 주변의 수도원까지 가져가기 시작했다. 이들은 커피콩으로 와인을 만들어 하나님의 충직한 종으로서 장기간 기도를 드릴 때 필요한 원기를 보충하는 데 활용했다. 15세기부터 아랍인들은 볶은 커피 원두로 만든 음료를 마셨다는 기록이 나온다. 베니스 상인들은 1600년 경 유럽에 커피를 전했고, 교황은 곧 커피를 훌륭한 기독교도의 음료라고 선언했다. 오래지않아 커피는 전유럽으로 퍼졌다. 1652년에는 런던에 최초의 커피하우스가 문을 열었다; 20년 뒤에는 프랑스에서도 커피하우스가 생겼다.

영국인들이 신대륙에 커피 생두를 처음 가져온 것은 최초의 영국인 정착지가 된 제임스타운에 그들이 도착한 1607년이었을 것이다. 커피에 관한 사실들이 알려지면서 1690년 네덜란드 상인들이 모카라는 아랍의 항구 도시에서 커피나무를 몰래 들여와 실론의 자바에 있는 네덜란드 식민지에 옮겨 심었다. 프랑스의 해군 장교 한 명도 커피 묘목을 훔쳐와 카리브 해의 마르티니크에 있는 프랑스 식민지에 심었다. 그곳에서는 곧 커피 산업이 꽃을 피웠고, 커피나무는 중남미의 열대지방 전역으로 퍼져나갔다. 북미 대륙에서는 미국 독립 이전 식민지 시절부터 커피를 마시는 게 전국적인 기호로 자리잡았다. 대륙 의회는 영국의 조지 3세가 그 악명 높았던 차에 대한 과세 조치를 부과하자 커피를 국가적인 음료로 선언하기도 했다. 아마도 건국 초기의 이런 운동이 있었기 때문에 (그리고 카페인이 함유하고 있는 중독 성분 덕분에) 미국이 지금 세계 어느 나라보다 많은 커피를 소비하고 있는 것인지도 모른다.

처음에 씨앗이나 묘목을 심고 경작해 수확한 작물을 시장에 내놓기까지 들어가는 노력으로 따지면 커피만큼 어려운 농산물도 거의 없다. 세계 커피시장은 로부스타(Robusta)와 아라비카(Arabica)라는 두 종류의 커피 생두가 양분하고 있다. 아라비카 커피 생두는 신맛이 덜하고 부드러운 향기가 나는 커피로 미국인을 비롯한 대부분의 사람들이 전통적으로 선호해왔다.(아라비카 커피 생두는 카페인 성분도 로부스타에 비해 절반밖에 되지 않는다.) 사철 푸른 잎을 갖는 커피나무는 비가 많이 내리고, 연중 평균 기온이 섭씨 21도(화씨 70도) 이상인 열대지방에서 자란다. 커피 생두를 수확하려면 이 나무가 적어도 3~5년은 자라야 한다. 아라비카 커피나무는 높이가 대개 3미터 미만으로 손으로 쉽게 "열매"를 딸 수 있다. 또 15년 정도 자라면 커피 생두의 생산량이 정점을 지나게 되는데 이 때쯤 어린 커피 나무로 바꿔 심는다. 아라비카 커피나무는 브라질과 콜롬비아의 해발 3000미터 이상의 고지대에서 주로 경작되며, 이들 두 나라에서 나오는 생산량이 세계적으로 가장 많다. 아라비카 커피 생두는 세계 커피 원두 생산량의 70%를 차지한다. 아라비카 커피 원두보다 값이 싼 로부스타 커피 생두는 베트남과 인도네시아, 남아프리카공화국, 브라질이 세계적인 주요 생산국이다.

커피나무에서는 가장 먼저 한 다발의 하얀 꽃송이가 만개한다; 그리고 며칠 뒤 작고 푸른 열매가 나타났다가 빨갛게 익은 다음 6~9개월에 걸쳐 거의 까만 색으로 변해간다. 그러면 열매를 따서 가공할 때가 된 것이다. 커피 생두를 수확하는 데는 두 가지 방법이 있다: 우선 "건식" 방법인데, 열매를 햇볕이나 건조기로 말려 껍질을 벗기는 기계로 커피 생두를 분리해내는 것이다; 다음으로는 "습식" 공정인데, 열매를 쪄서 여러 겹의 껍질을 벗겨낸 뒤 푸른 빛깔이 나는 두 개의 커피 생두를 얻는 것이다. 대부분의 커피 생두는 건식 방법으로 수확한다. 습식 공정은 비용이 많이 들지만 더 좋은 향기를 내고, 따라서 더 비싼 커피 생두를 생산하는 데 쓰인다.

이렇게 수확한 푸른 빛깔의 커피 생두는 말려서 등급별로 분류하고 선별하는데, 거의가 수작업으로 이뤄진다; 선별된 커피 생두는 부대에 담겨져 전세계의 로스터(roaster)에게 보내지고, 이들은 생두를 볶아 커피 애호가들이 좋아하는 향기를 내며 갈색 빛이 감도는 커피 원두를 생산해낸다. 커피 생산업자들에 따르면 커피 1파운드를 만드는 데는 2000개의 열매(즉, 4000개의 커피 생두)가 필요하며, 커피나무 한 그루는 평균적으로 가공 완료된 커피를 한 해에 1~2파운드밖에 생산하지 못한다. 커피는 60킬로그램(132파운드)짜리 부대에 담겨져 운반되는데, 한 부대에는 대략 66그루의 커피나무에서 생산된 커피가 들어가는 셈이다. 지난 10년간 전세계 커피 생산량은 한 해 평균 1억660만 부대였으니, 이를 커피나무로 환산하면 얼마나 많은 양이겠는가.

더구나 이를 생산하는 데는 고된 수작업이 필요했을 것이다. 커피나무를 심는 데서부터 시작해 커피가 상품이 되어 시장에 나오기까지의 과정을 일단 이해하게 되면 당신이 마시는 카푸치노 한 잔 값에 그리 연연해 하지 않을 것이고, 가난한 커피 생산 농가에 성원을 보내고 싶어질 것이다. 물론 커피 경작자들도 처음에 커피나무를 심을 때부터 그것이 어려운 일이며, 리스크가 따른다는 것을 알고 있었다. 커피 생두는 원래 적당한 것을 좋아하는 작물이다. 너무 무덥지도 않고, 너무

춥지도 않고, 또 알맞은 양의 비가 내려야 한다. 그러나 대자연은 늘 가혹한 시련을 던져주고, 수많은 투기자들이 날씨를 멋대로 예측했다가 낭패를 본다. 날씨가 좋으면 커피 생산량이 늘어날 가능성이 높고, 따라서 가격은 오르기 어렵다. 최악의 날씨가 이어지면 커피 가격은 천정부지로 뛰어오를 수 있다. 1985년 여름철에 브라질에 혹독한 가뭄이 계속되자 다음해 커피 생산량은 거의 58%나 감소했다. 그렇다고 비가 너무 많이 내리면 커피나무의 꽃이 너무 빨리 떨어져 열매가 제대로 맺지 않는데, 바로 이런 일이 브라질의 커피 농장이 가뭄으로 고생할 무렵 콜롬비아의 커피 농장에서 벌어졌다. 결국 콜롬비아 커피 농장의 커피 열매는 예년에 수확한 것보다 크기가 훨씬 작았다. 커피 가격은 크게 올라 파운드 당 80센트 수준에서 1.40달러로 상승했고, 그 해 말 브라질에 비가 내리기 시작한 다음에야 커피 가격은 안정을 되찾았다.

고지대에서 자라는 아라비카 커피나무에는 가끔 서리가 내리기도 하는데, 그러면 다음해는 물론 그 다음해 수확량까지 줄어드는 심각한 타격을 입는다. 살로먼 스미스 바니가 조사한 연구 결과에 따르면 20세기 들어 브라질에 "결정적인 서리가 내린 것"은 평균 6년에 한 번씩 모두 17차례나 됐으며, 남반구의 겨울철인 6~8월 사이에 집중된 것으로 나타났다. 브라질에 서리가 내렸다는 뉴스가 전해지면 커피 가격은 즉각 급등세를 보인다. 서리가 내리는 결정적인 시기가 다가오면 커피 생산자나 트레이더들 모두 기상학자가 되고, 커피 가격은 브라질의 아라비카 커피나무 농장지대가 어떤 날씨인가에 따라 등락이 좌우된다. 한 예로 1994년의 경우 브라질은 그 유명한 "이중 서리"로 큰 피

상품시장에 투자하라

해를 입었다. 커피나무에 두 차례나 잇달아 서리가 내린 것이다. 시장은 즉각 강세로 돌아섰고, 커피 가격은 파운드 당 1달러 수준에서 3달러까지 올랐다. 시장이 그렇게 반응할 만한 충분한 이유였다. 미국 농무부는 다음 수확기의 커피 생산량이 40% 감소할 것이라고 추산했다. 1970년대 중반 커피 가격이 파운드 당 70센트 수준에서 치솟기 시작해 1977년 사상 최고치인 3.25달러를 기록했던 것도 1975년 7월 브라질 커피나무를 덮친 최악의 서리 때문이었다. 예년 같으면 2800만 ~3000만 부대의 커피를 생산했던 브라질이 1976년 수확기에는 950만 부대를 생산하는 데 그쳤다. CRB는 그 해 분석 보고서에서 "서리 피해를 입은 지역이나 커피나무의 숫자 모두 의문의 여지 없이 사상 최악"이라고 밝혔다. 당시의 유명했던 서리 피해로 인해 브라질의 커피 생산량은 몇 해 동안이나 예년 수준을 회복하지 못했고, 이로 인해 결국 1977년에 커피 가격이 사상 최고치를 기록했던 것이다.

  그러면 커피의 최근 흐름을 좀더 자세히 살펴보고, 앞으로 커피 가격이 어느 방향으로 움직일지 알아보자.

공급

지난 10년간 전세계 커피 생산량은 넘쳐났다. 1995~96년 시즌부터 2002~03년 시즌까지 세계 커피 생두 수확량은 단 한 해를 제외하고는 매년 크게 늘어나 연평균 1억663만9000부대가 생산됐다. 2002~03년 시즌의 수확량은 사상 최대를 기록할 것으로 예상됐고, 실제로 그렇게 됐다; 런던에 본부를 두고 있는 주요 커피 생산국 정부의 대표 단체인 국제커피기구(ICO)는 2002~03년 시즌의 생산량이 1억2000만 부대에 달했다고 발표했다. 커피 수확량이 너무 많아지자 커피 생산국의 재고도 눈덩이처럼 불어났다; 2001년 9월에는 세계 커피 재고가 1년 전보다 15%나 늘어났다. 이 기간 중의 커피 소비량을 감안할 때 이 같은 재고는 거의 5개월치에 해당하는 것이었다. 애널리스트들은 이런 엄청난 재고가 언제쯤이나 줄어들지 의문을 표시할 정도였다.

현재 세계 최대의 커피 생산국이자 수출국은 브라질이고, 2위는 베트남이다. 베트남은 1998~99년 시즌에 사상 최대의 수확량을 기록하며 그 이전까지 아시아 최대의 커피 생산국이었던 인도네시아를 제쳤고, 다음 시즌에는 콜롬비아마저 앞섰다. 미국 농무부 산하 해외농업연구소(FAS)에 따르면 베트남의 커피 생산량은 1999~2000년 시즌에만 50% 이상 증가해 1100만 부대를 약간 상회하는 수확량을 기록했고, 전세계 커피 생산량의 10% 이상을 차지하고 있다.

커피 공급이 이처럼 계속 늘어남에 따라 가격은 바닥 수준에서 벗어날 수 없었다. 브라질의 커피 생산 농가에서는 생산원가조차 회수할 수 없는 상황이 되자 커피 사업을 포기하고 가소홀 원료로 쓸 수 있는 사탕수수를 심거나 중국 수출용으로 콩을 경작했다. 결국 브라질의 커피나무가 줄어들었다는 얘기다. 그나마 커피 사업을 계속 한 농가에서도 제대로 비료를 주지 못했고, 충분한 일꾼을 고용할 여유도 없어 다음 시즌의 수확량이 줄어들 수밖에 없었다.

2003년에 미국 농무부는 커피 재고가 전년도 말의 2840만 부대에서 24% 감소할 것이라고 발표했다. 커피 선물을 사들인 투기자들의 얼굴에는 미소가 번져갔다. 이 같은 발표가 나오자 커피 가격은 3년 반 만의 최고치를 기록했기 때문이다. 왜 이런 일이 벌어졌을까? 사실 이런 일은 투자의 위축 뿐만 아니라 재고 과잉으로 인한 가격 하락이 공급의 감소를 가져온다는 고전적인 사례라고 할 수 있다. ICO에 따르면 실제로 2003~04년 시즌의 커피 수확량은 전년도의 1억2000만 부대보다 15% 감소했다. 2004년도 CRB 상품 연감에서 지적하고 있듯이 이같은 감소는 "부분적으로 장기간 지속된 가격 하락으로 인해 커피 농장을 돌보지 않았기 때문"이라고 설명할 수 있다. 더구나 그 해에는 커피 열매가 자라는 초기 4개월 동안 비가 너무 많이 내려 수확에 차질을 빚기도 했다.

ICO의 통계에 따르면 브라질산 아라비카 수확량은 40%나 줄었다. 또 미국 농무부는 브라질의 커피 수출량이 17% 감소했다고 밝혔다. 커피 수출량의 감소는 콜롬비아에서도 마찬가지였다. 콜롬비아의 많은 농민들은 이미 "한계 수준"에 다다른 커피 경작 지역에서 대거 커피 농사를 포기해버렸다.

공급은 마침내 급감했고, 가격은 올라갔다. 달러 약세도 상승세를 부추겼다. 2004년 중반 브라질 농무부 산하 국립상품공급처는 2004~05년 시즌에는 기상조건이 좋아져 수확량도 늘어날 것이라고 전망했다. 그러나 커피나무는 이미 버려졌거나 베어져 버린 뒤라 늘어나는 커피 수요를 감당할 수 있으리라는 보장은 없었다.

좋은 날씨는 또 과연 얼마나 오랫동안 지속될 것인가? 지난 30여 년간의 커피 가격 흐름을 잘 살펴보면 10년마다 한 번씩은 중미 지역에서 심각한 가뭄과 엄청난 호우, 혹은 브라질에 강한 서리가 내려 아라비카 열매에 큰 피해를 입혔고, 이로 인해 한두 시즌의 수확량이 급감했던 사실을 발견할 수 있을 것이다. 브라질에 마지막으로 서리가 내린 것은 1999~2000년 시즌이었지만, 이때는 비교적 피해가 크지 않았고 우려했던 만큼 수확량이 감소하지도 않았다. 커피 가격도 다시 주저앉았다. 1997~98년 시즌에는 멕시코 커피 농장지대에 두 차례나 허리케인이 몰아 닥쳤고, 브라질과 과테말라에서는 가뭄으로 인한 피해가 있었다. 커피 수확량은 크게 줄었고, 1997~98년 시즌의 커피 소비량은 공급을 웃돌았다. 10년에 한 차례씩 찾아오는 기상 악화가 언제 또 다시 커피시장을 덮칠지 모른다.

수요

미국은 세계 최대의 커피 소비국이며, 사실상 국내에서 소비하는 한 해 2100만 부대의 커피 전량을 수입하고 있다. 이 같은 소비량은 세계 커피 수출량의 27%를 차지한다.(하와이 주에서는 유명한 코나 브랜드의 커피가 생산되지만 세계 커피 생산량에 비하면 극히 미미한 양이다.) 대부분의 미국인들은 아마도 세계 다른 지역에서는 커피가 그렇게 대중적이지 않다는 사실을 알면 놀랄 것이다. 전세계 인구의 불과 20%만이 커피를 마시며, 미국과 유럽, 일본이 커피의 대부분을 소비하고 있다. 미국에 이어 세계 2위의 커피 수입국은 독일로 전세계 수출량의 17%를 차지하고, 이탈리아와 프랑스, 일본이 각각 9%를 수입한다.

ICO에 따르면 세계 커피 수요는 지난 10년간 연평균 1.3%씩 증가했다. 이 기간 중 커피 공급은 해마다 3.6%씩 늘었다. 그러나 커피 가격

상품시장에 투자하라

하락으로 인해 이미 커피의 수요와 공급 구조는 바뀌기 시작했다.

미국 농무부는 2002~03년 시즌의 전세계 커피 소비량이 1억1400만 부대로 전년도보다 1%정도 증가한 것으로 추정하고 있다. 그런데 앞에서 설명한 것처럼 2003~04년 시즌에는 커피 수확량이 전년도의 1억 2000만 부대에 비해 15% 감소한 1억200만 부대에 그쳤을 것으로 추산되고 있다. 즉, 2004년에는 커피 공급량이 커피 소비량에 못 미친 것이다.

그리고 마침내 커피 수요가 공급을 웃도는 상황이 벌어지기 시작한 것이다. 세계 커피 수요가 지난 10년 동안 그랬던 것처럼 연평균 1.3%씩 늘어난다 해도 앞으로 수 년간 수요가 공급을 넘어서는 것이다. 커피를 더 생산하려면 커피나무가 있어야 한다. 게다가 농부들이 돌아와 다시 커피나무를 경작하게 하려면 커피 가격이 계속 올라야 하고, 또 높은 수준을 유지해야 한다. 새로운 커피 열매가 시장에 나오고, 기존 농장의 생산량이 예년 수준을 되찾으려면 3~5년의 시간이 필요하다. 더구나 지금도 많은 농가에서 커피 경작을 그만두고 있는 게 현실이다.

중국은 어떤가?

다른 상품 생산업자들처럼 커피시장의 프로 투기자들도 늘 중국을 염두에 두고 있다. 그러나 다른 상품들과는 달리 커피는 중국이 아직 필요성을 절실하게 느끼지 않는 상품이다. 중국은 오래 전부터 차를 마셔온 나라이기 때문이다.

물론 ICO는 커피를 마시지 않는 전세계 80%의 인구를 상대로 적극적인 마케팅 활동을 벌이면서 중국을 최우선 목표를 삼고 있다. 그러나 ICO는 1963년 결성된 뒤 지금까지 열심히 공략하고 있지만 중국의 커피 수요에는 큰 차이가 없다. ICO는 중국의 커피 수입량이 1998년 이후 두 배로 늘어났다고 밝히고 있다. 하지만 워낙 수입량이 적다 보니 두 배로 늘었다고 해봐야 미미한 수준이다. 예를 들어 네스카페와 멕스웰 하우스는 1995년부터 중국의 인스턴트 커피시장에 뛰어들었지만 커피를 마시는 중국인들은 아직 생소하기만 하다. 아직도 대부분의 중국인들이 살고 있는 농촌 지역에서는 더욱 그럴 것이다. 중국의 1인 당 연간 커피 소비량은 약 200그램으로 추정된다. 1파운드도 안되는 셈이다. 반면 스위스인들의 연간 커피 소비량은 이보다 50배 이상 많은 10.1킬로그램이다. 미국인들은 1인 당 한 해 20갤런(약 76리터)의 커피를 마신다.

결정적인 증거는 아니지만 중국에서 커피의 향이 조금씩 늘어나고 있는 것도 사실이다. 적어도 중국의 젊은이들과 계속 그 숫자가 계속 늘어나고 있는 도시 중산층 사이에서 그렇다는 얘기다. 중국 관영 영자지인 〈차이나데일리〉의 공식 웹사이트 〈차이나데일리닷컴〉은 차이나 마켓 데이터베이스를 인용해 "교육 수준이 높은 중국인일수록 커피를 즐겨 마신다"고 전했다. 그렇다고 해서 이들이 부유하지 못한 중국인들에 비해 커피를 썩 많이 마시는 것은 아니다. 〈차이나데일리닷컴〉은 2004년에 중국은 전세계 커피 소비량의 겨우 1%정도를 차지한다고 보도했다.

스타벅스는 1999년 중국에 진출해 현재 베이징과 상하이에 각각 41

개 등 중국 전역에 모두 102개의 매장을 갖고 있다. 그러나 다른 나라의 스타벅스 매장과는 달리 문밖으로 줄이 늘어선 풍경은 좀처럼 볼 수 없다. 사실 스타벅스에서 파는 가장 싼 커피도 한 잔에 1.50달러 정도니 최신 유행을 좋아하는 화이트칼라 젊은이라 하더라도 너무 비싼 편이다. 홍콩과 대만에서 건너온 커피하우스도 도시의 커피시장을 파고들고 있지만 모든 매장들이 똑같은 고객을 놓고 경쟁하고 있는 형국이다. 스타벅스는 중국에서 광고를 하는 대신 할인 쿠폰을 제공하고 오피스 빌딩을 찾아 다니는 전략으로 시장을 공략하고 있다.

중국 커피시장의 전망을 밝게 보는 업체들은 일본을 이야기한다. 일본 역시 전통적으로 차를 마시는 나라였지만 지금은 세계 3위의 커피 소비국이 됐다. 물론 일본이 이렇게 이행하는 데는 수십 년의 세월이 걸렸지만 말이다.

커피의 앞날

커피시장의 강세장을 열어줄 여러 고전적인 요인들이 줄지어 있다: 낮은 가격, 갈수록 줄어드는 생산 농가, 커피나무와 커피 수확량의 감소, 여기에 계속해서 늘어나는 수요. 다가올 강세장은 또한 기상조건의 악화로 인해 더욱 강력해질 것이다.

그리고 머리가 잘 돌아가는 커피 투기자라면 절대로 눈을 떼지않을 또 다른 고전적인 상황이 벌어질 것이다. 커피시장에 다음 번 강세장이 찾아오면, 그래서 커피 가격이 한동안 오름세를 지속하면, 시장의 강세를 노리고 뛰어든 투자자들은 중국과 인도, 러시아의 새로운 구매자들이 가져다 줄 꿈을 퍼트릴 것이다. 이들은 커피 수요의 증가를 알려줄 온갖 종류의 보고서와 숫자를 들이밀 것이고, "왜 커피시장의 이번 강세장이 과거와 다른가"를 떠들어댈 것이다. 이들이 제시하는 숫자는 진실일 수도 있겠지만 커피 가격을 움직이는 요인은 이전과 다르지 않을 것이다. 2000년에 주식시장의 닷컴 랠리가 "신경제"를 만들어낼 것이라고 주장한 것이나, 1989년 일본 경제가 세계를 지배할 것이라고 떠들어댄 것이나, 1980년에 국제 유가가 결국 세 자리 수를 기록할 것이라고 외쳤던 것이나 모두 이들의 주장과 다를 바 없다.

즉, 우리가 익히 보았던 고전적인 강세장의 신경질적 발작이다. 그리고 커피시장에서 이런 일이 벌어지면 그것이 무엇인지 정확히 파악한 뒤 당신의 이익을 챙겨 다른 가치 있는 투자 대상을 찾아 떠나라.

상품시장에 투자하라

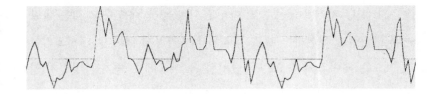

결론

주식과 채권, 상품이 같은 부모로부터 태어난 형제자매라면 유독 상품
은 그 중에서도 외면당하는 존재일 것이다. 마치 콩 선물에 투자했다
가 전재산을 날려버린 친척처럼 골칫거리 취급을 받을지도 모른다.
상품은 본연의 역할 만큼 제대로 대접을 못 받고 있다. 나는 사람들이
왜 상품에 전혀 관심을 두지 않는지 신기할 정도였다.

　30여 년 전 가치 있는 투자 대상을 찾을 수 있는 곳이라면 어디든 뒤
지고 다니는 젊은 투자자로 활동할 무렵 나는 누구나 한두 개의 상품
이라도 공부해보면 이 세상을 완전히 새로운 시각으로 바라볼 것이라
는 깨달음을 얻었다. 만약 당신이 상품을 공부했다면 아침식사가 갑
자기 예사롭지 않아질 것이다. 브라질의 요즘 날씨가 커피 작황에 꽨

찮은지, 설탕 가격은 올랐는지 아니면 내렸는지, 옥수수 가격은 올랐는데 시리얼을 생산하는 캘로그의 주가는 어떻게 됐는지, 돼지고기살로 만드는 베이컨의 수요는 예년처럼 올 여름에도 줄어들 것인지(일반 소비자들은 여름철에 좀 더 가벼운 아침식사를 하므로) 궁금해질 것이다. 유가나 농산물 보조금과 관련된 신문의 주요 기사가 더 이상 단순한 뉴스로 느껴지지 않을 것이다; 당신은 이미 석유수출국기구(OPEC) 회원국들이 미국 정부의 의도와는 달리 고유가를 선호하고 있으며, 미국과 유럽의 사탕수수 및 사탕무 생산농가와 브라질을 비롯한 제 3세계의 생산농가 간에 설탕 보조금에 대한 입장이 전혀 다르다는 점을 사실을 잘 알고 있을 것이다.

그러나 상품시장에 대해 공부하게 되면 단순히 아침식사 시간에 이것저것 관심을 갖는 것보다 훨씬 더 많은 것을 할 수 있다; 무엇보다 더 나은 투자자가 될 수 있다. 단지 상품선물을 더 잘 알고 투자할 수 있을 뿐만 아니라 주식이나 채권, 외환, 부동산, 심지어 이머징 마켓에 투자하는 데도 유리하다. 예를 들어 왜 구리와 납을 비롯한 금속 가격이 상승세를 타고 있는지 이해했다면 캐나다와 호주, 칠레, 페루를 비롯한 금속자원이 풍부한 나라의 경제가 요즘 왜 그렇게 잘 나가고 있는지 파악하는 데 첫 걸음을 떼었다고 할 수 있다; 주요 금속 생산국에서 투자 활동을 벌이고 있는 기업의 주가가 왜 올랐는지 체크하는 데도 도움이 된다; 왜 부동산 가격이 오를 것인지 판단하는 준거가 될 수도 있다; 갑자기 일반 소비자들의 주머니가 예전보다 훨씬 두둑해진 나라에 있는 호텔이나 슈퍼마켓 체인에 투자해 큰돈을 벌 수 있는 기회를 찾을 수도 있을 것이다.

상품시장에 투자하라

물론 나는 이 책에서 이보다 훨씬 강력한 주장을 펼쳤다: 상품시장의 새로운 강세장이 현재 진행 중이며, 상당한 기간 동안 이어질 것이라고 말이다. 나는 이런 사실을 1998년 8월 1일 이후 확신처럼 믿어왔다. 나는 그 시점부터 내가 고안한 상품 펀드를 운용해왔고, 상품시장에 대한 나의 투자 사례를 직접 만들고 있다. 나는 노련한 투자자와 금융전문 저널리스트들을 상대로 상품시장에 대해 강연할 기회가 수없이 많았고, 상품시장에 관한 글도 여러 차례 썼다. 은행을 비롯한 기관 투자가들도 많이 만났다. 심지어는 광산회사를 경영하는 사람들로부터 초청을 받아 내가 왜 자기네 회사의 실적이 뛰어날 것이라고 생각하고 있는지 이야기하기도 했다. 나의 이야기를 들은 사람들은 모두가 친절하고 호의적이었지만 내가 말을 마쳤을 때 상품에 투자할 생각이 전혀 없는 것 같은 사람들도 있었다.

마치 상품에 대한 잘못된 믿음이 실제 현실을 압도하고 있는 듯한 느낌이었다. 상품이라는 단어를 언급하면 대부분의 사람들은 즉시 마음속으로 다른 단어를 떠올렸다: 위험하다. 이보다 더욱 심각한 사실은 상품시장에 호기심을 갖게 된 투자자가 자신의 금융 자문가나 컨설턴트, 혹은 대형 증권회사의 브로커에게 상품시장에 관한 얘기를 꺼내면 소위 "전문가"라는 사람들이 마치 사무실 안으로 프랑켄슈타인이라도 걸어 들어온 것처럼 겁에 질려 물러서는 것이다. 전문가들은 곧이어 이처럼 "위험한" 투자가 얼마나 치명적일 수 있는지 일장연설을 하거나 상품 투자 전문가였던 자기 동료가 지금은 "회사를 떠나버렸다"는 이야기를 전해준다.

참으로 기이한 일이다. 내가 경험한 바로는 상품에 투자하는 것은 주식이나 채권에 투자하는 것에 비해 전혀 더 위험하지 않다. 경기 사이클의 어떤 국면에서는 상품에 투자하는 게 다른 어느 곳에 투자하는 것보다 훨씬 더 나은 투자 성과를 가져다 준다. 어떤 투자자들은 주식시장에서 돈을 버는 게 도저히 불가능할 때 상품시장에 투자해 돈을 번다. 어떤 이들은 경제가 붐을 타고 있을 때, 또 어떤 이들은 경제가 침체기로 빠져들 때 상품에 투자해 돈을 번다. 나는 많은 사람들에게 몇 해 전 그들이 투자했던 첨단기술주가 그 어느 시기의 상품보다도 훨씬 더 변동성이 심했다고 지적하면, 그들은 정중하게 고개를 끄덕이고는 다시 주식시장에 새로 뜨는 종목이 없나 찾아 나선다.

내가 이 책을 쓰려고 했던 가장 큰 이유 가운데 하나는 상품을 대하는 투자자들의 "마음의 문"을 열어주려는 것이었다. 30년 정도에 한 차례씩은 상품시장에 강세장이 찾아왔다는 점을 정확히 알려주고 싶었다; 이 같은 사이클은 늘 수요와 공급의 흐름이 변하면서 나타났다. 나는 수급 상황이 좋지 않아 갑자기 상품 가격이 오르게 되는 시점을 파악하는 데는 전혀 천재적인 재능이 필요하지 않다는 사실을 많은 사람들이 알기를 바랐다. 가장 최근의 1980년대와 1990년대처럼 주식시장은 강세장이고, 상품시장은 약세장이었던 시기에 천연자원을 생산하는 시설에 거의 투자가 이루어지지 않았다는 사실을 파악하는 게 뭐가 그렇게 힘든 일인가? 더구나 아무도 상품 생산 분야에 투자하지 않았고, 매장량과는 관계없이 천연자원이라면 아예 탐사작업조차 벌이지 않았다면 결국 공급은 줄어들고 곧 이어 가격은 오를 것이라는 사실을 이해하는 게 뭐가 그리 어려운가? 그 다음 단계는 경제학 이론이 그런 것처럼 아주 명백하고 논리적이다: 어느 상품이든 펀더멘털 측면

상품시장에 투자하라

에서 볼 때 공급이 꾸준히 감소하고 있는 상황에서 수요가 늘어나거나, 혹은 비슷한 수준을 유지하고, 줄어들어도 약간 감소하는 데 그친다면 마법과도 같은 일이 벌어진다. 강세장이라고 불리는 시장이 되는 것이다.

그러나 수요와 공급의 이 같은 가공할 만한 위력에도 불구하고 나는 상품을 포함하지 않았다면 어떤 포트폴리오도 진정으로 분산 투자한 것이 아니라는 주장을 누구나 납득할 수 있을 정도로 입증할 능력을 갖고 있지 못하다. 나는 내 주장을 펼쳐보이고, 내 경험을 직접 인용해서 알려주고, 현재까지 이어지고 있는 역사적인 흐름을 제시할 수 있을 뿐이다. 그렇다고 해서 내가 학자들의 분석과 상세한 이론을 표절해 상품의 투자 수익률이 주식이나 채권과 비교할 때 어떤지를 차트와 그래프를 동원해가면서 학문적으로 입증하고 싶지도 않다. 나는 투자자이지 교수가 아니다. 그러나 시기적으로 나는 운이 좋았다. 내가 한창 이 책을 쓰는 데 몰두하고 있을 무렵 상품 투자 수익률을 주식 및 채권 수익률과 비교 조사한 두 명의 교수가 자신들의 연구 결과를 나에게 보내왔다.

예일 대학교 경영대학원의 국제금융연구소에서 2004년에 발표한 《상품선물시장에 관한 사실과 환상들》이라는 제목의 논문을 내가 진정으로 혁명적인 연구 결과라고 평가하는 것도 이런 이유 때문일 것이다. 펜실베이니아 대학교 와튼 스쿨의 교수이자 국립경제연구소에도 몸담고 있는 개리 고튼과 예일 대학교 경영대학원의 K. 기에르트 로이벤호르스트 교수는 마침내 다음과 같은 결론을 내리면서 연구를 마무리지었다:

- 1959년 이후 상품선물은 주식보다 더 나은 연평균 투자 수익률을 올렸고, 채권보다는 훨씬 더 좋았다. 상품은 또한 주식과 채권에 비해 더 나은 투자 수익률을 올렸으면서도 리스크는 더 낮았다.

- 1970년대에는 상품선물이 주식보다 투자 수익률이 높았다; 1980년대에는 그 반대였다. 많은 사람들이 발견한 것처럼 주식과 상품 간의 "부의 상관관계"는 실제임이 입증됐다. 상품시장의 강세장은 주식시장의 약세장을 동반하며, 그 역도 성립한다.

- 연구 결과 상품선물의 투자 수익률은 인플레이션과 "정의 상관관계"를 갖고 있었다. 상품 가격이 높아지면 전반적인 가격 수준을 끌어올린다.(즉, 인플레이션이 심화된다.) 이것은 인플레이션이 일어나는 시기에 왜 주식과 채권의 투자 수익률은 부진한 반면 상품의 투자 수익률은 괜찮은지를 알려주는 이유다.

- 지난 43년간 상품선물 가격의 변동성은 같은 기간 중 S&P 500 지수에 포함된 종목의 변동성에 비해 "약간 낮은" 수준이었다.

- 상품을 생산하는 기업의 주식에 투자하는 것도 상품시장의 강세장에 편승할 수 있는 한 가지 좋은 방법이지만 최선의 방법이라고는 말할 수 없다. 연구 결과 상품선물의 투자 수익률은 똑같은 상품을 생산하는 기업의 주식에 투자해서 거둔 수익률의 "3배" 수준이었다.

그런 점에서 상품은 단지 주식과 채권으로 구성한 포트폴리오를 더욱 좋게 분산 투자하는 데 그치는 것이 아니라 대개는 더 나은 투자 수익률을 가져다 준다. 그리고 끈질기게 상품을 쫓아다니는 고정관념과는 반대로 상품에 투자하는 것은 주식에 투자하는 것보다 리스크가 더 작다.

이건 정말 극적인 뉴스다. 내가 이 연구 결과를 "혁명적인" 것이라고 부른 이유는 기존의 투자 자문가나 펀드 운용회사, 심지어 브로커들까지 상품을 바라보는 시각에 결정적인 변화를 가져다 줄 것이기 때문이다. 이제 상품 투자를 무조건 기피한다면 저명한 학자들의 연구 결과를 읽어본 고객들로부터 비난과 반발을 사게 될 것이다. 채권 붐이 불기 시작했던 1970년대 말에는 정크 본드(the junk bond)라고 하는, 아주 격렬한 논쟁의 대상이 됐던 투자 수단을 학문적으로 연구한 논문이 발표됐었다. 정크 본드란 투자 부적격 등급을 받은 신용도 낮은 기업이 발행한 회사채에 투자해 이런 기업의 신용도를 높임으로써 투자 적격의 회사채로 만드는 것이었다. 또 주식투자 열기가 이미 10년 이상 뜨겁게 이어졌던 1960년대 말에는 기업의 주식을 다시 사야 한다는 연구 논문이 발표되기도 했다. 이 논문은 주식시장이 재차 상승세로 돌아서는 데 어느 정도 기여했다. 이번에 나온 예일대 연구팀의 논문은 상품시장에서 똑같은 역할을 할 것이다.

프랑켄슈타인은 죽었다.

그러나 이 점은 꼭 명심해두기 바란다: 아무리 강력한 강세장이라 하더라도 어떤 상품도 수직 상승하지 않는다; 늘 가격이 횡보하거나 떨어지는 조정 과정을 거친다. 그리고 모든 상품이 동시에 상승세를 타는 것은 아니다. 지금이 강세장이라고 해서 전세계 상품거래소에서 거래되는 상품 가운데 아무거나 골라 투자하면 성공할 수 있는 것은 아니다. 예를 들어 구리에 투자했는데, 구리가 이미 정점을 지났을 수도 있다. 1968년에 시작됐던 지난번의 장기적인 상품시장의 강세장에서 설탕은 앞서 지적했듯이 1974년에 사상 최고치를 기록하며 천정을 쳤지만 상품시장의 강세장은 그 후 10년 가까이 이어졌다. 상품시장의 강세장이 아무리 강력하다 해도 그 자체만으로는 모든 상품을 회오리바람처럼 끌어올릴 수 없다.

이미 설명한 것처럼 모든 상품은 저마다 다른 수요와 공급의 역동성에 따라 움직인다. 강세장이라고 해서 모든 상품이 동시에 사상 최고치에 도달하는 것은 아니다. 주식시장의 강세장에서도 모든 종목이 그렇게 되지 않는 것과 마찬가지다. 어떤 회사의 주식은 어느 해에 급등하면서 정점을 지났는데, 다른 회사의 주식은 한두 해 지나 최고점을 기록하는 식이다. 상품시장의 강세장에서도 이와 똑같은 현상이 벌어진다.

강연을 마치고 질의 응답 시간이 되면 누군가는 꼭 느닷없이 이런 질문을 나에게 던진다. "바로 제가 상품에 투자하고 있습니다. 지금은 강세장이지요. 그러면 강세장이 언제 끝날지 어떻게 알 수 있습니까?"

당신의 눈으로 직접 그것을 보게 될 때 강세장이 끝났음을 알 수 있을 것이다. 특히 상품 세계에 대해 당신 스스로 열심히 공부하고 오랜 기간 동안 경험을 쌓게 되면 강세장이 종언을 고했음을 느끼게 될 것이다. 상품의 생산은 늘어나는데 수요가 줄어드는 것을 목격할 것이다. 물론 그런 상황에서도 시장은 한동안 더 오르는 경우가 있다. 석유 생산은 1978년에 수요를 앞질렀지만 유가는 그 후 2년간이나 더 급등세를 이어갔다. 당시 아무도 이런 사실을 주목하지 않았고 신경 쓰지도 않았기 때문이다. 정치인들은 물론 애널리스트와 학식있는 교수들조차 1980년대 말이면 유가가 100달러에 이를 것이라고 이야기했다. 강세장은 늘 신경질적 발작과 함께 끝난다.

구두닦이 소년이 버나드 바루크에게 주식시장의 솔깃한 정보를 들려주었을 때가 바로 시장이 한껏 신경질적 발작을 일으키는 시기고, 시장에서 바로 빠져 나와야 할 순간이다. 우리는 닷컴 주식들의 폭락 사태에서 다시 한번 목격했다. 강세장의 시작 단계에서는 거의 아무도 강세장이 진행 중이라는 사실을 눈치채지 못한다. 그런데 강세장의 끄트머리에서는 아주 합리적이었던 사람들마저 잘 다니던 의대를 중도에 그만두고 데이트레이더로 나선다. 신경질적 발작이 걷잡을 수 없는 지경에 이르면 나는 숏 포지션을 취한다. 나는 신경질적 발작에 휩싸인 사람들이 강세장의 마지막 순간까지도 버티고 있으리라고는 믿지 않는 탓에 대개 짧은 기간 동안 손실을 본다. 1999년과 2000년에 CNBC 방송에 출연해 닷컴 기업들을 흥분한 목소리로 떠들어대던 사람들을 기억해보라. 물론 이런 모습이 재연되지 않으리라고 누구도 장담할 수 없다. 내가 1982~1983년 사이에 당신에게 주식시장의 강세장이 이미 진행 중이라고 말했다면 당신은 나를 보고 웃었을 것이다. 그 무렵에는 모두가 주식시장은 죽었다고 생각했다. 그런데 그 후 불과 7년 만에 S&P 500 지수는 거의 3배가 됐다. 그 때라도 내가 당신에게 갖고 있는 돈을 전부 주식에 투자하라고 조언했다면 당신은 나를 방문 밖으로 내쫓아버렸을 것이다: 제정신을 가진 사람이라면 이미 불과 몇 년 만에 주가가 3배로 뛰었는데 더 오를 수는 없을 것이라고 생각했을 것이다. 그러나 1990년부터 2000년까지 S&P 500 지수는 계속해서 상승세를 이어가 거의 4배로 올랐다. 이 기간 중 나스닥 지수는 무려 10배나 올랐다.

상품시장의 강세장은 특유의 광기를 보여주면서 끝을 맺을 것이다. 그 때가 되면 양복바지에 멜빵 차림의 최고경영자(CEO)나 벤처캐피털리스트(VC)가 아니라 만면에 미소를 머금은 부유한 농장주와 유정 주인들이 〈포춘〉과 〈비즈니스위크〉의 표지를 장식할 것이다. CNBC 방송의 "돈을 찾아서(money honeys)" 코너는 시카고 상품거래소의 돼지고기살 거래 현장을 중계할 것이고, 슈퍼마켓에 나온 아줌마들은 콩 선물에 투자해 얼마나 돈을 벌었는지를 화제로 삼아 이야기꽃을 피울 것이다. 누구나 소형 승용차를 몰고 다니고, 겨울철에도 요즘 실내 온도보다 섭씨 5도쯤이나 낮춰 난방을 하고, 멀리 눈에 닿는 외곽지역에는 풍력 발전소의 바람개비가 돌아가고 있을지도 모른다. 이런 모든 장면들이 당신의 눈에 들어오면 그때가 바로 상품시장에서 돈을 챙겨 빠져 나와야 할 순간이다. 상품시장의 강세장은 곧 끝날 것이다.

내가 생각하기에 이런 시기가 오려면 적어도 앞으로 10년은 지나야 한다. 이제 당신에게 달려있다. 상품 투자자로서 당신의 새로운 전문적인 기술을 쌓아나가는 데 이 책을 시발점으로 삼아라. 열심히 공부하고 부단히 배우라. 준비된 자에게는 반드시 행운이 따른다.

　　　　　　　　　　　　　상품시장에 투자하라

《부록 1》　　　　　주요 상품거래소와 웹사이트

상품 거래에 관한 구체적인 사실들을 파악하기란 쉽지 않지만 상품거래소가 하는 일은 시장 참여자들이 가능한 한 거래를 많이 하도록 유도하는 것이다. 상품거래소의 유동성은 여기서 나오기 때문이다. 각 거래소는 잠재적인 투자자들이 상품 거래에 대해 보다 많은 것을 배울 수 있도록 교육 프로그램을 개설하고 세미나를 개최할 뿐만 아니라 안내 책자도 발행하고 견학도 주선한다. 어린이를 위한 특별 프로그램을 제공하는 거래소도 있을 정도다. 또 모든 상품거래소가 웹사이트를 갖고 있는데, 여기에는 각종 차트와 과거의 추세에 대한 분석 보고서를 비롯해 시장에 관한 역사적인 정보로 가득 차있다. 나는 상품거래소에서 개설한 웹사이트를 돌아보면서 많을 것을 배웠다. 물론 여

상품시장에 투자하라

러 가지 오류들도 발견했다. 그러므로 조심해야 한다. 반드시 당신이 얻은 정보를 다른 곳에서도 확인해봐야 한다. 미국을 비롯한 전세계의 주요 상품거래소와 웹사이트, 이곳에서 거래되는 대표적인 상품은 다음과 같다:

시카고 상품거래소 Chicago Board of Trade (CBOT) www.cbot.com
　　　(옥수수, 콩, 콩가루 및 콩기름, 밀, 귀리, 벼, 유지종자)

시카고 상업거래소 Chicago Mercantile Exchange (CME) www.cme.com
　　　(가축, 옥수수, 귀리, 콩, 밀)

캔자스시티 상품거래소 Kansas City Board of Trade (KC) www.kcbot.com
　　　(밀)

미드아메리카 상품거래소 MidAmerica Commodity Exchange (MidAm) www.midam.com
　　　(밀, 옥수수, 콩)

미니아폴리스 곡물거래소 Minneapolis Grain Exchange (MPLS) www.mgex.com
　　　(옥수수, 콩, 밀)

뉴욕 상품거래소 New York Board of Trade (NYBOT) www.nybot.com
　　　(코코아, 커피, 설탕, 면화, 오렌지주스)
NYBOT 산하 면화거래소 New York Cottton Exchange (NYCE) www.nyce.com
NYBOT 산하 커피, 설탕 및 코코아 거래소 Coffe, Sugar and Cocoa Exchange (CSCE)
　　　www.csce.com

뉴욕 상업거래소 New York Mercantile Exchange (NYMEX) www.nymex.com
　　　(원유, 천연가스, 기타 에너지 관련 상품, 산업용 금속 및 귀금속)
NYMEX 산하 금속거래소 COMEX www.comex.com

브라질 상품선물거래소 Bolsa de Mercadorias & Futuors (BM&F) www.bmf.com.br
(설탕, 에탄올, 커피, 콩, 기타 농산물)

다롄 상품거래소 Dalian Commodity Exchange (DCE) www.dce.com.cn
(콩, 콩가루, 옥수수)

상하이 선물거래소 Shanghai Futures Exchange (SHFE) www.shfe.com.cn
(알루미늄, 구리, 천연고무, 원유)

정저우 상품거래소 Zhengzhou Commodity Exchange (ZCE) www.czec.com.cn
(밀, 옥수수)

런던 국제석유거래소 London International Petroleum Exchange (IPE)
www.theipe.com (원유, 기타 에너지 관련 상품)

런던 국제금융선물거래소 London International Financial Futures Exchange
(LIFFE) www.liffe.com (코코아, 커피, 설탕, 밀)

런던 금속거래소 London Metal Exchange (LME) www.lme.co.uk
(산업용 금속)

파리 금융선물거래소 Marche a Terme Internationale de France (MATIF)
www.matif.fr (옥수수, 밀)

시드니 선물거래소 Sydney Futures Exchange (SFE) www.sfe.com.au
(양모, 가축)

도쿄 상품거래소 Tokyo Commodity Exchange (TOCOM) www.tocom.or.jp
(산업용 금속 및 귀금속, 천연고무, 원유, 기타 에너지 관련 상품)

상품시장에 투자하라

도쿄 곡물거래소 Tokyo Grain Exchange (TGE) www.tge.or.jp
(옥수수, 미국산 콩, 콩가루, 팥, 커피, 설탕)

요코하마 상품거래소 Yokohama Commodity Exchange (YCE) www.y-com.or.jp
(실크 원사, 말린 누에고치, 감자)

위니펙 상품거래소 Winnipeg Commodity Exchange (WCE) www.wce.ca
(카놀라, 사료용 밀, 서양보리, 아마인)

《부록 2》　　　상품선물 거래를 위한 가이드

선물 계약은 원래 상품 거래를 표준화하기 위해 고안된 것이다. 그러나 표준이란 어느 상품 한 가지에 대해서는 똑같을 수 있지만 상품이 달라지면 표준도 달라진다. 더구나 상품거래소는 각각의 상품에 대해 가격 제한폭이나 마지막 거래일 등 특정 거래 조건을 수시로 변경할 수 있다. 가령 뉴욕 상품거래소(NYBOT)에서는 선물 계약의 사례를 설명하면서 이런 단서를 붙여놓고 있다. "특정한 거래 조건은 변경될 수도 있으니 브로커를 통해 관련 정보를 확인하기 바람." 세상에!

여기에 적어놓은 내용은 세계적으로 거래가 가장 활발하게 이뤄지고 있고, 로저스 인터내셔널 상품 지수를 구성하고 있는 35가지 상품 선물 계약의 거래 조건을 알려주는 일종의 가이드다. 35가지 상품들은 5개의 카테고리로 나눠져 있고, 각각의 거래 조건은 상품거래소에서 명시하고 있는 정보에 따른 것이다. 여기서 내가 강조하고 싶은 것은 "가이드"라는 점이다. 공부를 하거나 조사할 때 도움이 될 수는 있지만, 선물 계약을 실제로 거래할 때 지침이 될 수는 없다. 따라서 실제로 거래하기 전에는 반드시 브로커를 통해 선물 계약의 자세한 거래 조건을 확인해봐야 한다.(이런 과정을 거치다 보면 모든 상품거래소가 저마다 거래하고 있는 상품들에 대해 독특한 체계를 갖고 있다는 사실을 알게 될 것이다. 나의 경우는 나 자신의 독특한 체계를 만들어 낼 수 있다.)

여기서는 증거금 요구액 등은 포함하지 않았다. 이런 내용들은 정기적으로 바뀌고, 때로는 시장의 변동성이 너무 커지면 이를 줄이고 투기자들 자신을 보호한다는 명분으로 변경되기도 한다. 상품거래소의 웹사이트에는 현재의 증거금 요구액이 고시돼 있다. 내가 이 책에서 증거금에 대해 강조했던 것처럼 반드시 거래소가 요구하는 최소한의 증거금을 확인하고, 브로커에게 이를 다시 물어보고, 그 다음에 신용을 얼마나 쓸 것인지 결정해야 한다.

곡물 및 유지종자 선물(GRAIN AND OILSEED FUTURES)

C 옥수수(Corn) – CBOT

계약 단위	5000부셸
호가 단위	부셸 당 센트, 부셸 당 0.25센트
계약 월물	12월물, 3월물, 5월물, 7월물, 9월물

마지막 거래일	계약월의 15일이 되기 하루 전 거래일*
거래 시간	오전 9시30분부터 오후 1시15분까지(중부시간), 월~금요일
최소 변동폭	부셸 당 0.25센트(계약 당 12.50달러)
가격 제한폭	전일 종가보다 부셸 당 20센트(계약 당 1000달러)를 초과해 오르내릴 수 없다. 당월물은 가격 제한폭이 없다.(당월물이 시작되기 전 2거래일부터 가격 제한폭은 없어진다.)**

O 귀리(Oats) - CBOT

계약 단위	5000부셸
호가 단위	부셸 당 0.25센트
계약 월물	7월물, 9월물, 12월물, 3월물, 5월물
마지막 거래일	계약월의 15일이 되기 하루 전 거래일
거래 시간	오전 9시30분부터 오후 1시15분까지(중부시간), 월~금요일
최소 변동폭	부셸 당 0.25센트(계약 당 12.50달러)
가격 제한폭	전일 종가보다 부셸 당 20센트(계약 당 1000달러)를 초과해 오르내릴 수 없다. 당월물은 가격 제한폭이 없다.

S 콩(Soybeans) - CBOT

계약 단위	5000부셸
호가 단위	부셸 당 센트, 부셸 당 0.25센트
계약 월물	9월물, 11월물, 1월물, 3월물, 5월물, 7월물, 8월물
마지막 거래일	계약월의 15일이 되기 하루 전 거래일
거래 시간	오전 9시30분부터 오후 1시15분까지(중부시간), 월~금요일
최소 변동폭	부셸 당 0.25센트(계약 당 12.50달러)

*12월물의 경우 12월 15일 직전의 거래일을 말한다. 12월 14일이 정상적인 거래일이라면 그 날이 되지만 만약 12월 14일이 공휴일이라면 12월 13일이 될 수 있다.

**12월물이라면 12월 1일부터 당월물이 되므로, 11월 29일과 30일이 정상적인 거래일일 경우 11월 29일부터 가격 제한폭이 없어진다.)

상품시장에 투자하라

| 가격 제한폭 | 전일 종가보다 부셸 당 50센트(계약 당 2500달러)를 초과해 오르내릴 수 없다. 당월물은 가격 제한폭이 없다.(당월물이 시작되기 전 2거래일부터 가격 제한폭은 없어진다.) |

SM 콩가루(Soybean Meal) - CBOT

계약 단위	100톤
호가 단위	톤 당 달러, 톤 당 센트
계약 월물	10월물, 12월물, 1월물, 3월물, 5월물, 7월물, 8월물, 9월물
마지막 거래일	계약월의 15일이 되기 하루 전 거래일
거래 시간	오전 9시30분부터 오후 1시15분까지(중부시간), 월~금요일
최소 변동폭	톤 당 10센트(계약 당 10달러)
가격 제한폭	전일 종가보다 톤 당 20달러(계약 당 2000달러)를 초과해 오르내릴 수 없다. 당월물은 가격 제한폭이 없다.(당월물이 시작되기 전 2거래일부터 가격 제한폭은 없어진다.)

BO 콩기름(Soybean Oil) - CBOT

계약 단위	6만 파운드
호가 단위	파운드 당 센트
계약 월물	10월물, 12월물, 1월물, 3월물, 5월물, 7월물, 8월물, 9월물
마지막 거래일	계약월의 15일 하루 전 거래일
거래 시간	오전 9시30분부터 오후 1시15분까지(중부시간), 월~금요일
최소 변동폭	파운드 당 0.01센트(계약 당 6달러)
가격 제한폭	전일 종가보다 파운드 당 2센트(계약 당 1200달러)를 초과해 오르내릴 수 없다. 당월물은 가격 제한폭이 없다.(당월물이 시작되기 전 2거래일부터 가격 제한폭은 없어진다.)

RR 벼(Rough Rice) - CBOT

| 계약 단위 | 2000cwt(1cwt는 100파운드) |

호가 단위	cwt 당 센트
계약 월물	9월물, 11월물, 1월물, 3월물, 5월물, 7월물
마지막 거래일	인도하는 달의 마지막 거래일로부터 7일 전 거래일
거래 시간	오전 9시15분부터 오후 1시30분까지(중부시간), 월~금요일
최소 변동폭	cwt 당 0.50센트(계약 당 10달러)
가격 제한폭	전일 종가보다 cwt 당 50센트(계약 당 1000달러)를 초과해 오르내릴 수 없다. 당월물은 가격 제한폭이 없다.(당월물이 되기 전 2거래일부터 가격 제한폭은 없어진다.)

W 밀(Wheat) - CBOT

계약 단위	5000부셀
호가 단위	부셀 당 센트, 부셀 당 0.25센트
계약 월물	7월물, 9월물, 12월물, 3월물, 5월물
마지막 거래일	인도하는 달의 마지막 거래일로부터 7일 전 거래일
거래 시간	오전 9시30분부터 오후 1시15분까지(중부시간), 월~금요일
최소 변동폭	부셀 당 0.25센트(계약 당 12.50달러)
가격 제한폭	전일 종가보다 부셀 당 30센트(계약 당 1500달러)를 초과해 오르내릴 수 없다. 당월물은 가격 제한폭이 없다.(당월물이 되기 전 2거래일부터 가격 제한폭은 없어진다.)

가축 및 사료용 작물(LIVESTOCK FUTURES)

AB 보리(Barley) - WCE

계약 단위	20톤
호가 단위	톤 당 캐나다 달러
계약 월물	3월물, 5월물, 7월물, 10월물, 12월물
마지막 거래일	인도하는 달의 15일 하루 전 거래일

거래 시간	오전 9시30분부터 오후 1시15분까지(중부시간)
최소 변동폭	톤 당 0.10캐나다 달러(계약 당 2캐나다 달러)
가격 제한폭	전일 종가보다 톤 당 7.50캐나다 달러를 초과해 오르내릴 수 없다.

RS 카놀라(Canola) - WCE

계약 단위	20톤
호가 단위	톤 당 캐나다 달러
계약 월물	1월물, 3월물, 5월물, 7월물, 9월물, 11월물
마지막 거래일	인도하는 달의 15일 하루 전 거래일
거래 시간	오전 9시30분부터 오후 1시15분까지(중부시간)
최소 변동폭	톤 당 0.10캐나다 달러(계약 당 2캐나다 달러)
가격 제한폭	전일 종가보다 톤 당 30캐나다 달러를 초과해 오르내릴 수 없다.

LC 생소(Cattle-Live) - CME

계약 단위	평균 무게 1100~1300파운드의 수소 4만 파운드
호가 단위	파운드 당 센트
계약 월물	2월물, 4월물, 6월물, 8월물, 10월물, 12월물(이 가운데 실제로 거래가 이뤄지는 것은 최근월물 3가지뿐이다.)
마지막 거래일	계약월의 마지막 거래일
거래 시간	오전 9시5분부터 오후1시까지(중부시간), 마지막 거래일은 낮 12시까지
최소 변동폭	파운드 당 0.025센트(계약 당 10달러)
가격 제한폭	파운드 당 1.50센트(계약 당 600달러)

LH 돼지고기(Lean Hogs) - CME

계약 단위	4만 파운드
호가 단위	파운드 당 센트
계약 월물	2월물, 4월물, 5월물, 6월물, 7월물, 8월물, 10월물, 12월물(이 가운데 실제로 거래가 이뤄지는 것은 최근월물 3가지뿐이다.)

마지막 거래일	계약월의 10번째 거래일
거래 시간	오전 9시10분부터 오후 1시까지(중부시간), 월~금요일, 마지막 거래일은 낮 12시까지
최소 변동폭	파운드 당 0.025센트(계약 당 10달러)
가격 제한폭	파운드 당 2센트(계약 당 10달러)

식음료 및 섬유 선물(FOOD AND FIBER FUTURES)

LB 원목(Lumber) - CME

계약 단위	길이가 8~20피트인 원목 11만 입방피트
호가 단위	1000입방피트 당 달러
계약 월물	1월물, 3월물, 5월물, 7월물, 9월물, 11월물
마지막 거래일	계약월의 16일 하루 전 거래일
거래 시간	오전 9시부터 오후 1시5분까지(중부시간), 월~금요일, 마지막 거래일은 낮 12시5분까지
최소 변동폭	1000입방피트 당 0.10센트(계약 당 11달러)
가격 제한폭	전일 종가보다 1000입방피트 당 10달러를 초과해 오르내릴 수 없다.

CC 코코아(Cocoa) - CSCE

계약 단위	10메트릭톤(2만2406파운드)
호가 단위	메트릭톤 당 달러
계약 월물	3월물, 5월물, 7월물, 9월물, 12월물
마지막 거래일	마지막 제시일의 하루 전 거래일
거래 시간	오전 8시부터 오전 11시 50분까지(동부시간), 월~금요일
최소 변동폭	메트릭톤 당 1달러(계약 당 10달러)
가격 제한폭	없음

KC 커피(Coffee) - CSCE

계약 단위	3만7500파운드(대략 250부대)
호가 단위	파운드 당 센트
계약 월물	3월물, 5월물, 7월물, 9월물, 12월물
마지막 거래일	마지막 제시일의 하루 전 거래일
거래 시간	오전 9시15분부터 낮 12시30분까지(동부시간), 월~금요일
최소 변동폭	파운드 당 0.01센트(계약 당 18.75달러)
가격 제한폭	없음

SB 설탕(Sugar) - CSCE

계약 단위	11만2000파운드(50롱톤, 1롱톤은 2240파운드)
호가 단위	파운드 당 센트
계약 월물	3월물, 5월물, 7월물, 10월물
마지막 거래일	인도월보다 앞선 달의 마지막 거래일
거래 시간	오전 9시부터 낮 12시까지(동부시간), 월~금요일
최소 변동폭	파운드 당 0.01센트(계약 당 11.20달러)
가격 제한폭	없음

CT 면화(Cotton) - NYCE

계약 단위	순중량 5만 파운드(대략 100베일)
호가 단위	파운드 당 센트, 파운드 당 0.01센트
계약 월물	당월의 다음달부터 연속한 23개월물(실제로 거래되는 월물은 3월물, 5월물, 7월물, 10월물, 12월물임.)
마지막 거래일	당월말로부터 17일 이전의 거래일
거래 시간	오전 10시30분부터 오후 2시15분까지(동부시간), 월~금요일
최소 변동폭	가격이 파운드 당 95센트 미만일 경우 파운드 당 0.01센트, 가격이 파운드 당 95센트 이상일 경우 파운드 당 0.05센트
가격 제한폭	전일 종가보다 파운드 당 3센트를 초과해 오르내릴 수 없다. 그러나

어느 월물의 가격이라도 파운드 당 1.10달러를 넘어서면 가격 제한폭은 파운드당 4센트가 된다. 당원물이나 첫 번째 제시일 이후에는 가격 제한폭이 없다.

OJ 오렌지주스(Orange Juice) - NYCE

계약 단위	오렌지 고형물 1만5000파운드
호가 단위	파운드 당 센트, 파운드 당 0.01센트
계약 월물	1월물, 3월물, 5월물, 7월물, 9월물, 11월물(다음해와 그 다음해의 1월물 식으로 적어도 두 개 이상의 1월물이 거래돼야 한다.)
마지막 거래일	매달 마지막 거래일로부터 14일 이전 거래일
거래 시간	오전 10시부터 오후 1시30분까지(동부시간), 월~금요일
최소 변동폭	파운드 당 0.05센트(계약 당 7.50달러)
가격 제한폭	파운드 당 5센트(계약 당 750달러)

YZ 팥(Azuki Beans) - TGE

계약 단위	2400킬로그램(80부대)
호가 단위	부대 당 엔
계약 월물	6개월 연속 월물
마지막 거래일	인도일 이틀 전 거래일
거래 시간	오전 9시부터 11시까지, 오후 1시부터 3시까지(일본시간), 마지막 거래일은 오전 9시부터 11시까지
최소 변동폭	부대 당 10엔(계약 당 800엔)
가격 제한폭	기준가격(계약월의 월평균 종가)이 8000엔 미만이면 부대 당 300엔, 기준가격이 8000~1만6000엔 미만이면 350엔, 기준가격이 1만6000엔 이상이면 400엔

GW 양모(Wool) - SFE

계약 단위	메리노 양모 2만5000킬로그램

호가 단위	킬로그램 당 호주 센트
계약 월물	2월물, 4월물, 6월물, 8월물, 10월물, 12월물
마지막 거래일	계약월의 세 번째 화요일(이날은 정오에 거래를 끝낸다.)
거래 시간	오전 5시 10분부터 오전 7시까지, 오전 10 30분부터 오후 4시까지 (동부시간 환산, 서머타임 비적용 시)
최소 변동폭	킬로그램 당 0.01호주 센트(계약 당 25호주 달러)
가격 제한폭	없음

JSK 실크(Silk) - YCE

계약 단위	300킬로그램
호가 단위	킬로그램 당 달러
계약 월물	2월물, 4월물, 6월물, 8월물, 10월물, 12월물(모든 계약 월물은 12개월 이내라야 한다.)
마지막 거래일	인도월의 15일
거래 시간	오전 두 차례, 오후 두 차례
최소 변동폭	킬로그램 당 0.01달러(계약 당 3달러)
가격 제한폭	기준가격이 킬로그램 당 20달러 미만일 경우 킬로그램 당 0.65달러, 기준가격이 20~30달러 미만이면 0.80달러, 기준가격이 30달러 이상 이면 0.95달러

JRU 천연고무(Rubber) - TOCOM

계약 단위	1만 킬로그램
호가 단위	킬로그램 당 엔
계약 월물	당월물부터 6개월 연속 월물
마지막 거래일	인도일로부터 4일 전 거래일
거래 시간	오전 9시45분, 오전 10시45분, 오후 1시45분, 오후 2시45분, 오후 3시30분.
최소 변동폭	킬로그램 당 0.1엔
가격 제한폭	기준가격이 킬로그램 당 70엔 미만이면 킬로그램 당 3엔, 기준가격이

70~119.9엔이면 4엔, 기준가격이 120~169.9엔이면 5엔, 기준가격이
170엔 이상이면 6엔

금속 선물(METALS FUTURES)

HG 고순도 구리(Copper-High Grade) - CMX

계약 단위	2만5000파운드
호가 단위	파운드 당 센트
계약 월물	당월물과 이후 23개월 연속 월물
마지막 거래일	인도월의 마지막 거래일로부터 3일 이전 거래일
거래 시간	오전 8시10분부터 오후 1시까지(동부시간), 월~금요일
최소 변동폭	파운드 당 0.05센트(계약 당 12.50달러)
가격 제한폭	최초 가격 제한폭은 전일 종가의 아래위로 파운드 당 20센트다. 가장 거래가 활발한 두 개의 월물이 가격 제한폭까지 오르거나 내리면 2분 뒤 모든 월물의 선물과 옵션 거래가 15분간 정지된다. 가장 거래가 활발한 두개의 월물 가운데 하나라도 가격 제한폭까지 오르거나 내린 뒤 2분간 거래가 없으면 역시 모든 거래가 중단된다. 그러나 거래 종료 20분을 앞두고는 가격 제한폭까지 오르거나 내려도 거래는 정지되지 않는다. 거래 종료를 30분 앞두고 가격 제한폭까지 오르거나 내리면 적어도 거래 종료 10분전까지는 거래가 재개되어야 한다. 거래가 재개되면 파운드 당 20센트 늘어난 새로운 가격 제한폭이 적용된다.

GC 금(Gold) - CMX

계약 단위	100트로이온스
호가 단위	트로이온스 당 달러
계약 월물	당월물과 이후 2개월씩 더한 월물. 2월물과 4월물, 8월물, 10월물은 당월로부터 23개월 이내여야 하며, 6월물과 12월물은 60개월 이내다.

마지막 거래일	인도월의 마지막 거래일로부터 3일 전 거래일
거래 시간	오전 8시20분부터 오후 1시30분까지(동부시간), 월~금요일
최소 변동폭	트로이온스 당 0.10달러(계약 당 10달러)
가격 제한폭	최초 가격 제한폭은 전일 종가의 아래위로 트로이온스 당 75달러다. 가장 거래가 활발한 두 개의 월물이 가격 제한폭까지 오르거나 내리면 2분 뒤 모든 월물의 선물과 옵션 거래가 15분간 정지된다. 가장 거래가 활발한 두 개의 월물 가운데 하나라도 가격 제한폭까지 오르거나 내린 뒤 2분간 거래가 없으면 역시 모든 거래가 중단된다. 그러나 거래 종료 20분을 앞두고는 가격 제한폭까지 오르거나 내려도 거래는 정지되지 않는다. 거래 종료를 30분 앞두고 가격 제한폭까지 오르거나 내리면 적어도 거래 종료 10분전까지는 거래가 재개되어야 한다. 거래가 재개되면 트로이온스 당 75달러 늘어난 새로운 가격 제한폭이 적용된다.

PL 백금(Platunum) - NYMEX

계약 단위	50트로이온스
호가 단위	트로이온스 당 달러
계약 월물	당월물과 이후 2개월 연속 월물을 1월, 4월, 7월, 10월에 시작되는 분기별로 묶어 15개월 연속 월물을 거래한다.
마지막 거래일	인도월의 마지막 날로부터 4일 이전 거래일
거래 시간	오전 8시20분부터 오후 1시5까지(동부시간), 월~금요일
최소 변동폭	트로이온스 당 0.10달러(계약 당 5달러)
가격 제한폭	당월물 및 해당 분기에 속하는 월물은 가격 제한폭이 없다. 나머지 월물은 트로이온스 당 50달러(계약 당 2500달러)다. 2거래일 연속 가격 제한폭까지 오르거나 내리면 가격 제한폭은 트로이 온스 당 75달러(계약 당 3750달러)로 확대되고, 이렇게 늘어난 가격 제한폭까지 또 다시 2일 연속 오르거나 내리면 가격 제한폭은 재차 트로이온스 당 100달러(계약 당 5000달러)로 커진다.

SI 은(Silver) - CMX

계약 단위	5000트로이온스
호가 단위	트로이온스 당 센트
계약 월물	당월물과 이후 2개월씩을 더한 월물. 1월물과 3월물, 5월물, 9월물은 23개월 이내여야 하며, 7월물과 12월물은 60개월 이내다.
마지막 거래일	인도월의 마지막 거래일로부터 3일 이전 거래일
거래 시간	오전 8시25분부터 오후 1시25분까지(동부시간), 월~금요일
최소 변동폭	파운드 당 0.5센트(계약 당 25달러)
가격 제한폭	최초 가격 제한폭은 전일 종가의 아래위로 트로이온스 당 1.50달러다. 가장 거래가 활발한 두 개의 월물이 가격 제한폭까지 오르거나 내리면 2분 뒤 모든 월물의 선물과 옵션 거래가 15분간 정지된다. 가장 거래가 활발한 두 개의 월물 가운데 하나라도 가격 제한폭까지 오르거나 내린 뒤 2분간 거래가 없으면 역시 모든 거래가 중단된다. 그러나 거래 종료 20분을 앞두고는 가격 제한폭까지 오르거나 내려도 거래는 정지되지 않는다. 거래 종료를 30분 앞두고 가격 제한폭까지 오르거나 내리면 적어도 거래 종료 10분전까지는 거래가 재개되어야 한다. 거래가 재개되면 트로이온스 당 1.50달러 늘어난 새로운 가격 제한폭이 적용된다.

PB 납(Lead) - LME

계약 단위	25메트릭톤
호가 단위	메트릭톤 당 달러
계약 월물	차월물부터 15개월 연속 월물
거래 시간	전화로 24시간 거래할 수 있다. 거래소 현장 거래는 오후 12시5분부터 5분간, 낮 12시45분부터 5분간, 오후 1시15분부터 오후 3시10분까지, 오후 3시20분부터 5분간, 오후 4시부터 5분간, 오후 4시35분부터 15분간(동부시간)
최소 변동폭	메트릭톤 당 50센트(계약 당 12.50달러)
가격 제한폭	없다

AL 알루미늄(Aluminum) - LMX

계약 단위	4만4000파운드
호가 단위	파운드 당 센트
계약 월물	25개월 연속 월물
마지막 거래일	인도월의 마지막 거래일로부터 3일 이전 거래일
거래 시간	오전 7시50분부터 오후 1시15분까지(동부시간)
최소 변동폭	파운드 당 0.05센트(계약 당 22달러)
가격 제한폭	최초 가격 제한폭은 전일 종가의 아래위로 파운드 당 20센트다. 인도월이 가장 가까운 두 개의 월물 가운데 하나라도 가격 제한폭까지 오르거나 내린 뒤 2분간 거래가 이뤄지지 않으면 15분간 거래를 정지한 다음 가격 제한폭을 20센트 더 확대해 거래를 재개한다. 가격 제한폭의 확대는 1거래일에 두 차례까지 할 수 있다. 따라서 하루에 오르내릴 수 있는 최대한의 가격 변동폭은 60센트다.

N 니켈(Nickel) - LME

계약 단위	6톤
호가 단위	톤 당 달러
계약 월물	차월물부터 27개월 연속 월물
거래 시간	오후 12시15분부터 5분간, 오후 1시부터 5분간, 오후 1시15분부터 오후 3시10분까지, 오후 3시45분부터 5분간, 오후 4시25분부터 5분간, 오후 4시35분부터 20분간.(동부시간)
최소 변동폭	톤 당 5달러(계약 당 30달러)
가격 제한폭	없다

PA 팔라듐(Palladium) - NYMEX

계약 단위	100트로이온스
호가 단위	트로이온스 당 달러
계약 월물	당월물과 이후 2개월 연속 월물을 1월, 4월, 7월, 10월에 시작되는 분기별로 묶어 15개월 연속 월물을 거래한다.

마지막 거래일	인도월의 마지막 날로부터 4일 이전 거래일
거래 시간	오전 8시30분부터 오후 1시까지(동부시간)
최소 변동폭	트로이온스 당 5센트(계약 당 5달러)
가격 제한폭	없다

SN 주석(Tin) – LME

계약 단위	5톤
호가 단위	톤 당 달러
계약 월물	차월물부터 15개월 연속 월물
거래 시간	오전 11시50분부터 5분간, 오후 12시40분부터 5분간, 오후 1시15분부터 오후 3시10분까지, 오후 3시40분부터 5분간, 오후 4시20분부터 5분간, 오후 4시35분부터 15분간(동부시간)
최소 변동폭	톤 당 5달러(계약 당 25달러)
가격 제한폭	없다

ZN 아연(Zinc) LME

계약 단위	25톤
호가 단위	톤 당 달러
계약 월물	차월물부터 27개월 연속 월물
거래 시간	오후 12시10분부터 5분간, 오후 12시50분부터 5분간, 오후 1시15분부터 오후 3시10분까지, 오후 3시25분부터 5분간, 오후 4시5분부터 5분간, 오후 4시35분부터 20분간(동부시간)
최소 변동폭	톤 당 0.50달러(계약 당 12.50달러)
가격 제한폭	없다

석유 선물(PETROLEUM FUTURES)

CL 원유(Crude Oil, Light Sweet) - NYMEX

계약 단위	1000배럴
호가 단위	배럴 당 달러
계약 월물	30개월 연속 월물과 인도일로부터 36개월, 48개월, 60개월, 72개월, 84개월 뒤인 월물
마지막 거래일	인도월 이전 달의 25일로부터 3거래일 이전의 거래일. 만약 25일이 휴일일 경우 그에 앞선 거래일로부터 3거래일 이전의 거래일
거래 시간	오전 10시부터 오후 2시30분(동부시간), 월~금요일
최소 변동폭	배럴 당 0.01달러(계약 당 10달러)
가격 제한폭	배럴 당 10달러(계약 당 1만 달러). 만약 가격 제한폭까지 오르거나 내린 상태가 5분간 계속되면 거래는 5분간 중단되고, 거래 재개 후에는 가격 제한폭이 다시 배럴 당 10달러 확대된다. 가격 제한폭은 이런 식으로 계속 확대될 수 있다.

HO 난방유(Heating Oil) - NYMEX

계약 단위	4만2000갤런
호가 단위	갤런 당 달러
계약 월물	차월물부터 18개월 연속 월물
마지막 거래일	인도월 이전 달의 마지막 거래일
거래 시간	오전 10시부터 오후 2시30분(동부시간), 월~금요일
최소 변동폭	갤런 당 0.01센트(계약 당 4.20달러)
가격 제한폭	갤런 당 0.25달러(계약 당 1만500달러). 만약 가격 제한폭까지 오르거나 내린 상태가 5분간 계속되면 거래는 5분간 중단되고, 거래 재개 후에는 가격 제한폭이 다시 갤런 당 0.25달러 확대된다. 가격 제한폭은 이런 식으로 계속 확대될 수 있다.

HU 무연 휘발유(Gasoline-Unleaded) – NYMEX

계약 단위	4만2000갤런
호가 단위	갤런 당 달러
계약 월물	12개월 연속 월물
마지막 거래일	인도월 이전 달의 마지막 거래일
거래 시간	오전 10시5분부터 오후 2시30분(동부시간), 월~금요일.
최소 변동폭	갤런 당 0.01센트(계약 당 4.20달러)
가격 제한폭	갤런 당 0.25달러(계약 당 1만500달러). 만약 가격 제한폭까지 오르 거나 내린 상태가 5분간 계속되면 거래는 5분간 중단되고, 거래 재개 후에는 가격 제한폭이 다시 갤런 당 0.25달러 확대된다. 가격 제한폭 은 이런식으로 계속 확대될 수 있다.

NG 천연가스(Natural Gas) – NYM

계약 단위	mm(100억) Btu(영국열량단위, 원유 1배럴은 580만 Btu)
호가 단위	mmBtu 당 달러
계약 월물	차월물부터 72개월 연속 월물
마지막 거래일	인도월의 첫 번째 날 3일 이전의 거래일
거래 시간	오전 10시부터 오후 2시30분(동부시간), 월~금요일
최소 변동폭	mmBtu 당 0.1센트(계약 당 10달러)
가격 제한폭	mmBtu 당 3달러(계약 당 3만 달러). 만약 가격 제한폭까지 오르거 나 내린 상태가 5분간 계속되면 거래는 5분간 중단되고, 거래 재개 후에는 가격 제한폭이 다시 mmBtu 당 3달러 확대된다. 가격 제한폭 은 이런 식으로 계속 확대될 수 있다.

상품시장에 투자하라

주요 상품 지수

로이터-CRB 선물 가격 지수(Reuters-CRB Futures Price Index)

CRB 선물 가격 지수는 1956년부터 발표됐다. 이 지수는 시장 상황을 반영해 현재까지 9
차례 조정됐으며, 마지막으로 조정된 것은 1995년이다. 지수를 구성하는 상품은 17가지
로, 모든 상품의 가중치가 똑같다는 게 특징이다.

원유(Crude Oil)	5.875%	구리(Copper)	5.875%
난방유(Heating Oil)	5.875%	백금(Platinum)	5.875%
천연가스(Natural Gas)	5.875%	생소(Live Cattle)	5.875%
옥수수(Corn)	5.875%	돼지고기(Lean Hogs)	5.875%
콩(Soybeans)	5.875%	코코아(Cocoa)	5.875%
밀(Wheat)	5.875%	커피(Coffee)	5.875%
면화(Cotton)	5.875%	오렌지주스(Orange Juice)	5.875%
금(Gold)	5.875%	설탕(Sugar)	5.875%
은(Silver)	5.875%		

로저스 인터내셔널 상품 지수(Rogers International Commodities Index)

미국뿐만 아니라 전세계적으로 거래가 활발하게 이뤄지고 있는 상품 가격의 흐름을 효과적으로 반영할 수 있도록 고안됐다. RICI는 따라서 주요 상품 지수 가운데 가장 많은 35가지 상품으로 구성했고, 국제적인 상품 무역과 상업 활동의 현재 흐름을 반영해 상품별 가중치를 부여했다.

원유(Crude Oil)	35.00%	백금(Platinum)	1.80%
밀(Wheat)	7.00%	돼지고기(Lean Hogs)	1.00%
옥수수(Corn)	4.00%	설탕(Sugar)	1.00%
알루미늄(Aluminum)	4.00%	팥(Azuki Beans)	1.00%
구리(Copper)	4.00%	코코아(Cocoa)	1.00%
난방유(Heating Oil)	3.00%	니켈(Nickel)	1.00%
무연휘발유(Unleaded Gas)	3.00%	주석(Tin)	1.00%
천연가스(Natural Gas)	3.00%	양모(Wool)	1.00%
면화(Cotton)	3.00%	천연고무(Rubber)	1.00%
콩(Soybeans)	3.00%	목재(Lumber)	1.00%
금(Gold)	3.00%	보리(Barley)	0.77%
생소(Live Cattle)	2.00%	카놀라(Canola)	0.67%
커피(Coffee)	2.00%	오렌지주스(Orange Juice)	0.66%
아연(Zinc)	2.00%	귀리(Oats)	0.50%
은(Silver)	2.00%	팔라듐(Palladium)	0.30%
납(Lead)	2.00%	실크(Silk)	0.15%
쌀(Rice)	2.00%	콩가루(Soybean Meal)	0.15%
콩기름(Soybean Oil)	2.00%		

다우존스-AIG 상품 지수(Dow Jones-AIG Commodity Index)

개별 상품 각각의 가중치는 2% 이상~15% 이하로 제한되며, 어떤 상품 카테고리(즉, 에너지 관련 상품이나 곡물 등)도 전부 합쳐 가중치가 33%를 넘을 수 없다. 상품별 가중치는 최근 5년간의 거래 대금과 생산 규모를 평균한 값을 기준으로 부여된다. 따라서 상품 가격의 변동에 따라 가중치는 수시로 변할 수 있다. 2005년 1월 1일 현재 지수에 포함된 상품별 가중치는 다음과 같다:

원유(Crude Oil)	12.81%	무연휘발유(Unleaded Gas)	4.05%
천연가스(Natural Gas)	12.28%	난방유(Heating Oil)	3.85%
콩(Soybeans)	7.60%	면화(Cotton)	3.23%
알루미늄(Aluminum)	7.06%	커피(Coffee)	3.02%
생소(Live Cattle)	6.15%	설탕(Sugar)	2.93%
금(Gold)	5.98%	콩기름(Soybean Oil)	2.67%
옥수수(Corn)	5.94%	아연(Zinc)	2.67%
구리(Copper)	5.89%	니켈(Nickel)	2.61%
밀(Wheat)	4.87%	은(Silver)	2.00%
돼지고기(Lean Hogs)	439%	코코아(Cocoa)	0.00%

골드만 삭스 상품 지수(Goldman Sachs Commodity Index)

상품별 가중치는 최근 5년간의 전세계적인 생산 규모에 따라 부여된다. 즉, GSCI는 생산 규모가 다른 상품에 비해 압도적으로 큰 에너지 관련 상품의 가중치가 절대적일 수밖에 없다. 또 특정 상품의 가격이 오르면 가중치도 함께 커지게 된다. 2004년 9월 17일 현재 상품별 가중치는 아래와 같다. 여기서도 알 수 있듯이 에너지 관련 상품의 가중치는 전부 72.49%에 이른다. 또 가격이 오르는 상품의 가중치가 높아지므로 차별화된 투자 수단을 제공할 수 있다는 게 특징이다.

원유(Crude Oil)	28.60%	금(Gold)	1.87%
브렌트유(Brent Crude Oil)	13.35%	콩(Soybeans)	1.76%
천연가스(Natural Gas)	9.34%	설탕(Sugar)	1.37%
난방유(Heating Oil)	8.42%	황밀(Red Wheat)	1.29%
무연휘발유(Unleaded Gas)	8.35%	면화(Cotton)	1.14%
휘발유(Gas Oil)	4.43%	비육우(Feeder Cattle)	0.80%
생소(Live Cattle)	3.62%	니켈(Nickel)	0.76%
밀(Wheat)	2.96%	커피(Coffee)	0.65%
옥수수(Corn)	2.91%	아연(Zinc)	0.46%
알루미늄(Aluminum)	2.90%	납(Lead)	0.31%
구리(Copper)	2.28%	코코아(Cocoa)	0.25%
돼지고기(Lean Hogs)	1.99%	은(Silver)	0.20%

역자후기

어느 책이든 번역을 하기 위해서는 적어도 여섯 번을 읽어야 한다. 원서 세 번과 번역한 원고 세 번이다. 처음에는 원서를 통독한다. 대개의 경우 사흘쯤 걸린다. 두 번째는 사전을 찾아가며 정독한다. 일주일 정도 걸리는 게 보통이다. 세 번째는 한 장(chapter)씩 번역할 문장을 생각하면서 읽는다. 그리고 머리 속으로 번역한 문장을 원고로 옮긴다. 이 과정은 원서의 분량에 따라, 또 전문용어가 얼마나 많이 쓰였느냐에 따라 좌우된다. 300페이지 분량의 원서는 대개 20일 정도 소요된다. 그렇게 해서 아직 완성되지 않은 번역 원고가 생산되면 이제 한글로 읽을 차례다. 한 손에는 연필을 들고, 또 한 손에는 원서를 들고 일일이 대조해가면서 읽어나간다. 빠진 문장이나 단어는 없는지, 표현이 이상한 곳은 없는지 살펴보는 데 족히 닷새는 잡아야 한다. 그리고 다시 출력한 번역 원고를 두 번째로 읽는다. 이제 원서는 내려놓고 한글 표현이 잘못된 곳은 없는지, 용어가 잘못 쓰이지는 않았는지 확인한다. 국어사전, 백과사전, 지명사전, 외래어사전, 경제용어사전, 심지어 반도체용어사전도 찾아봐야 하고 인터넷도 뒤져야 한다. 그렇게 또 닷새가 지나간다. 마지막으로 출력한 번역 원고에도 어김없이 탈오자가 섞여있다. 이번에는 한 손에 빨간색 볼펜을 들고 번역 원고를 세 번째로 읽으며 탈오자 사냥에 나선다. 사흘 안에 겨우 마치면 속이 다 후련해진다.

이렇게 해서 300페이지 짜리 원서 한 권 번역을 위해 최소한 한 달반 동안 같은 내용을 여섯 번이나 읽게 된다. 물론 번역을 하는 과정은 번역자마다 전부 다를 것이다. 하지만 공통적인 사실은 적어도 번역서가 나왔을 때 누구보다 그 책을 잘 이해하고 있을 가능성이 높다는 점이다.

실제로 번역을 위해 몇 번씩 다시 읽다 보면 전체적인 맥락이나 저자의 집필 의도를 보다 정확하게 파악할 수 있다. 또 처음에 무심코 지나갔던 문장이 새로운 의미로 와닿는 경우가 자주 있다. 심지어는 다섯 번 정도 읽은 다음에야 "아, 이 책의 주제가 바로 이런 것이었구나" 하고 무릎을 칠 때도 있다.(최근에 번역했던 필립 피셔의 《위대한 기업에 투자하라Common Stocks and Uncommon Profits》가 바로 그런 경우였는데, 이 책은 원서가 워낙 장문 위주의 만연체로 쓰여진 데다 저자 스스로 독자의 수준을 상당히 높게 생각하고 쓴 책이라 그랬는지도 모르겠다.)

역자 후기를 빌어 개인적인 번역 작업 과정을 다소 장황하게 소개한 이유는 이 책의 경우 읽을 때마다 매우 흥미진진한 변화가 있었기 때문이다. 우선 다시 읽을 때마다 국제 유가가 사상 최고치를 경신하며 뜨겁게 달아올랐다. 원서의 제목 "Hot Commodities"를 실감케 했다. 저자의 탁월한 분석과 전망이 놀랍기도 했고, 상품시장의 역동성이 새삼 피부에 와닿는 느낌이었다.

사실 이 책이 출간된다는 소식을 처음 접한 것은 작년 10월이었다. 저자의 전작 《어드벤처 캐피털리스트Adventure Capitalist》의 번역을 마쳤을 무렵 미국에서 신작 출시가 예고돼 있었다. 미국의 출판사에 원서를 보내달라고 연락했을 때 국제 유가는 배럴 당 50달러를 돌파해 사상 최고치를 경신했다. 그리고 막상 이 책이 미국에서 출간된 작년 말(정확히 2004년 12월 28일부터 판매됐다)에는 유가가 배럴 당 40달러 수준으로 떨어졌다. 또 올해 초 원서를 처음 받아 들었을 때는 유가가 다시 배럴 당 50달러를 넘어섰다. 사실 그때까지도 유가 상승은 일시적인 현상일 수도 있다는 생각이 더 컸다. 본격적인 번역 작업에 착수한 지난 6월 유가는 배럴 당 55달러를 돌파해 사상 최고치를 경신하더니 번역한 한글 원고를 처음 읽을 무렵에는 배럴 당 60달러도 넘어섰다. 이제 번역을 끝마치고 역자 후기를 쓸 때가 되자 배럴 당 65달러를 기록했다는 소식이 들려왔다.

더욱 중요한 사실은 배럴 당 몇 달러로 사상 최고가를 기록했다는 것보다 이제 정말 다시는 돌아올 수 없는 강을 건넜다는 점이다. 문자 그대로 "저유가 시대는 끝났다." 앞으로 유가가 배럴 당 30달러 아래로 떨어지기는 힘들 것이다. 불과 2~3년 전까지도 석유수출국기구(OPEC)가 적정 유가 밴드의 상한선으로 설정한 배럴 당 28달러가 넘어서면 "비싸다"는 느낌이 들었었는데 이제 다시는 그런 시절로 되돌아갈 수 없을 것이라는 느낌이다.

......

이 책의 저자인 짐 로저스의 투자 전략은 매우 단순하면서도 직선적이다. 수요와 공급이라는 기본적인 경제 원칙에서 출발한다. 수요와 공급의 균형이 갑자기 방향을 트는 것을 주시하고, 여기에 투자하라는 것이다. 상품은 늘 우리 주위에서 보는 것들이다. 석유와 구리, 설탕, 커피, 밀, 면화, 돼지고기 등이 모두 상품이다. 현재의 상품시장은 1980년대와 1990년대의 긴 약세장으로 인해 생산능력이 크게 위축됐고, 결국 수요와 공급의 불균형이 심화됐다. 이 같은 펀더멘털의 불균형을 해소하는 데는 몇 년이 걸릴지 모른다. 그 동안은 상품시장의 강세장이 이어질 것이라는 게 저자가 전하고자 하는 메시지다.

기회는 강세장에 있으며, 지금의 강세장은 주식시장도, 채권시장도 아닌 바로 상품시장의 강세장이다. 특히 주식시장과 상품시장의 강세장은 17~18년을 주기로 자리를 바꾸었다. 이 같은 강세장의 자리바꿈은 펀더멘털상의 변화로 인한 것이다. 지금 우리는 1999년에 시작된 상품시장의 강세장 한가운데 서있다. 그리고 상품시장의 이번 강세장은 적어도 앞으로 10년간 지속될 것이다. 펀더멘털의 중심은 수요와 공급이다. 공급의 가장 큰 변화는 상품시장의 오랜 약세장으로 인해 생산기반시설에 대한 투자가 너무 부진했다는 점이 꼽힌다. 생산능력을 회복하는 데는 한참의 시간이 필요하다. 수요의 가장 큰 변화는 중국이다. 중국은 전세계 원자재를 보이는 대로 빨아들이는 공룡과도 같은 존재다. 저자는 상품시장에 대한 투자가 위험하다는 생각은 잘못된 고정관념이라고 지적한다. 사실 어디에 투자하든 어느 정도의 위험은 따르게 마련이다. 상품시장이 특별히 더 위험할 이유는 없다.

저자는 이 책에서 유가가 얼마까지 오를 것이며, 설탕에 투자하는 게 가장 낫다는 식의 이야기는 하지 않는다. 저자는 이 책의 목적이 상품시장에 대해 어떻게 생각할 것인지를 알려주려는 것이라고 말한다. 실제로 이 책의 어디에서도 저자의 예단이나 추측은 찾아볼 수 없다. 그러나 분석의 틀은 분명하게 제시하고 있다. 상품시장이 지나온 수십 년간의 역사를 돌아보고, 현재의 펀더멘털이 무엇인지 객관적으로 분석해보면 상품시장의 상황이 눈앞에 선명하게 드러나는 것이다.

......

앞서 이 책의 저자가 쓴 두 권의 책 《월가의 전설 세계를 가다 Investment Biker》와 《어드벤처 캐피털리스트》를 번역했으니 어느새 짐 로저스가 쓴 책 세 권을 모두 번역하는 셈이 됐다. 늘 그렇지만 짐 로저스의 책을 읽으면 새로운 지식을 배웠다는 생각보다 새로운 시각을 얻었다는 느낌을 받는다. 이번 책도 전문적인 내용 같지만 전혀 어렵지 않았다. 건조할 수밖에 없는 투자론이지만 무척 재미있었다. 다소 생소한 상품시장을 다뤘지만 오히려 훨씬 가깝게 와닿았다. 다 읽고 나니 새로운 세상이 보이는 것 같았다. 힘들게 번역했지만 즐거움이 더 컸다.

마지막으로 이 책을 번역하면서 발견한 사실은 국내에 상품시장을 설명해놓은 책이 전무하다는 점이었다. 그러다 보니 우리말로 된 용어를 쓰기가 조심스러웠다. 다소 부자연스럽더라도 원래 단어의 뜻을 살릴 수 있는 우리말을 쓰고자 했다. 그나마 상품시장에 관한 책으로는 아마도 국내에서 처음 출간되는 책이라는 사실을 위안으로 삼고자 한다.

2005년 8월
박정태

상품시장에 투자하라

상품시장에 투자하라
Hot Commodities

1판 1쇄 펴낸날 2005년 8월 30일
1판 5쇄 펴낸날 2021년 6월 30일

지은이 짐 로저스
옮긴이 박정태
펴낸이 서정예
표지디자인 디자인 이유
펴낸곳 굿모닝북스

등록 제2002-27호
주소 (410-837) 경기도 고양시 일산동구 호수로 672 804호
전화 031-819-2569
FAX 031-819-2568
e-mail goodbook2002@daum.net

가격 14,800원
ISBN 89-91378-04-8 03320